戊午叢書

序にかえて

本書は、中世後期村落共同体の最も代表的形態である惣村を、農民闘争、灌漑用水、宮座の三つの側面から明らかにしようとしたものである。本書の構成と各論文の意図や内容をかんたんに述べて、序にかえたいと思う。

惣村が農民闘争の母胎であり、また荘園領主・在地領主・農民等諸階層の矛盾が集約的にあらわれる場であることはよくいわれるが、本書第一部では、こうした政治的な支配と抵抗の場としての惣村をとりあげた。惣村は激しくたたかわれた農民闘争の基盤であることはいうまでもないが、惣村の成立それ自体も農民闘争の所産であったこと、また惣村に結集した農民の、荘園領主や下司に対するたたかいの具体的様相、そして闘争の母胎となった惣結合に対する荘園領主高野山のイデオロギー支配等を明らかにし、農民と支配権力（高野山・下司・守護）の惣村を舞台とした歴史を描こうとした。

村落共同体成立の重要な契機は、個別小経営の維持・発展のために、山野・用水を共同利用するところにあるが、中世も後期に入ると、惣村がこれらの生産手段を掌握するようになるといわれている。本書第二部は、惣村のこうした経済的役割のうち、特に溜池灌漑について明らかにしたものである。紀伊国粉河寺領東村では、鎌倉後期から南北朝期にかけて集中的に用水池が築造されたが、それらの池築造の推進主体は誰だったのか、小百姓層はそれにどのようにかかわっていたのか、池築造と惣村との関連、また築造された池用水権やその配分がどのような特徴をもったものであったか、惣村における池水灌漑の特質等を追求してみた。

惣結合の紐帯が鎮守神にあったことは述べるまでもないが、惣村はここでその結合を維持し、支えるために、共同の祭祀を営んだ。第三部は、惣村の鎮守神の祭祀が、誰を主体として、どのように行われたかを追求しようとしたものである。これを宮座としたのは、この分野が民俗学において、宮座の研究としてかつて活発に行われ、中世史研究者も主に村落構造解明のためにとりあげたという研究の蓄積があり、これらを継承・発展させたいという意図があるからである。宮座は、その概念規定からして対立する見解があるが、ここでは、鎮守神の祭祀組織・形態から祭祀の具体的あり方まで含めた広い意味で考えている。本書では、主として遷宮関係の史料を使って鞆淵八幡宮の遷宮儀礼の特色や、中世宮座・近世宮座を明らかにしたが、本格的な宮座の研究は今後の課題としたい。

第一部　農民闘争と惣村

第一章「惣村の成立と発展」

本章の主要なねらいは、惣村の成立をときあかすことにあった。惣村は、鎌倉末から南北朝期にかけて成長した弱小農民がそれまでの特権的排他的村落共同体に参加することによって成立したものといわれていたが、しかし、どのようにして彼らが特権的村落共同体に参加しえたかは、ほとんど明らかでなかった。それに弱小農民の小経営がまがりなりにも自立するようになったとしても、有力農民層がそれまでの支配的位置を守ろうとするのは必至であり、特権的村落共同体がそんなにかんたんにかわるものとは思われない。このへんのところが明らかにされねばならないと思ったのである。

そこで第一に、南北朝前期の高野山領紀伊国鞆淵荘における農民闘争で、高野山から「骨張之仁」として弾圧された八人百姓が十二人の番頭等有力農民でなく、百姓身分のものであったこと、すなわちこのときの闘争を有利に導いた指導者は平百姓の中から生まれたこと、第二に、南北朝期以後に高野山領諸荘園でみられる「百姓中」が、番頭等有力農民とは区別された百姓身分の結合組織であること等を明らかにすることによって、小百姓層が独自に結集し、その組織力や、下司等とのたたかいを通して彼らの力を有力農民等に認めさせていったものとみた。すなわち、彼らの発言権は、こうした闘争への積極的参加とその成果をもとにはじめて認められ、差別的ではあれ、村落共同体内に一定の地位を確保できたとみたのである。

この論文は一九七一年に発表されたが、当時の村落研究の主流は、石田善人氏の惣村像(「郷村制の形成」、岩波講座『日本歴史』中世4所収、一九六三年)を批判した仲村研氏の惣荘—惣村重層論(「中世後期の村落」『日本史研究』九〇所収、一九六七年)以後、惣村内の矛盾を重視し、特に有力農民(土豪や地主、小領主層)の支配的位置を明らかにする方向にあった。惣荘—惣村重層論は峰岸純夫氏(「村落と土豪」『講座日本史』3所収、一九七〇年)や村田修三氏(「惣と土一揆」、岩波講座『日本歴史』中世3所収、一九七八年)等によって、ニュアンスの違いはあるが継承・発展されていき、研究対象はひきつづき村落内の有力層に集中して今日に至っている。これらの研究がはたした役割はきわめて大きいものであるが、その後の研究に対して少し感想を述べたい。一つは、有力階層の支配的位置を強調するならなおのこと、もう少し小百姓層・平百姓層を視野に入れた、あるいはそれらを対象とした研究があってもよいのではなかろうか、ということである。二つめは、重層論以来、中世後期のすべての村落をこれで解こうとし、村落共同体内部にある生産活動を基礎にした垣内的集落のようなものまで惣村と規定してみたり、荘といえば惣荘、村といえば惣村をあてはめたり、また村落共同体相互の生産あるいは政治的要請による連合を惣荘、惣郷といってみたりで、一部、混乱があるようにみうけられる。しかし、丹波国山国荘でみられたような惣荘―惣村の形態がはたして普遍的なものかどうかは常に検討されねばならないし、そうした姿勢が村落史研究を発展させるものと思う。

そもそも、石田善人氏が中世後期村落に惣村という概念を用いたのは、生産活動を基盤にしたことはもちろんであるが、それが自検断をもち、惣掟を作るといった自治的性格を重視されてのことと思われる。中世後期の荘園領主制下の村落が大なり小なりこうした特徴をもつことは誰しも認めるところであろう。したがって、郷、村、荘の呼称にとらわれる必要もないし、それらの村落共同体内部にある生産活動を基盤としたより小規模な結集まで惣村とよぶことはできないであろう。

本書でいう惣村とは、石田善人氏以来、多くの研究者の認める中世後期の荘園領主制下でみられる自治的村落結合をさしている。石田善人氏のいわれる自治が、実は有力農民による小百姓支配のための自治という性格が濃厚であったことが明らかとなっても、この本質を軽視した村落論は、先にみたような混乱を招くもとになるのではなかろうか。

付論「『八人御百姓』をめぐって」

本稿は、南北朝期の農民闘争の指導者である八人百姓が番頭等有力農民でなく、平の百姓であるという私見（第一章）によせられた熱田公氏の御批判を検討したものである。氏は八人百姓はかつての神人の後裔で、十二人番頭より有力であったといわれるが、論拠が十分でないことを指摘すると共に、本書第三部第二章「長栈座と中世宮座」の成果をもとに、私見を更に補足した。

第二章「中世後期における高野山権力と農民闘争」

本章は、個別荘園の枠内での研究の限界を痛感し、高野山と膝下諸荘園という領域内で荘園領主権力と農民闘争の関連をとらえようとしたものである。それまで高野山については、寺院組織の研究が一方にあり、農民闘争というと鞆淵荘といった個別荘園のものが主にとりあげられてきたが、個別荘園の農民闘争も、近隣地域の闘争や、特に権力側の動向と関連させながらみていかなければ、闘争の正しい位置づけや評価が下せないであろう。ここでは応永末から永享期の農民闘争は、高野山権力の危機（行人方の台頭）をついて各地でたたかわれ、高まっていったことを明らかにした。

また、ここで高野山の権力組織や支配のあり方を重視したのは、農民闘争の研究というと、農民側の動きにより注意が払われていたことへの批判もあったからであるが、もう一つは、当時の村落研究の目が有力層に注がれていたからである。有力層の支配的面だけでなく、領主の村落支配の面も見落せないと思う。本章では、当該期の高野山にとって最大の課題は、高揚する農民闘争の基盤である惣結合をいかに支配するかであり、惣結合の要である鎮守神の掌握のため、氏人身分を設定して祭祀権の掌握をもくろみ、惣結合のイデオロギー的分裂支配を展開したとみたのである。

第二部　池水灌漑と惣村

第一章「鎌倉後期における池築造と惣村の成立」

紀伊国粉河寺領東村で、鎌倉後期から南北朝期にかけて集中的に溜池が築造されたことは既に寶月圭吾氏によって明らかにされていた。しかし農民による用水池築造は事例的にも少なく、史料的制約によってその具体的内容まで厳密に検討されていないというのが現状であった。そこで本章ではまず、東村のいくつかの用水池を比定し、それらが誰の手によって築造されたかを追い、当該期の池築造の推進主体が東村村落共同体であったとの結論を得た。

池築造主体が村落共同体ということになると、ふつうは村落共同体で指導的立場にある有力農民層のはたした役割を評価するのであるが、私は、これを前提とした上で小百姓層の姿を追ってみた。鎌倉末から南北朝期に小百姓層の成長がみられることは誰しも認めるところであったが、彼らがどのようにして成長してくるのかは必ずしも十分に明らかでなかったからである。本章では、東村の池用水権が池築造当初から多数に分割されていたこと、それらの池用水権の所有者＝勧頭・田徒衆には有力農民ばかりでなく、小百姓層も含まれていたことを明らかにし、小百姓層が池用水権の分与を条件に積極的に池築造に参加したものと推定した。

本章と第一部第一章「惣村の成立と発展」は、共に惣村成立の原動力となった小百姓層に視点をあて、本章では経済的成長を、第一部第一章では政治的成長を明らかにしようとしたものである。

第二章「中世後期における池水灌漑と惣村」

ここで分析の対象としたのは、東村の鎮守神である王子神社に保管され続けてきた二つの用水の帳簿である。一つは、永享八年(一四三六)から八十余年にわたって書き継がれた番水帳、もう一つは、文明七年(一四七五)から享禄五年(一五三二)までは確実に機能していた分水帳であるが、この二つの帳簿の分析によって、東村内の池用水権が多数に分割されていたこと、この分割された用水権の所有者が勧頭・田徒衆と称され、なかでも勧頭は、池水灌漑の責任を負うと同時に、田徒に優越する用水権をもっていたこと、また勧頭・田徒衆のなかには、東村農民ばかりでなく、粉河寺内子院等がかなり含まれていたことを明らかにした。更にそれのみならず、分割された池用水権の一つ一つに、勧頭・田徒衆等のもつ番水権と、東村農民等のもつ引水権が重層的に存在し、これらの権利数に従って用水が分配されたものとみた。

これまでの灌漑用水の研究は、寶月圭吾氏の『中世灌漑史の研究』に代表されていたが、それらは主に村落(荘園)間の用水分配をめぐるものであっただけに、このように、村落内の用水権の存在形態や用水分配のあり方を明らかにしうる東村の事例はきわめて貴重といえよう。また用水の管理・運営権が村落の手に移ったことは指摘されていたが、東村の事例は、用水権そのものを保障したり、用水分配に対する権限までもが惣村にあったことを示している。

第三章「中世後期の池水灌漑再論」

本章は、第二章によせられた小山靖憲氏の御批判に対する反批判である。氏は番水帳記載人名は勧頭・田徒衆ではなく、地主であるとして拙稿を批判されたのであるが、氏の論拠が、『和歌山県史』の誤りにのったものであることを明らかにして、氏の御批判に従えないことを述べた。また勧頭・田従衆らのもつ番水権を勧頭・田徒職と提起した理由についても述べてみた。

東村には、番水帳と同時期に作成された検注帳があるが、両者を比較してみると、土地所有に卓越していても用水権がわずかしかない者もおり、溜池用水に依存する当地域の田地所有は、用水権の所有とあいまってはじめて本当の田地所有になることがわかる。

第三部　宮座と惣村

第一章「鞆淵八幡宮宮遷大祭と能」

本章は、鞆淵八幡宮遷宮史料を分析するに際し、その前提としてこれらの史料の特徴を把握しておく必要を感じて書いたものである。遷宮史料には、上葺記録とその翌年の宮遷記録の二種類がある。少くとも、永正七年（一五一〇）以後の鞆淵八幡宮の遷宮は、下遷宮と上遷宮で終るのではなく、その翌年に八幡宮修造の完成を祝う一大式典である宮遷大祭が行われて完結した。それには高野山子院から賤民に至るまでの幅広い階層の者が参加し、また参加した者の地域も、荒川・粉河から石手・竹房まで広がるというように、大々的な祭礼であった。また、宮遷大祭の主要な内容は能の上演にあり、近世初期の頃は、貴志・粉河の猿楽がこの能を演じていたことが知られる。

第二章「長棧座と中世宮座」

ここでは、本書掲載の遷宮史料をもとに、まず近世宮座が庄司・林両氏を別格とするものであることを明らかにし、それがどこまでさかのぼれるかを検討しながら中世宮座のおおよその形態を明らかにしたものである。鞆淵荘の中世後期の宮座は、在地領主鞆淵氏の没落と高野山行人方長床衆の当荘進出そして庄司氏の下司代補任を境に大きく二分しうること、前半は十二人番頭主導型、後半は庄司・林を別格とするもので、近世宮座へ連続する形態であった。

本章で注目したいのは、共に人の背丈近くもある大きな板に記された正平十二年の置文と寛正三年の置文が、鞆淵八幡宮上棟式のとき棟札として奉納されたことである。このことは、起請文の作法、すなわち神前で作成した起請文が焼かれて灰にされ神水と共に飲まれたことと共に、農民の文書が、どのような場で作製され、それがどのように意識されたかを示す事例といえるだろう。

鞆淵八幡宮遷宮史料の分析は、私にとって驚きの連続である。第一章でみたように、ふつう遷宮といえば、上遷宮・下遷宮をさすのに、鞆淵ではその翌年に宮遷大祭を行った。また上棟式にしてもそうで、ふつうは建築の初期に行われる儀式であるのに、鞆淵の場合は、建物の完成後、上遷宮儀式の前に行われるのである。大内直躬氏の『番匠』をみてもこのような事例はみられなかった。遷宮といえば、二十余年に一度の一大儀礼であるのに、宮座研究などでも、特に地方の神社の遷宮となると十分な研究がみられない。私としては、今後さらに多くの事例を研究し、遷宮儀礼の一般的把握を行っていきたいと考えている。

鞆淵八幡宮遷宮史料

これらの史料は、一九六九年、修士論文作成のため鞆淵を訪れた際に撮影したものであり、遷宮関係史料のすべてを網羅したものではない。さらに私自身、史料よみの力量がきわめて不十分である。しかし、第一に、このような地方の小さな神社の遷宮史料の存在は貴重であるし、第二に、それが鞆淵八幡宮のような荘の鎮守神のものであれば、鞆淵荘の宮座や惣村の構造などを明らかにする上でも重要である。また第三に、これらの史料を使って、氏人や下司代庄司氏等について論じたこともあることから、きわめて不完全とは知りつつも紹介することにした次第である。また、本書第三部第一章、第二章は共にこれら遷宮史料をもとにして執筆した。

これらの史料は、ほとんどが数枚ないし十数枚の紙を貼り継いだものであるが、今日、糊付部分がはがれ、バラバラになっている。そのため字の大きさ、字体、用語の特徴等に留意して各年代毎に区分けしたが、この復元に大きな誤りのないことを願うのみである。

〔付記〕

本書にはおさめられなかったが、第三部の関連論文として次のようなものがある。

「千代鶴姫伝承と庄司氏——中世後期の高野山と鞆淵荘の土豪」（竹内理三先生喜寿記念論文集刊行会編『荘園制と中世社会』、一九八四年）

これは、鞆淵荘の近世宮座で別格の位置を占め続けた庄司氏が、中世のいつ頃、どのようにして台頭してきたのか、在地領主鞆淵氏と対比していかなる歴史的性格を有していたのか等を、庄司家にまつわる千代鶴姫伝承の分析等から明らかにしたものである。

「戦国〜近世初期の賤民と祭礼」（『歴史評論』四二六号掲載予定、一九八五年）

これは、本書掲載の鞆淵八幡宮遷宮史料に坂者やサンシ等の賤民の記載がみられることに着目し、それらについて若干の考察を加えたものである。

目次

第一部　農民闘争と惣村

第一章　惣村の成立と発展

はじめに

中世後期の歴史は荘家の一揆・土一揆・徳政一揆等々の農民闘争を無視しては把握しえない。そしてこれらの研究がようやく活発になりつつある時、これら農民闘争の基盤であるという重大な位置を与えられながら、またそれが中世後期にもりあがる農民闘争を解く鍵でもあると考えるが、惣村研究は決して十分とはいえないのが現状である。

惣村研究は、その成立過程、すなわち鎌倉末・南北朝期の生産力の発展の中で自立した小経営農民が、中世前期の有力農民による特権的・排他的村落共同体に広汎に参加することによって成立してくる、という点については一般に認められているところであり（石田善人氏はこれを「惣荘」から「惣村」へと定式化された）(1)、論議のまとは、石田善人氏に代表されるが、惣村の「自治」を高く評価し、惣村の指導者である年老・乙名たちを「小農民の与望を繋ぎえているかぎりでのみ」その地位が安泰であると規定する点に集中していた。石田氏のいわば牧歌的ともいえる惣村の評価に対し、惣村は有力農民層がその特権的地位を保持するための連合支配組織であるとする正反対の見解が対置され[2]、かかる対立が発展的に継承されないでいたというのが最近までの研究状況ではなかろうか[3]。

こうした状況の中で三浦圭一氏の「惣村の起源とその役割」[4]は、惣村の発展を地主的土地所有の展開としてとらえ、小農民との対立・矛盾をあらわにした地主層が、惣村のくみこみえなかった未解放部落民を自らの兵力となし、支配階級としての位置を占めた時、それが真の惣村であるとする注目すべき論稿である。なぜならそれは、未解放部落の成立を惣村の矛盾の展開としてとらえるという点において、また同時に仲村研氏[5]にもみられるような最近の惣村研究の動向を代表しているという点においてである。すなわち三浦氏が小農民の集会・発言権＝法的主体を惣村の小単位である垣内的集落に限定し、仲村氏が惣村を「惣荘」・「惣村」の二重構成としてとらえながら、「惣荘」の生産手段の独占等々にみられる優位性を述べ、「惣村」による「惣荘」の克服を中世末期に求められる時――両氏の論理の違いはともかくとして――そこに共通してみられることは、小農民の存在・独自性が殆ど浮かびあがらず、惣村が名主・地主らの支配機構として把握されていることである。そしてそれは、三浦氏が剰余をめぐって「まさに守護と地主が闘っている」のが十六世紀の基本的動向であるとされるように、農民闘争の評価とも深くかかわっている。

かかる研究動向は、中世後期の最も根源的対立を地主層と一般農民との間にみようとする動き[6]と深くかかわっているが、しかし今日、農民闘争の基盤としての惣村の研究課題は、惣村を成立させた歴史的主体としての小農民に視点をあて、それを執拗に追求することではなかろうか。すなわち小経営農民が広汎に参加することによって惣村が成立したとしながら、小経営の自立が何故可能になったのか、自立した小農民がいかにして特権的・排他的村落秩序を変質させていくことが可能だったのか、そしてまた惣村に結集した彼らが、なおかつ経済的にも身分的にも優位にたつ有力農民層に対してどのように自らの立場を保証し、主張していったのか、といった最も明らかにせねばならない基本的な問題が、実はあたかも自明のごとくして追求されていないと考える。そしてこれらの基本的課題は、惣村を荘家の一揆や土一揆などの基盤であるとするだけでなく、こうした農民闘争が、小経営の維持、小農民の結集、小農民の政治的地位の向上にとっていかなる役割を果したのか、すなわち惣村の成立・発展といかにかかわりあうのか、といった農民闘争との関連の中ではじめてとらえうると考える。

以上、本章の課題は、惣村形成の原動力であった小経営農民に視点をあて、農民闘争との関連の中で惣村の形成・発展を追求することであり、同時に惣村が小農民にとって、歴史発展の中で、いかなる役割を果したのかを追求することである。

なお本章では鞆淵荘をとりあげるが、当荘に関しては小川信氏(7)、熱田公氏(8)そして最近の本多隆成氏(9)の諸研究の成果がある。

第一節　鞆淵動乱と「八人御百姓」

1　鎌倉末の鞆淵荘

石清水八幡宮領時代の鞆淵荘の歴史は、隣荘荒川荘の悪党行動に始まる「悪党の時代(10)」開幕の頃から活発な動きをみせるようになる。それはまず嘉元四年（一三〇六）、鞆淵太郎景久の他所人を多数引き入れた悪党事件(11)にはじまった。

正和年間（一三一二〜七）には西念と、百姓景久・末行・光行法師らとの間に争いがおこり、神輿が焼かれ神人が殺害され、紛争は数年に及んだ。(12)ところがこの正和年間の事態の把握については先学三氏の一致をみず、小川氏は西念＝鞆淵氏がその一族（景久）と一部荘民を従えて神人百姓等と対立したものとし、熱田氏は下司・公文と「沙汰人殿原神人百姓等」の対立とみ、本多氏は、西念は下司鞆淵氏ではなく御家人息女藤原氏女の代官とみるべきで、これは御家人という外部勢力に対して、鞆淵氏と神人百姓等が矛盾を孕みつつも一定の連帯をして対立したもの、と理解されている。

結論をいえば私見は三氏のいずれにも従いがたい。三氏によるかかる混乱の最大の原因は西念であるが、彼は応長元年（一三一一）十月の石清水八幡検校法印某下文写(13)によれば、「下司孫太郎左衛門丞（尉）かけなお（景直）今は出家法名さいねん」とあって下司鞆淵景直(14)であることが明らかとなる。この下文によれば、西念は根来の池の堤において刑部太郎以下四人の百姓を殺

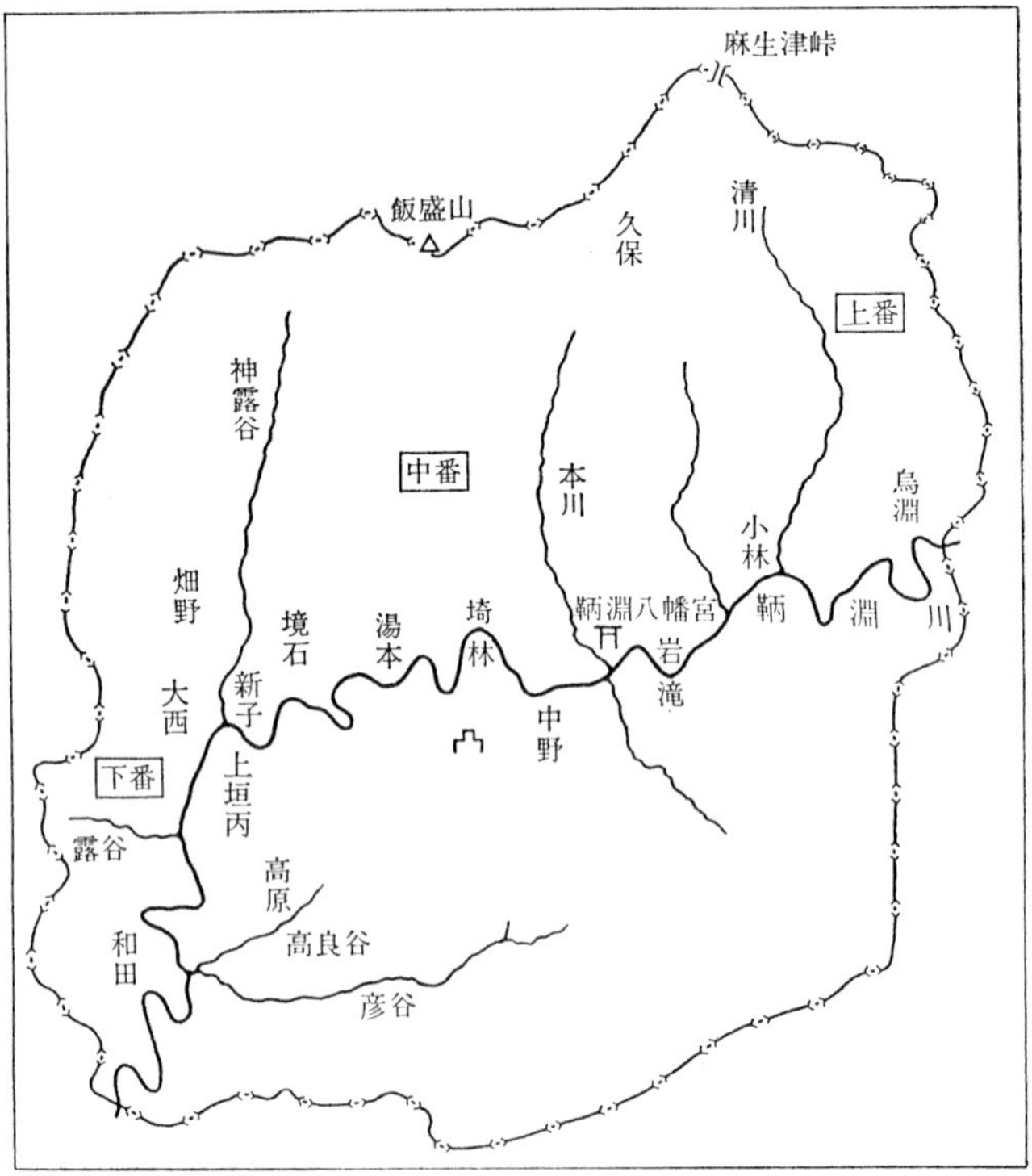

第1図　鞆淵荘地図

害したかどで下司職を改易されており、その後紀伊国御家人長田刑部房紹金息女藤原氏女代西念[15]として動いているところから、下司職を改易された後、御家人勢力と結びつくことによって支配の維持を図らんとし、神人百姓等の抵抗を受け、その争いの中で神輿焼却・神人殺害といった悪党行動に走ったものと考えられる。

では景久はといえば、これは本多氏が指摘されたように鞆淵太郎景久である。すなわち西念と景久は同族関係にある。しかし景久の方は西念と敵対する行動をとったため結果的に神人百姓等の側に立ったといえよう。熱田・本多両氏の論拠となっている「沙汰人殿原神人百姓等」の一味同心[16]は、鞆淵氏とのそれではなく、鞆淵一族の中の景久と神人百姓等の同盟とみるべきであろう。[17]

以上のことからこの正和年間の事態は、下司鞆淵景直＝西念の百姓殺害・神人殺害にみられるように、悪党化して御家人勢力と結託した在地領主鞆淵氏と神人百姓等の対立に、鞆淵氏一族の内部矛盾がからまりあっていたものと把握しておきたい。

2　鞆淵氏の本拠地

いわゆる元弘の勅裁以後、当荘の荘園領主となった高野山のもとで、下司職に補任された鞆淵氏（西信）[18]は在地領主制を展開していくのであるが、では鞆淵氏の本拠地はどこなのだろうか。

この点についてはこれまで触られなかったが、しかし、本拠地を推定することは、なによりも第一に、次に述べる下司と百姓等の武力衝突の様相を豊かに描き出してくれるし、第二に、鞆淵氏と、十五世紀中葉以後の下司代庄司氏との系譜的連関の有無、さらにはその歴史的性格の差異を明らかにするだろう。後述するように、下司職は文安三年

（一四四六）以後まもなく高野山に掌握され、その後下司代となったのは鞆淵氏ではなく、庄司の姓を名乗るものであった。鞆淵氏と庄司氏との関連については、小川氏と熱田氏の間に見解の相違がみられ、小川氏は庄司氏を鞆淵氏の後裔とされ、熱田氏は否定的である。この点については、熱田氏の指摘されたように、鞆淵氏が下司として健在であった正長二年（一四二九）に庄司氏が敬称なしでみられることから、(19)両者の系譜的関連はないとすべきであろう。それは両者の本拠地によっても明らかとなろう。どのような場所を拠点とするか、本拠地の性格がそこを基盤とする者の歴史的性格をも少なからず物語るからである。十五世紀中葉以後下司代となった庄司氏の拠点は、小和田（和田）であったが、(20)そこは鞆淵のなかでも最もはずれに位置している（第1図参照）。在地領主制を展開するのにふさわしい場所とは思えない。庄司氏の歴史的性格は、有力地主ないしは土豪とみるべきと思う。

しかし鞆淵氏の本拠地を明瞭に示す中世史料はない。しかしながら、前述したように、断定はできなくともそのおよその位置を推定することには重要な意味があるので、中世史料にとらわれず検討していきたい。

第一に、在地領主が拠点を構える場所は、いうまでもなく生産力の高い地域である。当荘内でそのような所として『紀伊続風土記』は、「此庄の京石・湯之本・中野村のあたり、土地開け、谷広く、真国・毛原・野田原などの谷筋の類にあらず」と記している。鞆淵荘は『紀伊続風土記』によれば、鞆淵川の流れに沿って上・中・下の三カ番に編成されていたことが知られるが、便宜上これに従えば、京石（境石）は下番ではあるが最も中番よりにあり、湯之本（湯本）と中野は中番にあって、いずれも荘の中心部といえる。そしてまた、この荘の中心部に石清水八幡宮の支配の拠点となった鞆淵八幡宮がおかれたのをみれば、『紀伊続風土記』のいうこうした状況は、石清水八幡宮領時代以来のことであろう。

第二は、在地領主の拠点を予想させる字名の残存である。鞆淵氏は下司給二町五反余以外に下司土居職として一段半を分田されたが、[21]この土居の姓を名乗る家が中番埼林にある（第2図参照）。鞆淵では、例えば十二人の番頭名の多くは小字名として現在も残っているが（番頭名といってもいわゆる姓ではなく、地字名である）、なかには津路のように小字名として残らないものもある。しかし、津呂を姓とする家が現存しており、その位置は中世史料の推定と一致する。[22]したがって今日の姓もその手がかりとなりうるのである。さらにこの土居氏宅の谷の奥には池があり、土居の池と称されていることから、土居氏宅の近辺の地字が土居と称されていた可能性はきわめて高い。[23]またこのすぐそばの中野南には城跡があり、『紀伊続風土記』もそれを記している。この城跡は、対岸の斜め前に八幡宮を臨むだけでなく、中番はもちろん、はるか上番をも展望できる格好の地であり、在地領主の要害としてふさわしいと思う。この城跡の近辺に鞆淵氏の居館があったとしてもふしぎはない。[24]

第三に、論拠とするにはあまりにも頼りないものであるが、中世史料からも一つあげておきたい。建武三年（一三三六）の下司西信等の署判のある八幡宮御供米立券状である。[25]これは、八幡宮の免田を書きあげたものであるが、これによれば景末という者が中野に田地一反百七十歩を所有していた。一反百七十歩というのはこの立券状では多い方であり、景末はおそらくこの中野を拠点とする農民といえよう。[26]注目したいのは景末という名称である。鞆淵氏が景を通字としていたことを思いおこすと、景末はその一族という可能性が生まれてくる。この可能性の上にたてば、一族の一人が中番の中野を拠点としていたといえなくもない。

第四は、これも論拠としてあげるにはためらわれるものであるが、決め手となる史料がない以上、一応述べておきたい。明治末の作といわれる『鞆淵村郷土誌』は、古くからのいい伝えとして土井十郎隼人介の話を記している。これによると、十郎隼人介は湯本の土居の先祖であるということ、湯本南原に土居の森があり、ここにある瓦の宝殿を汚瀆すると祟があるといって古来より里人が恐れていたこと、そして十郎が時折自宅より弓を射るため危険甚しく、通る人はこれを恐れてカケウラの道をとったということ等である。カケウラという道[27]や土居の森の名は現在も残っている[28]（第2図参照）。明治末までは伝えられていたこの古伝がいつ頃のものであり、何を意味するかははっきりしないが、埼林に居を構える土居氏の先祖が村人に恐れられ、村人に敵対したという話には興味深いものがある。これを直ちに中世における下司鞆淵氏と百姓等の対立抗争に結びつけるわけにはいかないが[29]、しかしこうした古伝があることから、土居の近辺が特別な地域としてみられていたことだけはいえると思う。

以上、主に第一と第二の理由によって、鞆淵氏の拠点を荘のほぼ中央の城跡の近辺である中野南ないしは埼林あたりと推定したい。次に、このあたりを本拠地とする鞆淵氏が百姓等とどのような対立抗争を展開するのか、本節の核心部分に入っていきたい。

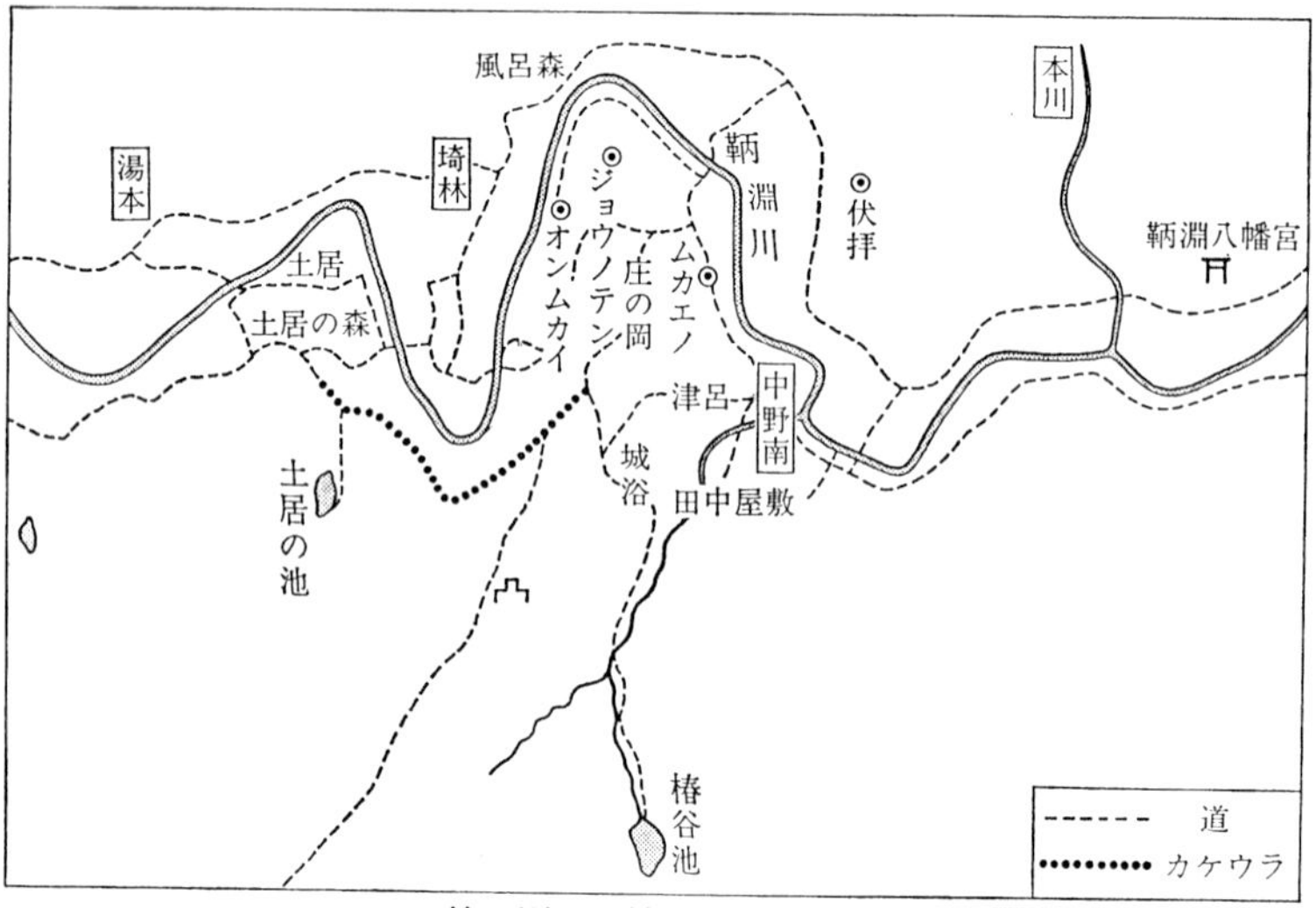

第2図　山城跡周辺地図

3 鞆淵動乱

下司はまもなく西信に代って子息景教があとをついだが(30)、この景教の時代は農民との激突の時代であった。熱田氏はこれをさして「観応の確執」と呼んだが、後述するようにこの対立の激しさ、闘争の性格・規模からみて当時の農民達の称したごとく「鞆淵トウラム」(31)、すなわち鞆淵動乱と呼びたい。

この鞆淵動乱の原因は最初は雇夫をめぐってであったが、やがて下司方公事をめぐっての争いとなる。雇夫は雇用労働力であり、その大部分はおそらく自己の直営田経営に投入されたものであろう(32)。また下司が譲歩しなかった下司方公事は人夫課役がその主内容であるところから(33)、その最大の争点は下司の労働力徴発にあったとみてよく、それは、鎌倉末・南北朝期の生産力の発展過程で自立した、あるいは自立化しつつある小経営の発展を阻害する以外のなにものでもなかった(34)。事態の経過を説明すれば、貞和三年（一三四七）二月、雇夫については「如他人雇夫被止候也」となって一旦和与が成立した(35)。しかし景教の主張によれば百姓等がそれを破り、再び十月に和与が成立したが、それもまた百姓等が破ったという。これらの経過をみてみれば、下司が表面的には譲歩した雇夫の分も含める形で、公認されていた下司方公事の強化を図ったといえよう(36)。争点は下司方公事となり、下司は「諸庄傍例」を主張し、百姓等は石清水八幡宮領時代に准ずる「八幡准例」をスローガンとして対立した(37)。

対立は激化し、高野山はついに観応二年（一三五一）正月、百姓等の要求を認めることによって事態の収拾を図った(38)。すなわち百姓等の「八幡准例」の要求が貫徹したのである。この南北朝期の農民闘争の結果については先学三氏のきわめて消極的な評価の一致をみている(39)。しかし高野山が「八幡准例」を認めざるをえなかったのは、大集会評定事書(40)

や和談の置文が[41]「大検注以前者守八幡所務之例、大小公事法可被致其沙汰」、「於当庄公事法者、准旧領諸庄例、大検注治定以後、細々公事両方共可定骨法」と述べるように、高野山が当荘の大検注を施行していないためであって、否、次に下司景教が述べるように実施できなかったためであった。

中預所現証房令下向候て、為大検注、一坪を被祭候処、就是非不可用之由、百姓等評儀仕候て、則四目縄を散々に切捨、結句中預所を欲令殺害候間、景教菟角宥候て、助申候畢、[42]

すなわち検注に強硬に反対する百姓等の抵抗があったのである。いうまでもなく検注は百姓にとって年貢・公事の搾取強化を意味する。景教の言上には誇張もあろうが、しかし検注阻止のためには中預所殺害をも辞さなかったかもしれない。そしてこの検注拒否があったからこそ下司方公事の強化をはねのける合法的スローガンが成り立ったといえる。すなわち「八幡准例」のスローガンの中に我々は、下司方公事軽減の要求と大検注拒否の決意が統一されてこめられているのをみるのであり、それは一見復古的にみえようとも、実は下司と高野山に対する鋭い闘争スローガンであった。高野山の「八幡准例」の承認に対して、これを百姓等の要求貫徹として高く評価する理由はここにある。[43]

また、この農民闘争を鞆淵動乱としたのは、百姓等の闘いが当時一般的にとられた逃散方式ではなく、より積極的な武装闘争[44]を展開したことに注目したかったからであり、このことが高野山に「八幡准例」を認めさせた基本的な力と考えたからである。景教は百姓等が麻生津の又次郎（下司の与同者）を「散々に射」、あるいは「率大勢、寄来景教か本宅、悉焼払」ったと訴えており、[45]高野山はその衝突をさして「合戦に及」[46]と称するほどであった。その合戦は、

一ウエノカキウチ《(上垣内)》ノトラジラウ《(虎次郎)》シヤウ《(庄)》ノヲカ《(岡)》ニテウタレ《(討)》候、[47]

とあることから、百姓等の拠点鞆淵八幡宮[48]と下司の要害とのほぼ中間近くにある「庄の岡」[49]を主戦場としたものと考

えられる（八頁第2図参照）。上垣内虎次郎はそこで下司軍に討たれたのであった。百姓等は惣の置文に(50)、虎次郎と同じく「ヲモイキリマウシテ」討たれた犠牲者の名前とその討たれた場所とを書きしるしたが、それによれば殺害現場は荘内のはずれ毛屋川（清川）にまで及び、更には荘外の高野や麻生津・荒見にまでのびており、下司の在家焼き打ち・百姓殺害といった報復行動の荒々しさとその規模の大きさが窺われると同時に、高野山が「或ハ路次往行の時殺害セ□□、両方打うたるゝ死人是あり(51)」と記しているように、決して下司の一方的行為とのみ把えることはできず、「庄の岡」を主戦場としつつも百姓等のゲリラ的活動が広範囲に及んだことを示している。

以上、鞆淵動乱の中で百姓等は武装闘争を展開して「八幡准例」を勝ちとった。しかしそれが虎次郎を初めとする多くの犠牲者とひきかえであったことは再度指摘されねばなるまい。ではこのような激しい農民の抵抗はどこから生まれてきたのか。

4 「骨張之仁」と「八人御百姓」

高野山は百姓等の武装闘争を前に、百姓等の要求をのむことによって長期にわたる混乱した事態に終止符を打ち、支配秩序の回復をはからざるをえなかった。しかし手放しで譲歩したわけではない。和談の置文が(52)、

一於百姓中、不似多分、殊更有骨張之仁歟、其時者、寺領内雖為何庄、懸六親同可加治罰事、

と示すように、「百姓中」の「骨張之仁」、すなわち農民闘争の指導者の弾圧をもくろみ、翌年それを強行したのである。観応三年（一三五二）八月の下知状(53)がそれを伝えてくれる。

一鞆淵薗百姓八人注文、御下知の旨にまかせて権□（預）等其沙汰を致へき処、百姓歎申間、聞召開かれ、三供□（僧カ）御口

入として、彼八人注文被召返、庄家ニ下さるゝ所也、

これによれば百姓八人の注文が作成され、その注文に基づいて百姓八人を拉致せんとしたこと、それに対して百姓等が歎願し、その結果八人注文は荘内に返されるに至ったことがわかる。同月、百姓等は口入をしてくれた三供僧に対して礼分として四十貫文もの用途を出している[54]。このことは百姓等が八人百姓注文奪還のために多大な努力を払ったことを示すものであり、この八人の百姓こそこの間の闘争の英雄的指導者、高野山のいう「骨張之仁」であることはまちがいない。

この「骨張之仁」については小川氏の村落上層結合部分、すなわち神人や番頭にあたるもの、という規定以来、熱田・本多両氏も同じく有力農民とされている[55]。後述するように当時惣村を構成していたのは指導的有力階層である十二人の番頭と百姓身分の二つの階層であった。しかしはたしてこれら「骨張之仁」は有力農民である番頭をさすものであろうか。農民闘争の指導者は必ず有力農民でなければならないのであろうか。

この点を解明する鍵は正平十二年[56]（一三五七）と寛正三年[57]（一四六二）につくられた惣の置文にある。この二つの置文は棟札として奉納されており、惣にとってきわめて重要なものである。まず正平の置文は鞆淵動乱によってもたらされた次のような矛盾を解決するためにつくられた。すなわち動乱のさなかで「其ノカス（数）ヲ不知候」といわれる程の多数の田畠・負物等の文書が焼失したり紛失したり、あるいは隠しておいて雨露で朽損してしまったのであるが、かかる所有関係の混乱した状況の中で文書を他所へとられたとか、あるいは質に置いたと主張し、最後には自己の所有を正当化するために「高所」に付けて沙汰しようとする者が出てきたのである。このような矛盾は既に和談成立の翌年には顕在化し[58]、正平十二年以前にも置文がつくられたが[59]、しかし最終的にはこの置文を待たねばならなかった程その

矛盾は深刻であった。置文は第一条で田畠等の文書については他所へとられたとする主張を却下し、質に置いたとする場合も証拠不分明のものは同様の処置をとった。そして第二条では負物の紛争をとりあげ、貸借が明瞭でないものはいかなる「高所」に付けてもそれは無効であるとしたのである。惣は、「権門高家」に属してその沙汰を仰ぐ者（一般的に言って有力農民）や貸主（これも小百姓とは考え難い）等の恣意的な訴訟行為を押え、置文を棟札として奉納して惣の統一を守らんとしたといえる。

ところで問題の核心は置文の最後の署名にある。次の史料がそれである。

定　鞆淵庄置文事

（中略）

正平十二年丁酉三月三日　　則行（筆軸印）

宗久（略押）　久重（略押）

国行（筆軸印）　国光（筆軸印）

重金（花押）　行兼（筆軸印）　国恒（花押）

安長　秀久（略押）

景行（花押）　秀国（花押）

教信（花押）　守行（筆軸印）

吉則（略押）　則景（略押）

友貞（略押）　十念（花押）

信行（筆軸印）

御棟上付、十二番頭馬一疋宛引テ判可有、

吉兼（略押）

貞善（略押）

この署名の形式はまず頂点に花押をもつ重金、重金は惣講師であり引導職をもつ[60]。次に重金の下に簡単な花押・略押・筆軸印をもつ二十人の署名があるが、それは中段八人と下段十二人に分かれている。全体の署名の形はまさに重金を頂点としたピラミッド型になっている。すなわち中段の八人と下段の十二人はアトランダムに記されたのではなく、何らかの意味をもってかく記されたものと考えられる。では中段の八人は何故中段に記され、下段の十二人はいかなる階層のものか。

この問題を解くために寛正の置文の署名をみることにする。またこの寛正の置文の署名の意味は、正平の置文や鞆淵動乱を考えることなしには解くことができない。

御置文事

（中略）

毛屋川番頭

堂本番頭

在(有)カ志番頭

久呆(保)番頭

古林番頭

八人御百姓

御棟上時番頭衆
馬一疋宛
御引候て如此候

古屋番頭
古田番頭
中南番頭
遊本番頭
新　番　頭
屋那瀬番頭
大西番頭
障子（庄司）
使者
宥音
宗覚

寛正三壬午三月七日誌之

これは老朽化して大破した八幡宮を再建した際の置文の最後の部分である。この署名形式の特徴は、棟上の時馬を一疋ずつ引くという十二人の番頭の署名の上に、一段と大きな字で「八人御百姓」という記載があることである。この「八人御百姓」とは何か。当然おこる疑問であるが、そこでこの全体の署名の形を検討してみると、これが正平二十年頃没落した惣講師重金[61]を除けば、正平のそれに酷似していることに気付くであろう。そこで寛正の置文を正平のそれにスライドしてみるならば、「八人御百姓」は正平の中段に記された八名に、下段の十二名は寛正の十二番頭に相当する。正平の置文の最後に「御棟上付十二番頭馬一疋宛引テ判可有」とあることも下段の十二人が番頭であることを更に補強する。下段の十二人が番頭であることが明らかになれば、当荘では番頭身分は原則として十二人に限定されていたことから、中段の八人が番頭身分でないもの、すなわち百姓身分のものであることが明らかとなる。

では正平の棟札の中段の八人の百姓は何者であり、何故惣の指導的有力階層である番頭等の上に記されたのか。この点を考えるにあたっては、この置文が動乱によってもたらされた惣の深刻な矛盾を解決するためにつくられたもの、すなわち鞆淵動乱と密接不可分にあることを念頭にせねばならない。そのことによって我々は多くの犠牲者を出しつつも百姓等の闘争を有利に導いた「骨張之仁」＝八人の百姓の存在を思い起すであろう。すなわち正平の置文の中段の八人は、この闘争の「骨張之仁」であり、権力による弾圧を一手に引き受けた八人の百姓であった。そして彼らが百年余も経過した寛正の棟札に「八人御百姓」と番頭らの署名の上にかく記されるに至ったことは、彼らの英雄的闘争が百姓等の中に脈々と生き続けたたえられたことを示すものである。

以上、鞆淵動乱といわれた南北朝期の農民闘争の過程でこの闘争を英雄的に指導したのは、先学三氏のいわれたような番頭等有力階層ではなく、百姓身分のもの＝平百姓であった。今日までの研究史上、平百姓、小百姓は闘争の原動力・エネルギーとしては評価されることはあっても、それ以上でもそれ以下でもない。しかし、彼らのエネルギーが歴史を動かす原動力であるというだけではなく、いかなる歴史的状況の中でそれをどのように動かし、そのエネルギーがいかに結実していったか、具体的歴史の中での具体的結実が評価されねばならないのではないか。平百姓、小百姓をエネルギー源としてしかみない見地からは、彼らが闘争の激化の中で指導者を生みだしていくというような考えは生まれにくい。ここ鞆淵荘における闘争の指導者「八人御百姓」は、平百姓等のエネルギーが生みだした歴史具体的結実であった。そして闘争の中で平百姓等が独自に指導者層を生みだしていくような動きは、それが明確なる歴史事実となってあらわれないにせよ、鞆淵荘という個別荘園のみではなく、普遍的な法則性をもっていると考えたい。

そこで次に、以上みたような農民闘争が惣村の発展にとって、また惣村の構成員である百姓層にとっていかなる役割を果したかを追求したい。

第二節　惣村の発展と「百姓中」

1　垣内的集落

今日までの惣村研究においては、惣村内部にあるいくつかの集落結合についてはあまり関心が払われなかった。しかし前述した三浦氏のように、惣村の小単位（氏はこれを垣内的集落と規定）に小農民の横との連帯を限定する見解[62]や、それとは逆に最近の上島有氏の研究にみられるように、矢野荘の荘家の一揆の力の発揮が「むら」から「村」へと積みあげられてきた農民の地域的結合の結果であったとして、農民の生活の場、生産の場としての「むら」を高く評価する見解[63]等々の出現によって、惣村研究の重要な論点のひとつとなってきつつある。

鞆淵荘においては小川氏はこれを部落と称されたが、その小単位が垣内を付して呼ばれたこと[64]等を考慮して、三浦氏のいわれたように、垣内的集落と称したい。そしてそれは、一般的にいわれるように、原初形態としては田屋を中心に開墾予定地等々の一区画を垣でめぐらしたものが小集落に転化したものと考える[65]。

ではこの垣内的集落の実体はいかなるものか。小川氏も述べたように、当荘の垣内的集落は各々信仰生活の場とし

第1表　地字別下村田地

田品／田地の地字	上　田	中　田	下　田	合　計
	町　反　歩	町　反　歩	町　反　歩	町　反　歩
神露谷			1 7 281	1 7 281
露　谷			1 0 185	1 0 185
カワイ谷			8 225	8 225
高原谷			8　35	8　35
クツレ谷			3 240	3 240
ウルシ谷			2　30	2　30
カシコ谷			1 110	1 110
ハウシ谷			320	320
コウホネ谷			180	180
キャウシ　クキ前　西前　堂前	6 100	3 265		1 0　5
大西	3　58	1　95	5	4 158
平野　沢　タケノハナ　谷		2 208	1 170	4　18
新		4　11		4　11
室沢		2　25	214	2 239
安野			2　71	2　71
谷垣内		2　55		2　55
アセミサイ		1 180	110	1 290
ホリキリ		60	1　50	1 110
キショウサカ			1　50	1　50
垣内クヒ		1　40		1　40

ての堂をもっていたことが指摘できる。(66)正平十四年（一三五九）の上・中・下村仏神田注文(67)によれば、下村には孝子堂・箭那セノ堂・上垣内堂・新堂・大西堂・大和田堂の六つの堂と室谷口社・上垣内社・大和田社が存在しており、後述する歩付帳(68)などによれば、孝子＝キャウシ、箭那セ等はすべて垣内的集落名と一致する。すなわち新は新堂を、大西が大西堂をまつっていたといえる。上村(69)の妙法寺・橋寺・岩滝寺＝堂・今中寺＝堂・梅尾寺・本河村神・為氏神についてもほぼ同様の結果が得られる。(70)中村近辺の垣内的集落名の多くは不明であるが、当然中村の和田堂・仏土院・田仲堂・天王御神楽・借屋林社をまつる主体もその地域の垣内的集落といえる。このうち借屋林は現在の埼林に比定しうる垣内的集落名である。建武三年の八幡宮御供免田(71)として書きあげられたワタカキウチ（和田垣内）はこの和田堂をまつっていた垣内的集落といえよう。

次に田地の分布状況との関連をさぐってみたい。そこで宝徳頃の歩付帳＝検注帳(72)を検討してみる。現存するものは下村・本河村・妙法寺村・上ノ村歩付帳の四カ村分である（この「村」は正平十四年の上・中・下村仏神田注文の「村」と同様いくつかの垣内的集落のまとまりを示すものではあるが、例えば、正平の上村が約百年後の上ノ村と地理的に大分ずれのあるところから(73)行政的要請も考慮せねばならないだろう）。歩付帳は本河村を除いて作職所有者を垣内的集落毎に記しているが、ここでは集落名が最も明瞭に比定できる下村をとりあげる。下村は当時、キャウシ・ヒラノ・アタラシ・ヤナセ・上垣内・ヲウニシ・ハタノ・ムロの八つの垣内的集落からなっていた。第1表は下村の田地の存在形態をみるために歩付帳の田地を地字毎に集計したものである（集計にあたっては例えばキャウシクキ前、キャウシ堂前などはキャウシの地字でまとめた）。この表から気付くことは、垣内的集落名と一致しているヲウニシ・アタラシ・ヒラノ・キャウシの地字には下田が極めて少なく上・中田が集中し、それとは対照的にツユタニ（露谷）・カウロウタニ（神路谷）等々の谷々の耕地はすべて下田である点である。地理的には例えば田地の最も多いカウロウタニが非常に奥深い谷であるのに対し、アタラシ・キャウシ・ヲウニシ等は鞆淵川に沿った河岸段丘上の比較的平坦な部分に位置している（第1図参照）。このことは、これらの垣内的集落の周辺が耕作に適した条件を有し、最も早く田地化されたことを示していよう。谷々の田地がすべて下田であるのは、日照時間等の悪条件と共に、開発の時期がおくれたことなども要因であろう。

このように垣内的集落は、その周辺に早くから開発された良好の田地をもつといった生産活動の基点であり、集落住民は堂を信仰・生活の拠点にして結集していた。そしてこうした生産・生活諸活動の場である垣内的集落は、ひとたび惣村の政治的行動（例えば逃散）が決まれば、それを実行する行動の単位・基盤ともなった。応永末期の農民闘争の時、逃散にあたって「鳥淵の垣内の百姓等（中略）先度地下を逃散仕候」(74)、あるいは還住の場合「おわた《(小和田)》の百姓等も少々かうさく《(耕作)》仕候由聞候[75]」とあることがそれを示している。

しかし農業生産という農民の基本的活動の上に立脚した強固な地縁的共同体であることは、三浦氏の述べるように小農民の連帯が垣内的集落の域をでないことを示すものではない。その点は以下、集落をこえた百姓層の横の連帯を示す「百姓中」結合組織の存在によって明らかにするが、むしろ強固な結合体であるが故に惣村の下部組織として惣結合をささえるものであったとみたい。

2　「番頭中」と「百姓中」

鞆淵荘惣村を構成していたのは十二人の番頭層と多くの百姓層であった。十二人の番頭は惣結合の中において、棟札[76]をはじめ荘中鍛冶大工職の売渡状[77]、八幡宮の宮山定書[78]といった重要な事柄に署名していることから明らかなように、惣村の代表者、有力階層である。そしてまた雑器米直納にあたっては、その不沙汰の時は「懸番頭可及強々呵責[79]」とあるごとく年貢公事の納入責任者ともなり、高野山からは番頭給として二町六歩の分田[80]を受けるという特権的存在であった。

惣村を構成するもうひとつの階層は百姓身分の階層である。それは、荘園領主や国人領主が、惣結合する農民一般をさしてしばしば呼称する「百姓等[81]」とは明確に区別される存在であり、惣の多数を占める主力部隊で、中世後期農民の圧倒的多数の身分呼称でもある。しかしこうした重要な位置を占めるにもかかわらず、百姓に関する研究は十分とはいえないのが今日までの研究状況である。その中で藤木久志氏は、中世農民は下人とは峻別された百姓身分を通して、百姓身分の拡大という形で横との連帯をひろげ、惣的結集を図ったという注目すべき見解を出されている[82]。氏の見解にもとづいて更に追求せねばならないのは、百姓身分をもとに、百姓身分の拡大という形で形成された惣結合——そこには百姓より優越した番頭や名主等々の有力階層の存在がある——の中において、彼ら百姓はいかなる位置を占め、百姓身分をかちとった弱小農民等はいかにしてその位置を保証しえたのかという問題である。

そこでいくつかの事例をあげてみる。

「（端裏書）卅　鞆淵番頭百姓等雑米請文」

請申　鞆淵雑器米直納事

（中略）

正平八年癸巳十月二日

鞆淵番頭百姓等

光　景（花押）

法　久（略押）

定使一善（花押）

これは鞆淵動乱直後、不正の多い公文の雑器米取扱いをめぐる争いの中で、下司方公事と同様「如八幡時」直納を認めさせた番頭百姓等の請文である。(83) 直納にあたっての最終的責任が番頭にあることは前述したが、この請文提出者は「番頭百姓等」であり、光景・法久の二人の署名があることに注目したい。この段階では十二人番頭は、例えばその署名にあたっては上番から下番へと地理的順序に従って記されることにみられるように、その内部において平等性が保たれ、有力なものとの序列も生じていないことから、(84) 光景と法久の二人が番頭であると解釈するよりも、二人は番頭・百姓各々の代表と考えた方がよいと思う。それは次の起請文(85)によっても裏付けられる。

敬白きしやうもん《(起請文)》の事

（中略）

下司殿京上ニおいてハ、御意おそむき申候ハんする百姓等ニおいてハ、ひやらい《(白癩)》こくらい《(黒癩)》のやまう《(病)》をうけ（中略）

応永廿九年壬寅六月十六日鞆淵はんとう在判 百姓 在判

進上　下司殿　時使者ほんかわ馬二郎 在判 なかのしゆうせん在判

これは応永末期の百姓等の対下司闘争の前夜、下司と百姓等の確執の最大の争点であった京上夫について、下司に従うことを番頭百姓等が誓ったものである。ここで注目せねばならないのは、番頭と百姓各々が加判している点である。このように番頭百姓等が惣の有力階層である番頭をもってその代表とするのではなく、それぞれが各々の代表者をもって臨むということは、ここ鞆淵荘に限られた事例ではない。同じく高野山領紀伊国小河柴目荘における番頭百姓等起請文(86)をみれば次の通りである。

元弘三年癸酉十一月十六日

番頭

良禅（略押）　慈阿弥陀仏（花押）

頼綱（略押）　久延（花押）

久時（花押）　国武（花押）

道阿弥陀仏（略押）　常信（略押）

百姓

源内（略押）　西信（略押）

友実（略押）　宗光（略押）

定依（略押）　助村（略押）

季定（略押）

これは小河柴目荘が高野山の一円知行であることを認め、今後は敵対せず大小の課役に従うことを誓ったものであるが、最後の署名の部分のみを引用した。番頭が八人、百姓が七人でそれぞれ花押・略押がある。番頭はおそらく八人ですべてであろうが、七人の百姓は百姓中の代表であろう。同様の事例は次の起請文[87]にもみえる。

（端裏書）「野田原　起請文」

敬白　起請文之事

卅人御年貢幷御公事銭一粒一銭、虚妄儀令申候者、（中略）仍起請文如件

長禄三年十二月　日　　野田原

両番頭（筆印）（筆印）

百姓等　敬白

これは紀伊国荒川荘内野田原番頭百姓等の三十人衆御年貢に関する起請文であるが、ここでも百姓が両番頭と併列して記されている。これらはいずれも断片的史料であるが、鞆淵荘の事例が特殊なものでないことを示している。

このように起請文や年貢請文に番頭と百姓が併記されていることは、百姓の社会的地位の低くなかったこと、その勢力の無視しがたかったことを示すといえる。

次に例えば百姓の場合、その代表はどこで選出されたのか、その選出母体は何かを追求する必要がある。この点を考えるにあたって、中世史料上しばしばみられる「百姓中」なる語に注目したい。例えば当荘においても「於百姓中、不似多分、殊更有骨張之仁歟[88]」あるいは「於百姓中永代人夫ニ可召使之儀色々雖被仰候[89]」とあるが、この「百姓中」はただ漠然と百姓全体、「百姓等」をさすものなのであろうか。その点を次の紀伊国志富田荘において検討してみる。

志富田荘では、現夫役をめぐって、殿原も現夫役を負担すべきであるという百姓側の主張と、それを拒否する殿原

との争いが応永元年以来続き、応永二十七年（一四二〇）またもや対立が激化し(90)、二年後に次のように落着した(91)。

請申志富田庄殿原人足事

右当庄殿原夫役事、（中略）於向後者、以夫銭、当公田現作員数、可沙汰申、（中略）彼公田公事、山上人足分限者、一段別一日仁人夫一人宛、於夫銭員数者、一人別廿文宛《無》。退転御百姓中へ可致其沙汰候、（下略）

すなわち殿原の現夫役は、夫銭をもって「百姓中」に支払うことで和与が成立した。このことは「百姓中」が夫銭と引き換えに殿原の現夫役分を肩代りすることを意味しており、この和与成立後は、「百姓中」は殿原から規定の夫銭を受け取り、その銭で百姓あるいはルンペンプロ的人民を雇用するなりして現夫役を勤めねばならないことになる。こうした事例から「百姓中」がただ漠然と百姓全体、百姓等を指すのではなく、かかる機能を果さねばならない機関、結合組織であることが判明する(92)。またこの「百姓中」結合組織に対して殿原層も「殿原中上」(93)として現夫役についての自己の主張を述べたように、彼ら独自の結合組織「殿原中」をつくりあげていた。同様の事例は次の延慶三年（一三一〇）、東寺領大和国平野殿荘においてもみることができる。

凡当国諸庄園之習、於地上果役者、地主名主事也半分、百姓半分致沙汰者通例也、

これは預所平光清陳状(94)の一節であるが、このような地主＝名主半分、百姓半分という課役負担方式は、地主と百姓層の各々がそれぞれの内部における負担方法等を討議する結合組織を有していたことを示すにほかならない。また輌淵荘においても、「番頭年老」と「地下年老」の存在がみられるが(95)、これもまた「番頭中」、「百姓中」の各々が独自に年老を選出していることを示していよう。

このように惣村の中では、百姓階層と特権的指導的階層（番頭・名主・地主・殿原）とが各々独自に結合組織をつくり

あげていた。そしてそれは「百姓中」の場合をみるなら、不安定小経営農民までをも含む彼らの小経営発展のための具体的要求や社会的地位の向上などを主張し保証する場である。番頭などの特権的有力階層の下にありながら、その独自の立場を主張しえたのも、かかる組織の力があってはじめて可能であったと考える。また番頭層は「百姓中」の圧力に対し、自己の特権的地位を維持するため同様に横の連合である「番頭中」を結成していたといえよう。

しかし、二重の結合組織の存在をもって、前述した仲村研氏のように、中世後期村落を「惣荘」・「惣村」の二重構造としてとらえ、「惣荘」による山野・用水の独占等を主張するつもりはない。むしろ番頭や百姓が各々の結合組織をもちながらもひとつの惣結合をなしていたことを改めて強調したい。なぜなら番頭の経済的基盤にしても、その経営は耕地片の地主職・作職等々の獲得による地主―小作関係の拡大によるものであって、惣村の百姓等全体をその人身的隷属化=農奴化しようとする在地領主の経営とは本質的に異なる。労働力徴発による領主支配の拡大は、彼らの地主経営への志向を阻害し、その立場をも危うくするものであった。下司の雇夫・公事・京上夫等々に反対して闘争に参加したことがそれを示している。すなわち経営規模や身分的格差をもちながらも、労働力を確保して地主経営・小経営を維持・発展させるという基本的要求をふまえて、二結合は強固に結集せねばならなかったといえる。

以上によって惣村とは、有力階層である番頭の結合組織「番頭中」と百姓層の「百姓中」の二重の結合組織が矛盾をもちつつも統一して存在する村落共同体といえる。そしてそこでは弱い立場におかれながらも小百姓層の発言権が「百姓中」によって保証されていた点を見落すことはできない。

また惣村における「百姓中」の役割が以上のごとく明らかになれば、これは当然惣村形成期においては更に積極的意味をもったと考えられる。なぜなら中世前期の特権的村落共同体から排除されていた多くの農民は、経済的に自立したからといってそのまま共同体成員として認められたわけではなく、各個バラバラに参加しえたとはなおさら考え難い。彼らが共同体成員になるには、特権的村落共同体を構成していた有力農民に彼らの力量を認めさせねばならず、そのためには、同一立場・同一要求に基づく彼ら独自の組織力こそが最も大きな圧力となったといえる。すなわち惣村は小経営を自立あるいは自立させつつある小農民が「百姓中」をつくることによって成立した。

そしてまたきわめて重要なことは、小経営農民らの連帯と結集が、ただ単に同一の経済的・社会的立場によるだけではなく、小経営を維持・発展させるために闘った鎌倉末・南北朝期の農民闘争の過程で生みだされ、また強化されたということである。(96) それを鞆淵荘でみるならば、南北朝期、彼らは小経営の発展を阻害する下司の労働力徴発を阻止せんとして武装闘争を展開し、その中から、番頭らも認めざるをえなかった闘争の指導者を生みだした。そしてそのような闘いこそが、百姓の結束を強化し、惣村における百姓の発言権を増大させていったといえるのである。

第三節　応永末期の農民闘争

1　京上夫と鞆淵氏

鞆淵動乱より約七十年後、下司と百姓等との間に再び争いが激化し、応永三十年（一四二三）十二月、百姓等は下司方非例十三カ条・公文方非例十一ヵ条をかかげて逃散に及んだ。(97) その非例の条々については先学の指摘があるので重複を避けるが、争点は、雑事米の駄賃、所当米の持夫、雇夫、雑事、公事物、物詣の夫役、京上夫といった夫役を中心とする諸公事賦課と、土地領有権を主張して百姓の土地をとりあげ、あるいは牛殺害の言掛りをつけて罪を科し、百姓を下部にするといった百姓等の下人化＝農奴化の企ての二つに整理できる。後者は個別的に、前者は百姓等全体を自己の下人のごとく支配しようとする鞆淵氏の在地領主制の展開であって、小経営農民の自立化の方向に逆行するものであった。

この争いは結果的には下司・公文の非例が全面的に停止され、翌年、京上夫一カ条を譲らない下司が追放されて終った。(98) では「無理仁以殺命儀」までして百姓等に起請文を書かしめ、(99) 処罰されるに至るまで下司が固執しつづけた京上夫とはいかなるものか。

京上夫は「殊更号勤軍役」(100) して召し使う、あるいは「非私之儀、国役等奉公令勤仕之間、併奉仰公方」(101) とあるように、公方＝守護に対する軍役であり、国役＝公方役の中でも大きな比重を占めるものであった。(102) そして京上夫（現夫あるいは夫銭）以下の雑物とそのための夫役が守護被官によって煩繁に徴収されるようになったのは応永末年のことであり、(103) その頃、応永の乱以後入部してきた畠山氏の領国形成が、高野山領諸荘園も含めて本格的に展開されてきたといえる。

最近の守護研究によれば、守護は幕府公権を背景とし、分国内公田の再編成と守護反銭の実現によって領国支配を形成したといわれている。(104) またこの反銭が戦国大名の貫高制支配体制の基盤となったともいわれており、(105) 守護領国の形成にとって公田再編成と反銭賦課は重要な位置を占めていた。ところが高野山領では幕府より反銭および臨時の課役が免除されており、(106) 高野山領諸荘園の反銭賦課の実例をみる限り、例えば、

今《去》度蓮花乗院為修理、志富田庄被打反銭ぉ之処《庄家》ニ。令難渋之間、（下略）

とあるように、(107) 高野山内の析足をまかなうために高野山自身が賦課し、徴収するものがすべてである。すなわちここ

では守護領国形成にとって不可欠な反銭が実現しえず、公方役＝雑物や夫役が徴収されているにすぎなかった。高野山は守護のもつ大犯三カ条の権限をも拒否していたが、[108]かかる高野山領諸荘園における公方役は、守護の領国支配を実現するための重要な足がかりだったといえる。

当時の下司鞆淵範景は守護畠山氏の被官であり、守護代遊佐氏に組織されていた小国人領主である。範景が京上夫に固執したのは、このように守護の軍事編成の一環にくみこまれていたためであり、「語国之人々、構要害」[109]えるといった守護被官化した国人領主らの力を背景にしてはじめて強力に在地領主制を展開しえたからであった。そしてそれは具体的には京上夫を惣荘百姓等全体に及ぼすことであり、百姓等が他のすべてを下司が譲歩したにもかかわらず逃散をやめなかった理由もここにあった。鞆淵荘における闘争は、下司の在地領主制に対する闘いとして、同時に守護権力に対するそれとして把握できるだろう。

2　広域的反公方役闘争

京上夫が公方役＝国役である限り、それは鞆淵荘という一地域の問題にとどまらない。志富田荘で応永末年に現役夫をめぐる殿原と百姓中の争いが激化したのも、その契機が「国役共しけ《繁》く候により」[110]、すなわち公方役賦課の強化にあったことは明らかであり、古佐布郷では応永二十九年、公方役に対して、「二月三月ノ分者、地下逃散ニヨテ、御公事無之」[111]とあるように逃散でこれに対抗し、志富田荘でも同時期「公方御公事退屈申、止耕作可令逃散候由、堅歎申候」[112]と、逃散をも辞さないことを高野山に訴えている。

しかし最も注目せねばならないのは、次のような事態である。

一四郷分応永廿九年
（中略）
二月廿七日　　四郷御百姓等
年預御房
一志富田庄分応永廿九年
二月　京上一口八百文、大野にてめされ候、
（中略）
二月廿七日　　志富田御百姓等
年預御房
一小河内分　（中略）
一炭庄分　（中略）
一四村分　（中略）
一志賀郷分　（中略）
一三谷郷御百姓等謹言上　（中略）
一古佐布郷　（中略）
一長谷郷分　（中略）
（一管省符上方分）（中略）

一管省符下方分（下略）

これは、[113]応永三十年二月二十七日、百姓等がその前年より三十年に至るまでの公方役の内容を詳細に記してその実情のひどさを高野山に訴えたものである。ここで注目したいのは、何よりも、こうした訴えが高野山領膝下荘園のかなり広範囲にわたって、しかも応永三十年二月二十七日という同一年月日に、いっせいに高野山に対して向けられていることである。この事実から我々は、公方役拒否の闘争が荘域をこえて行なわれていることを読み取るだけではなく、荘域をこえた百姓等の連帯が、一時的なものにせよ、きわめて豊かな組織力をもった高次なものであることをみなければなるまい。そして高野山にとってみるならば、個々の荘園での訴訟や逃散よりも、かかる膝下荘園全域にわたる百姓等の高次の結束の方がはるかに大きな打撃であったに違いなく、もしもかかる組織行動が逃散にまで発展したならば、高野山の荘園支配にとって深刻な事態となるであろうことは想像に難くない。高野山は守護に対し公方役の大幅な縮小を強力に求めざるをえなかった。[114]

以上によって鞆淵荘における京上夫をめぐる下司との闘争は、守護領国形成に対する高野山領諸荘園百姓等の広汎な、組織的な農民闘争の一環であり、またそれに支えられたものであることが明らかとなった。百姓等が起請文を書いたにもかかわらずそれを破って逃散にでたこと、また逃散してまもなく高野山が京上夫を含めた全非例を停止し、それを不服とする範景の追伐を決定し、軍事力をもってそれをいち早く実行した根本的な理由は、これら高次の農民闘争に求めなければならない。そしてこれら守護権力に対する農民闘争は永享期に入ると高野山権力そのものに向けられていくことを付言しておく。

第四節　在地領主制の後退と長床衆の進出

1　高野山の対応

応永末期の鞆淵荘の対下司闘争は、広汎な農民闘争に支えられて京上夫を停止させ、下司範景をも追放した。しかし、百姓等の要求が非例停止にあったことを思えば、その要求を上回る下司追放という結果を、基本的にはそうであるにせよ、農民闘争の成果とのみ評価することではすまされない問題がある。応永三十一年（一四二四）正月十九日の範景追放の決定後まもなく[115]、高野山は「不可有率爾之御沙汰[116]」という守護方の勧告にもかかわらず、同月二十二・二十六日には鞆淵発向のために「御神木御共」をせよと諸荘官へ軍勢を催促し[117]、二月十五日以前には[118]範景の被官人の家と山を焼き払うという実力行使に及んだ[119]。このように範景追放は高野山の断固たる実力行使の結果であり、それは、高野山が鞆淵放火＝焼き打ちに対する守護方の抗議に対して、それが事実ならば「無勿躰候」としながらも、「乍去、今時分にて候間、寄事左右、不思議可有子細候哉、為御心得令申候[120]」というように、これを軽く受け流していることにもみることができる。それ故この間の農民闘争に対して高野山がいかに対処したか、高野山権力の動向が十分に検討されねばならない。

高野山はこのように一方では既に実力行使に出ながら、他方では範景の非例姧謀について守護方へ目安を送り、追放の処罰を要求している。その目安をみてみると、まず二月のものは下司の非法として第一に京上夫、第二に「語国之人々、構要害」えるといった敵対行為をあげているが[121]、三月の目安[122]には、

仍既天野一切経会等、可退転〔為違乱〕歟条、歎存者也、

という新たな項目が挿入されていることに気付く。この案文では自然にそうなるというニュアンスの濃い「退転」を「違乱」と書きかえて、天野一切経会料違乱という新たな問題を下司の責任に転嫁していることが注目されよう。

では天野一切経会料違乱がなぜ京上夫や軍事的敵対行為と共にこのように問題とされたのか。範景は「以何辺、当所百姓、就人足訴訟可闕如哉、寄事左右、申状可有御察歟」(123)というように、百姓等が京上夫の訴訟で事足りず、勝手ないいがかりをつけて申し上げたのであろうと判断している。しかし同年四月十日の年預仙満の書状(124)には、

就中天野神官等、人供訴訟申候て、可関閉留候由申候間、宿老様申合候て、弐十石まつ下行候、

とあって、その背景には天野神官等の強い訴訟があったことが明らかとなり、範景の判断がたとえ事実だとしても、四月頃には耕作のために百姓等の還住が始まっていることから、この問題は百姓等の訴訟の結果おこったとみるよりも、仙満書状にみられるように、天野神官の圧力の結果、新たに大きく問題にされたと把握すべきであろう。

ところで天野社は、高野山の地主神ともいうべき存在であり(125)、当時は例えば次のような役割を果していた。

（端裏書）
「連署衆天野下向事書十一月十一日弥勒堂ニテ認了」

応永卅一年十一月十一日連署衆御評定云

一就山崎上村下村相論之事、連署衆天野へ有御下向、開二宮御殿可撰支証之間、当参之衆於六人可被罷下也、一人モ無御下向者、可被蒙大師明神御治罰各之身上状如件(126)、

応永三十一年といえば丁度鞆淵の争論の時である。上村・下村の相論の内容は知りえないが、その相論の支証選びのために連署衆が天野に下向して二宮御殿を開くというのである。こうした例から天野社が高野山領内の諸紛争解決

の為のイデオロギー的役割を果していたことは明らかであり、鞆淵発向が神木をかかげて行なわれたのも天野社神木の威力の大きさを示すためであろう。鞆淵相論について連署衆が守護に知らせるかどうかを決めるために鬮を引いた「御社御宝前」(127)も天野社をさすと思われる。また応永三十二年の天野社一切経会段米諸納日記(128)によれば、政所上方・下方、名手荘、麻生津荘、鞆淵荘、六箇七郷(天野・三谷・小川内・古佐布・毛原・長谷・志賀郷)、志富田荘、小川荘、安楽川荘、調月荘、神野・真国・猿川の三ヵ荘、相賀南荘、隅田南荘と高野山領のほぼ全域から反米を徴収しており、例えば蓮華乗院が自己の所領である志富田荘にのみ反銭を賦課するの(129)と対比すれば明らかなように、天野社は高野山領全域に反銭・反米を賦課しうる存在であった。そして範景が「爰天野一切経会舞楽事(中略)既十余年令退転畢、去々年有其形、彼舞楽析者泉州近木庄也」(130)と述べるように、天野一切経会舞楽が既に十余年も退転していることが事実ならば(去々年すなわち応永二十九年には確かに舞楽が行なわれた(131))、また料足が近木荘から出すべきものであることが事実であれば、この点については正和五年(一三一六)と応永二十五年の近木荘領家地頭年貢相折帳(132)に「一切経会御供米壱斛並銭壱貫文、同舞童装束析米弐拾石玖斗」「一切経会御供米一石、同舞童装束析供米二十石九斗」とあり、暦応三年(一三四〇)の天野一切経会料所置文案(133)には野上荘の土貢をもって一円料所となすとあって真偽の程はさだかでないが、いずれにしても特定荘園から出していたことは明らかであり、このように全領域に反米を賦課するようになったのはさほど遠くない時期のことと推測される。

以上、下司と百姓等の争いの過程で、高野山の積極的対応と共に下司の天野一切経会料違乱という形で天野社の存在がクローズ・アップされてきたが、ではこのような高野山権力内の新たな動きの萌芽がいかに展開していくのか、それを次の公文職をめぐる動きの中で明らかにしていきたい。

2　長床衆の公文職獲得

高野山より十一カ条の非例を停止された公文一族は、応永三十二年（一四二五）三月二十六日、譲状を作成して公文職を、から阿弥の子息三郎に譲ることを決定した。(134) ところが翌年十一月二十五日、公文彦太郎は仙良房＝三郎を公文代官に任命することを条件として公文職を勧学院に去り渡してしまったのである。(135) その去状によれば「み《(身)》の事、此間ひらふ《(疲労)》により、よろつたいくんの事ほゝ《(多)》く候へハ、（中略）ことさらくわんかくゐん《(勧学院)》のかちし《(加地子)》、ほゝ《(多)》くなり候間、みのとほう《(途方)》なく候」とあって、公文はこの間万事につけて未済することが多く、とりわけ勧学院の加地子が支払えないという経済的窮状におちいっていたことがわかる。彦太郎が公文職を勧学院に去り渡さねばならない理由は、勧学院側が「鞆淵之公文彦太郎殿之知行分、去自応永廿五年、被置加地子之質、本利共無沙汰(136)」と述べるように、公文職を加地子の質に入れ置いたためであった。しかし応永二十五年以来本利共に無沙汰であったので、勧学院の手に渡ってしまったわけである。勧学院は彦太郎の要望通り仙良房を代官とし、仙良房は「兼又くもんしき《(公文職)》の事、（中略）まつくわ《(勧》んかくいん《学院)》の御はからいにて候へく候(137)」と述べ、公文勧学院の忠実な代官になりさがった。

このままいけば鞆淵荘の公文は勧学院、公文代は前公文一族の仙良房となるはずであったが、事はスムーズに運ばなかった。次の史料(138)はそれを物語るものである。

わさと《(態)》状お進し候、それにつき候てハともふち《(鞆淵)》のくもんしき《(公文職)》の□《(事)》、くわんかくいん《(勧学院)》りんてうほうの事おハ、地下より御きらい《(嫌)》候ほと《(程)》に、ふい《(無為)》のため《(為)》になかとこ《(長床)》よりくわんかくいんおきやうく□申候へハ、さらはとてやかてあ《(天》ま《野)》の大明神に御きしん《(寄進)》候上は、同なかとこ《(長床)》ほうより明神の御代くわん《(官)》にさたまり《(定)》候、此むね《(旨)》さうせう《(惣荘)》へ御ひろう《(披露)》

のために御れい（礼）に状お進し候、但くわんかくいん（勧学院）につ（以下欠）

後欠で年月日、差出人共に不明であるが、鞆淵荘公文職や勧学院等の内容からこの時期のものとみてよい。この書状の内容は、勧学院の公文職知行を地下が嫌い、事を穏便にすまそうと長床が助言し、公文職は天野大明神に寄進されることになった。その天野大明神の代官は長床に定まったのでその旨を惣荘に披露するため、またその御礼のためにこの状を進めたというのである。以上の内容からみてこの書状は、長床衆より鞆淵惣荘にあてて書かれた礼状であり、公文職は勧学院の手を離れて天野社長床衆の知行するところとなったことがわかる。

長床衆とは天野社に仕える山伏で、高野山では行人方一派に属していた。長床は本来熊野山よりおこり、本山派の山伏、あるいは天台系の九州彦山の山伏が長床衆と呼ばれていたといわれ、[139]『紀伊続風土記』によれば、葛城大峯の先達を勧めていた。彼らは行人の中では最も早くから年預制度を整え集会評定を行なっており、[140]また鎌倉時代のことであるが、鞆淵荘に隣接した石走村と鞆淵神人との相論に介入し、熊野金峯山の山伏らの力を後盾として強引に石走村の公文職を獲得してしまうといった活発な動きを示していた。[141]その時の彼らの論理は、「抑雖天野高野所異、同明神管領之地也、雖社司寺僧数多、共権現撫育之仁也、仍雖為寺領、被寄進社家、尤有由緒者歟」[142]とあるように、天野・高野共に明神管領の地であり、社司・寺僧共に権現撫育の者であるから、寺領であっても社家に寄進するのが由緒あることだ、とするものである。こうした論理は鞆淵荘公文職を寄進させる場合にも用いられたであろう。長床衆は彼らが寄宿して仕える天野社を十二分に利用して行動したものと考えられる。

ところで書状によれば、地下が勧学院を嫌ったとある。しかし勧学院を拒否して天野社を受け入れるという地下の動きの中には、石走村公文職を獲得したような長床衆の画策が十分予想される。この書状が惣荘への礼状であることがその点を端的に示していよう。長床衆は地下に工作して勧学院を拒否させ、そこでおきた相論を調停するという形で公文職問題に介入し、それを天野社に寄進させたといえる。このような長床衆の靹淵荘進出の意図が明らかになれば、前述の天野一切経会料違乱を問題とさせたのも、長床衆の当荘進出のための布石であることが明白となり、その工作には、神木をかかげての下司追伐（その軍勢には長床衆の参加が当然考えられる）といったイデオロギー的威力が十二分に利用されたといえよう。このようにして公文代となった長床衆は「自往古之公文儀者永床惣分御持也」とあるように、当荘公文として名実共に君臨していく。(143)

3　在地領主制の後退

応永末の農民闘争後、公文はこのように没落していった。追放された下司範景の方は、守護方も子息千楠丸への下司職補任を条件に高野山の荘外追放の措置に同意し、(144)また靹淵氏一族もこの間の所行をすべて範景個人の仕業としたため、(145)彼は全く孤立した。守護方はその翌年の応永三十二年になると、範景の荘内還住を何度も高野山に交渉し、(146)範景自身も血判をもって高野山への忠誠を誓った。(147)その結果は明らかでないが、永享二年（一四三〇）、守護代遊佐氏が範景跡を舎弟彦四郎方に仰せ付けていることから、(148)範景は血判起請文後荘内還住を許され、それから五年後、失意のうちに死去したと考えられる。しかしこのように範景跡が下司職を受け継いだ子息千楠丸ではなく、その舎弟に宛行なわれていること、また千楠丸が集会のため山上にいた時、国の面々塩谷父子兄弟以下二、三十人が留守宅を襲撃していることなどから、(149)下司千楠丸は守護と被官関係を結ばなかったとみえる。

その後下司靹淵氏に関する動きは文安三年（一四四六）十月にみられるが、(150)それが最後のものとなる。それによれば下司直景が年貢苧綿の減少を三供僧に注進し、それに対して三供僧が請所を改易して直務にすると迫り、直景は急遽前々の如く年貢を納める旨の請文を提出している。以上がその時の動向であり、その後下司鞆淵氏の動向を伝える史料は全くない。しかし大永四年（一五二四）の棟札(151)によれば、

抑当庄内之儀者、自往古上之公文之儀者、御永床惣分御持也、下之下司方者、御預之所持、如此之儀候、然間金剛峯寺［　］以後者御預衆之御事も皆悉行人ニ御成候、左候間、庄中下司方御事も子細候て候とて永床一色之御知行共候、其きさミ大永三年癸未之下司之御下者、空心院一老与而永床惣分之儀与候て、

とあり、下司職が長床衆の手に渡ったことがわかる。これによれば往古より公文は長床衆の持分であり、下司方は御預衆であった。別の史料、寛正五年（一四六四）と推定しうるものに「時ノ下司ニ預、々ハセンカウイン(152)」とあることもこれと符合する。ところが「金剛峯寺［　］以後」は預衆のこともすべて行人となり、そこで子細もあるところから下司・公文共に長床衆が知行することになったというのである。これらのことから下司鞆淵氏は請文を提出しはしたがそれを遂行できず、公文と同様に没落し、請所を改易されて下司職をも高野山によって取り上げられてしまったと推測できよう。その時期は文安三年より寛正五年の間に想定しうる。

その後下司代は前述したように庄司氏となり、鞆淵氏は下司代にもとどまれなかった。庄司氏は近世に至っても下司家と称して公文代林氏と共に荘内で特権的地位を占めたが、庄司氏と百姓等との間には鞆淵氏との間にみられたような激突はない。庄司氏は惣荘の百姓等を恣意的に召し使うといった鞆淵氏のような在地領主制の展開を志向しなかったといえる。庄司氏は土地所有の性格からみても有力地主と規定しえよう。また下司・公文両職を手中にした長床衆の場合をみると、長床衆の夫役賦課が大永四年、「於百姓中永代人夫ニ可召使之儀色々雖被仰候、無従往古新非例

一も御事にて候間」[153]とあるように、新非例として百姓等に堅く拒否されており、百姓に対する姿意的な夫役賦課がなしえない歴史的段階にあった。当荘における在地領主制は、下司鞆淵氏・公文彦太郎の没落と共に衰退の途をたどったといえる。

おわりに

最後に本章で述べてきた論点を要約し、残された問題についてふれ、今後の課題としたい。

惣村とは、指導的特権的有力階層たる十二人番頭と圧倒的多数の百姓身分層からなり、「番頭中」と「百姓中」の二重の結合組織が、一定の矛盾をはらみつつも地主経営・小経営の発展のために剰余労働力の確保という点で統一された村落共同体である。そしてそれは生産活動の基点であり、政治行動の単位ともなったいくつかの垣内的集落からなっていた。垣内的集落は生活・信仰の中心となる堂をまつっていたが、それらは鞆淵八幡宮に集約され、八幡宮は惣村の下部単位である垣内的集落を結集させる精神的中核となり、惣結合の政治的・社会的・精神的紐帯となった。

惣村の成立・発展過程は、中世前期の特権的村落共同体から排除されていた多くの農民が、小経営の自立・発展のために結集し、領主と闘う中で「百姓中」結合組織をつくり、その組織的圧力によって従来の排他的村落共同体を変質させたものであり、かくして成立してきた惣村の発展もまた「百姓中」の質的・量的発展に規定され、小経営の自立・発展のための対領主闘争に深くかかわっていた。

南北朝期の在地領主鞆淵氏に対する農民闘争においては、番頭百姓等は下司の労働力徴発強化に反対して「八幡准例」のスローガン——これが同時に高野山の検注拒否を意味するのだが——をかかげ、八幡宮を拠点として武装闘争に及んだ。高野山は数年にわたる混乱した事態を前に、百姓等の「八幡准例」の要求をのむことによってそれに終止符を打たざるをえなかった。この間の農民闘争における百姓層の闘いは、その過程で、闘争を有利に導びき、高野山によって「骨張之仁」とされ弾圧を被らんとした「八人御百姓」を生みだした。この八人の指導者の出現は「百姓中」の結束を固め、惣村内部で十二人番頭よりも低い地位にある彼らの立場を強化した。

一方、下司方公事の強化＝「諸庄傍例」を貫徹しえなかった下司鞆淵氏は、やがて守護被官となり、他の国人領主らと結合して支配強化をはかり、守護権力を背景にして公方役＝守護役の主内容を占める京上夫を惣百姓全体に賦課することによって在地領主制を展開していった。

しかし公方役賦課は、応永末期の官省符荘や志富田荘をはじめとする多くの膝下諸荘園の、荘域をこえての、しかも同一年月日に一斉に訴訟行動に及ぶという組織的抵抗を受けるに至った。高野山はかかる広域の組織的訴訟行動を前に急遽公方役軽減を守護方に要求し、京上夫賦課に反対して逃散闘争のおこっていた鞆淵に対しては、京上夫を停止させただけではなく、独自に軍勢を催促し、天野社神木をかかげて下司範景を追放したのである。

かくて応永末期の農民闘争は、守護の領国形成にブレーキをかけただけでなく、その後まもなく公文が、やがて下司鞆淵氏が没落していくように、在地領主制の後退の基的本な原動力となったと評価しうる。すなわち剰余労働力の確保を最大目標とする惣村の歴史的役割は、在地領主制を後退させることによって、その歴史的役割の多くをここに果し、まもなく闘争の矛先は高野山に対する年貢減免闘争となって展開していく。

しかし高野山は、応永末期の農民闘争の高揚に対応して、一定の矛盾をもちつつも鞆淵氏に依拠してきた支配方式にいちはやく見切をつけ、自らが公文職・下司職を掌握して鞆淵荘支配をおし進める。すなわち高野山内の行人方一派に属する長床衆は、天野社のイデオロギー的役割を利用して地下に工作し、公文職を天野社に寄進せしめ、自らはその代官となり、やがては下司職をも掌中に収めていくのである。

以上が本章の要約であるが、本章は惣村の構造・歴史的役割を農民闘争との関連で主としてその生成・発展期に焦点をあてて追求したため、十五世紀中葉以後の止揚期[154]の惣村については触れられなかった。しかし、惣村研究はその止揚期に極めて重大なる課題をかかえている。それは藤木久志氏の惣村における集団的領主化ないし地主連合の形成ともいうべき研究動向の発見[155]や、三浦圭一氏の戦国期における惣村研究が如実に示すところであり、従来のように単純に闘争の砦から支配の組織へあるいは戦国大名の被官化による惣の崩壊などとして片づけることは許されない。

しかしまた鞆淵荘においても第二章[156]で示すように、十五世紀中葉以後階層分化が激しくなり、有力地主である下司代庄司氏を頂点に十二番頭内部にも序列化がみられるようになるが、かかる変質の中にも、下司長床衆の「百姓中」への夫役徴収を惣が拒否しうるように、その生成・発展期の惣村の基本的性格は動かし難く定着していると考えざるをえない。第二章で述べるように、高野山権力が農民闘争の基盤＝惣結合の要である鞆淵八幡宮に氏人身合を設定してイデオロギー的分裂支配を図ったのもそのためであり、その分裂支配は農民を呪縛し、やがて村落共同体は荘中と氏人中の二つをもって呼ばれるようになる。惣村研究は十五世紀中葉以後の一定の変質の意味と、土一揆・国一揆そして一向一揆へと発展する農民闘争との関連を更に追求せねばならず、また特に高野山の場合は、その権力構造と惣結合との連関が解かれなければならない。今後の最大の課題と考える。

〔付一〕　本書の引用史料については次のように略記する。まず『大日本古文書』家わけ第一「高野山文書」は「高野山文書」とし、巻数と文書番号を記す。高野山文書刊行会発行の高野山史編纂所編『高野山文書』の方は、刊「高野山文書」とする。『和歌山県史』中世史料一「鞆淵八幡神社文書」と「王子神社文書」はそれぞれ「鞆淵八幡神社文書」、「王子神社文書」とする。なお、未刊行の鞆淵八幡神社所蔵の史料については、便宜上、鞆淵八幡社蔵文書と記すことにする。

〔付二〕　本章は、熱田公氏の御批判をいただき、第一節2「下司鞆淵氏の本拠地」のみ書き改めたが、基本的には旧稿のままである。熱田公氏にはこのほかにも多くの懇切丁寧なる御教示・御批判をいただいた。深く謝意を表する次第である。氏の御指摘にはできうる限りお答えしようとつとめ、注に書き加えた。このほかにも注への書き加えがあり、それらには旧稿と区別するため、※印をつけた。

注

(1)　石田氏の惣村研究諸成果の達成点として「郷村制の形成」(岩波講座『日本歴史』中世4、一九六三年)をあげたい。

(2)　菊池武雄氏「戦国大名の権力構造」(『歴史学研究』一六六、一九五三年)はその代表といえる。

(3)　惣村の研究史の整理については、石田氏注(1)論文、藤木久志氏「土一揆と村落」(『日本史研究入門』Ⅲ、第四章の四、一九六九年)を参照されたい。

(4)　『史林』五〇―一・三(一九六七年)。

(5)　「中世後期の村落」(『日本史研究』九〇、一九六七年)、峰岸純夫氏「村落と土豪」(『講座日本史』3、一九七〇年)も同様の見解である。

(6)　峰岸純夫氏「室町・戦国時代の階級構成――とくに『地主』を中心に――」(『歴史学研究』三一五、一九六六年)はその代表といえよう。

(7)　小川信氏「紀伊国鞆淵庄における郷村制形成過程」(『国史学』五二、一九五〇年)。

(8)　熱田公氏「中世末期の高野山領鞆淵庄について」(『日本史研究』二八、一九五六年)、「室町時代の高野山領について」(『ヒストリア』二四、一九五九年)、「室町時代高野山領庄園と郷村制」(『歴史教育』八―八、一九六〇年)。

(9)　本多隆成氏「中世後期の高野山領庄園支配と農民――紀伊国鞆淵庄のばあい――」(『日本史研究』一一二、一九七〇年)。

(10) 佐藤和彦氏「南北朝期の人民闘争」(『歴史学研究』三三六、一九六八年)。
(11) 「鞆淵八幡神社文書」八　鞆淵園神人・百姓等言上状案(折紙)、紙背、鞆淵園神人・百姓等言上状案。
(12) 同九　景久等殺傷罪科具書イ、ロ、ハ、同一〇　石清水八幡社務法印堯清挙状案。
(13) 『鞆淵村郷土資料古文書』所収。『鞆淵村郷土誌附録年表』はこの文書の月日を一月としているが、『鞆淵村郷土資料古文書』には十月とある。『附録年表』の一月は十月の誤写であろう。本多氏は『附録年表』にもとづき、応長の四月改元を根拠として偽文書説を出されたが(注(9))、四月改元の根拠はこれによって消滅するであろう。この文書自体は発見できなかったが、しかし、『鞆淵村郷土資料古文書』に写された史料は、そのほとんどが現存していること、また両者を比較すると多少の誤読やまた片かなを漢字に直してしまうといったこともみられるが、大体はかなり忠実に文書を写していること等から、この点を考慮すれば十分利用できると思う。※『鞆淵村郷土資料古文書』は、『鞆淵村郷土誌』と共に、明治の末、鞆淵村小学校校長梅北雪平氏が編纂したものだといわれている(郷土史家である堀部正治氏の御教示による)。このようにこれらは、専門の歴史研究者によるものでないため編纂上の弱点もあるが、しかし『鞆淵村郷土資料古文書』には、現存していない中世文書も数点含まれており、また注目すべき近世史料も多い。専門の歴史研究者によるものでないからといってこれを軽視することはできないと思う。史料批判も加えながら『鞆淵村郷土資料古文書』所収文書を紹介したかったが、紙数の関係で、本書では果しえなかった。なお、応長元年十月の石清水八幡検校法印某下文写はさらに再検討を必要とする史料であるが、下司の名前等については問題ないと思い、利用した。
(14) 鞆淵氏は代々、景の字を用いている。また建武頃の下司の法名が西信とあり(「鞆淵八幡神社文書」一六)、西念すなわち景直は鞆淵氏といえよう。
(15) 「鞆淵八幡神社文書」九のロには、長田刑部房紹金女藤原氏女代西金とあるが、これは西念の誤写であろう。その理由は第一に、九のロが写しであること、第二に鞆淵八幡宮箱内証文写内の六波羅探題連署書伏写(同文書九一)には長田刑部房女子藤原氏代西念とあること、第三に注(13)史料もまた「さいねん」としていること等である。
(16) 「鞆淵八幡神社文書」一四　鞆淵園神人・百姓等置文。
(17) この同盟は、景久がこの数年前には悪党行動に及んだとして神人・百姓等より訴えられているのをみればわかるように、一時的なものである。その証拠に、注(16)の史料では、神人・百姓等は、殿原・沙汰人と決裂して改めて彼ら独自で一味同心している。

(18)「鞆淵八幡神社文書」一六　下司西信等連署田地寄進状。これには下司西信と記した署判がある。

(19)同四五・四九　鞆淵園大検注分田支配切符。

(20)庄司氏については宝徳三年小和田納帳（右同文書五四）だけにみられ、同時期の他の村の歩付帳（五六、五七、五八、五九、六〇）にはその名がみられないこと、『紀伊続風土記』もまた下番和田村に庄司氏の屋敷があることを記しており（現在も庄司屋敷が残っている）、中世以来、庄司氏の拠点は下番の小和田にあったといえる。

(21)「高野山文書」四―八〇　鞆淵庄大検注分田総目録。

(22)「鞆淵八幡神社文書」六四と七三の番頭名の比較から、津路が中番内と推定できるが、津呂宅は城跡のすぐ下、中野南にあり（第2図参照）、中番内という推定と一致する。

(23)鞆淵では雨量が少なくなく、鞆淵川の利用も比較的簡単で、池は補助的な灌漑用水である。しかし、土居宅の下にひろがる土居原二町歩ほどはこの土居の池によって灌漑されているということである。

(24)城跡のすぐ下、中野南には城浴（ジョウサコ）姓が残っている。

(25)注(18)に同じ。

※注(18)文書については、私は旧稿でこれを下司等の寄進状とみて下司の本拠地の推定をしたが、これはいわゆる寄進状ではないとの御批判を熱田公氏からいただいた（同氏「紀州における惣の形成と展開」『和歌山の研究』2、一九七八年）。検討の結果、単純な寄進状とはみられないことからこの部分を書き改めた。氏の御教示に謝意を表したい。ただこれを、氏のように下司等の安堵状とみる点には少し疑問を感じる。これは、端裏書も八幡宮御供米と記し、またここに記された二十九筆の田地合計が正長二年の八幡宮御供免（注(21)）と近似していることからも八幡宮御供への免田といえ、この御供免の記載に下司・公文の米一斗ずつの寄進が書き加えられたものとみることができる。下司や公文の署判は御供免の安堵というよりり、この米の寄進の方に比重があったのではないだろうか。本年貢免を認可する主体は荘園領主であって、下司にその権限はないと思われるからである。建武三年といえば石清水八幡から高野山へと荘園領主が変わった直後であり、こうした大き

な変動にあたって、まず八幡宮御供免の再確認（あるいは新たな高野山による追加も当然あっただろう）が行なわれ、その文書に下司等が米を寄進したことを書き加えたのであろう。これによって自己の影響力を示そうとしたと思われる。この文書は更に検討を要するが、ひとまず、このように考えておきたい。なお『鞆淵村郷土資料古文書』には、この立券状の作製日の翌日、下司西信が二貫文の銭を八幡宮御供として寄進した史料がみられる。

(26) 三反大というかなりの御供米を所有する田中殿についていえば、中野南の椿谷（奥に椿谷池がある）の入口に田中屋敷といわれた所が残っており、田中殿の拠点はこのあたりだったと思われる。なお、田中殿は神主であったと推定される。

(27) 山の急斜面の等高線上にそった道であるが、険しく細く、とても道とは思われないものである。

(28) 郷土史家堀部正治氏の御教示によるが、氏はカケウラや土居の森、土居原という名は知っておられたが、土居十郎の伝説については耳にしたことがないといわれる。なお土居の森に瓦の宝殿がある点についても御存知なかったが、土居の森の片すみに塚があり、それはたたりがあるといわれていたそうである。

(29) 鞆淵の歴史をたんねんに追い、近世から明治頃までにそうした伝承が作られる必然性がみられないことがわかれば、あるいは鞆淵氏ないしはその後裔の伝承といえるかもしれない。

(30) ※旧稿で私は下司西信と下司景教が親子であるとした。これは貞和三年の百姓等との和与を誓った起請文に景教と西信（建武三年当時下司であった。注(18)）の二人の署名があることもさることながら、下司景教の高野山への言上状（「高野山文書」八―一七一一）に「親にて候し物沙弥西信御方へ馳参候、此条随分忠節候哉」とあることによる。ところが熱田氏はこれを論拠として西信と景教は親子ではないと批判される（注(25)熱田氏論文）。氏の解釈は「親にて候し物、沙弥西信御方へ馳参候」すなわち景教の親が、沙弥西信の味方として馳せ参じたというものである。しかし第一に、「御方」の前に具体的固有名詞がついた用例はないのではなかろうか。「御方」の語は着到状や軍忠状、御内書などに多くみられるが、いずれも「為御方弥致忠節」、「馳参御方」、「於御方励忠節」といったものばかりである。景教の言上状は高野山への忠誠をアピールすることにあり、この場合「御方」といえば、もちろん高野山である。第二に、親である某、という言い方は多い。例えば応永三十二年の鞆淵範景起請文には「親候入道幸玄」、すなわち親である入道幸玄とある。以上によって、この部分は景教ばかりでなく、私の親である沙弥西信もまた高野山に対してこんなに忠節をつくしたのだと訴えたものと解釈すべきである。読点を西信と御方の間に入れ「親にて候し物沙弥西信、御方へ馳参候」とすればこうした誤解も生じないであろう。

(31)「鞆淵八幡神社文書」一四　鞆淵惣庄置文（木札）。※『和歌山県史』は「トウラム」に闘乱の字をあてているが、熱田氏は、動乱の用例が『太平記』にもあることから動乱が正しいといわれている（注(25)の熱田氏論文）。なお付け加えれば、永享五年の学侶方と行人方の合戦も後に「高野動乱」というように記されている。

(32)大山喬平氏によれば、在地領主の直営田に代表される大経営の労働力として、小経営農民の雇用労働力が大きな比重を占めていたという（「中世社会の農民」『日本史研究』五九、一九六二年）。

(33)「高野山文書」八—一七一一　鞆淵庄下司景教言上状。これには、「於下司方公事者、人夫課役等」とある。

(34)佐藤和彦氏は、弱小農民の小経営の自立と安定化にとって、剰余労働力の確保は必須の条件であり、農民闘争の大きな課題であるとされている（「鎌倉・室町期における在地領主と農民をめぐって」『歴史学研究』三一五、一九六六年）。

(35)「鞆淵八幡神社文書」一九紙背　鞆淵庄中預所源定下知状案。

(36)注(33)に同じ。

(37)「高野山文書」六—一三三七。

(38)同六—一三三七、二—三一三。

(39)小川氏は「百姓等の主張が消極的な旧慣護持（「八幡准例」——筆者注）に終始し、或程度中間搾取の排除に成功したとはいうものの、結局は寺家の利用する所となり終った」とされ、熱田氏は、この闘争の原動力は一般百姓にあったとしつつも、しかし全体としてみれば「下司を扶持して百姓の反抗を押えつつ、同時に百姓への宥和政策を行うことによって、高野山支配の『明鏡』が現実に確立したのである」とされ、共に高野山支配の優位性を強調して、その闘争については消極的な評価をされている。本多氏も同じく調停者としての高野山を評価し、農民闘争については「〝八幡准例〟も高野山の利害に結びつけられている」とされており、同様の見解といえる。

(40)注(37)に同じ。

(41)「高野山文書」二—三一三　鞆淵庄下司与百姓和談置文。

(42)注(33)に同じ。

（43）　※熱田氏はこのときの農民闘争を高く評価する拙稿への反批判として、この闘争は高野山による下司の扶持＝百姓の敗北とみるべきであり、その理由として第一に、「八幡准例」は有力農民の方に有利であったこと、第二に高野山による農民支持と下司鞆淵氏の追放に結果した応永末の農民闘争とを比較すれば、その段階差が明らかなこと等をあげておられる（注(26)）。しかし第一に、人夫課役を中心とする下司方公事の賦課率を旧領時代なみに抑えられることがなぜ有力農民の方により有利なのかわからない。労働力収奪への闘争は全農民の問題であり、特に弱小農民にとっては小経営自立の鍵といえよう（注(34)）。それにまた、中世のどのような時代でも、有力農民に有利な体制がとられているのであり、弱小農民の立場を強力に反映した体制や問題解決は、あったとしても例外的ではなかろうか。第二に、さまざまな歴史的条件や農民の要求を考慮することなく、闘争の結果をのみ比較して闘争の評価を下すことは疑問である。永原慶二氏はかつて、「土一揆敗北論」を克服するためには、その闘争がいかなる矛盾を解決しようとしているのかを明確にしなければならないこと、現実の歴史的諸条件のもとで担っていた課題よりも、過大なものを闘争の目標であるかのごとく考えるから、闘争の評価は、必ず「不徹底」とか、「敗北」とかいう結論になるのだといわれた（「中世における内乱と階級闘争」『日本封建制成立過程の研究』、一九六一年）。永原氏はこのことを、土一揆という大きな課題に対して述べられたのであるが、こうした考えは個々の農民闘争を見る上にも必要と思う。その闘争が何を要求していたかをみすえた上で、その要求がどのような意味をもつのかを明らかにすべきと思う。私がこのときの闘争を勝利とみたのは、農民等が要求しつづけた下司方公事の「八幡准例」が認められたということの一点にある。高野山をうしろだてとし、諸荘傍例によって下司方公事の強化をはかろうとした下司鞆淵氏の野望はくだかれたのである。これがどうして高野山による下司の扶持になるのだろうか。第三に応永末の農民闘争についていえば、このときの主要な課題は、下司の京上夫賦課停止にあった。この闘争が下司の追放にまで至ったのは、本稿で述べているように高野山の支配方式の転換にあると考える。農民の力がその原動力であったことは動かしがたいが、しかし高野山行人方長床衆の公文職獲得による当荘進出にみられるような高野山側の動きなしにはありえなかったと思われる。したがってこれを闘争の成果としてのみいえば、それは決して闘争を正しく評価したことにはならないだろう。単純には比較できないのである。第四に付け加えておきたいのは、農民闘争の評価は、個々の闘争の評価だけで終ってはならないだろうということである。河音能平氏は、中世の階級闘争の特徴の一つは、身分解放が基本的課題とならなかったことであると述べられたが(「現代歴史学の課題と展望」『講座日本史』10所収、一九七一年)、こうした中世農民闘争の限界をも含めた特徴は更に追求されるべきであろう。私は決して心情的に農民闘争を過大に評価しているつもりはない。

(44) 農民闘争が逃散方式をとるか、武装闘争というより積極的な方法をとるかは、いつに権力側の力量に左右されると考えられる。鞆淵氏が他の国人領主と共に守護のもとに編成されていた応永末期の場合、農民は逃散方法による闘いのとりくみをしている。南北朝内乱期には権力内部の矛盾も大きく、鞆淵氏にしても、他の国人領主と個別的に連合する程度であった。こうした事情が武装闘争を可能ならしめたのではないだろうか。

(45) 注(33)に同じ。

(46) 「鞆淵八幡神社文書」一一一　月預簇聖等連署下知状。

(47) 同二五　鞆淵惣庄置文。

(48) 高野山の使として下向した夏衆を「百姓等巻籠候て、不及是非糺明、欲令誅」した所も八幡宮であり(注(33))、また応永末の闘争においても「百姓ミやにてあつまりして候」(「鞆淵八幡神社文書」四一)とあるように、八幡宮は一貫して百姓等の闘争の拠点であった。

(49) 注(25)の文書は、濁音の言葉には濁点をつけているので、「シヤウノヲカ」は「庄の岡」と考えたい。場所は城跡のすぐそばである(第2図参照)。ここを「庄の岡」と推定したのは、岡にふさわしい地形が他には見出せなかったこと、またこの岡には「ジョウノテン」(別名「オンムカエ」)という古くからの名称があり、次のような言い伝えもあったからである。昔、この「ジョウノテン」と秋葉さん(城跡をさす)とがたたかったという伝説、この岡で激しい戦争があって多くの人が死んだこと、またその時の刀等が八幡宮に奉納されたこと等の伝説である。

(50) 注(47)に同じ。

(51) 注(46)に同じ。

(52) 注(41)に同じ。

(53) 注(46)に同じ。

(54) 「鞆淵八幡神社文書」一三一　権預沙汰人連署用途請取状。

(55) 熱田氏は、百姓等が「小川氏の言われるごとく、番頭等有力階層を『骨張之仁』としたことは間違いなく」とされ、本多氏もまた「『於百姓中、不似多分、殊更有骨張之仁歟』というような有力農民層の行動は」と述べられ、「骨張之仁」＝有力農民とされている。

(56) 注(31)に同じ。※置文の内容は、第一条が田畠等の文書、第二条が貸借関係に関するものであるが、この史料についてはさまざまな解釈がなされている。熱田公氏は、これは惣によるいわば紛失状であるとされ、「惣庄置文をもって文書の無効を宣言した例を、私は他に知らない」と述べられている（注(25)論文）。また入間田宣夫氏は、このような田畠の質入れ・貸借関係の破棄は実質的には徳政にほかならないとされ、こうした徳政を可能にしたのは、惣村が田畠の売券や質券類の合法性の判定者・安堵者であったからだと述べられている（「中世国家と一揆」、『一揆』5「一揆と国家」所収、一九八一年）。共にきわめて注目すべき見解である。これらに対して、これは、村落内の田畠文書の所有にもとづく秩序の回復をめざしたものとする解釈があるが、いかがなものであろうか（清水久夫氏「高野山領荘園支配と村落」『日本中世の政治と文化』、一九八〇年）。なお、最近、山陰加春夫氏は、この置文は、高野山の下知によって定め置かれたものであり、寺領確立を示す史料として把握すべきであると述べられた（「内北朝内乱期の領主と農民」『日本史研究』二五九、一九八四年）。これに対して熱田氏は、これは領主が関与することなく、惣の作った置文であると批判されている（同『日本史研究』二五九）。

(57) 「鞆淵八幡神社文書」六四　鞆淵惣庄置文（木札）。※なお、『和歌山県史』の判読のなかで、番頭名はきわめて重要なので、次のように訂正されるよう提起したい。①「スエカし」──→「在カ志」、永正五年の売渡状（七四）に「有東番堂」とあり、天文十三年の鞆淵八幡宮宮山定状（七八）にも「アリ東ノ番頭」とある。今日残されている上番内の「有原」と「東原」の地字の近辺ではなかろうか。②「タノ木」──→「久呆」、永正五年の売渡状（七四）に「窪番堂」とあり、天正七年の八幡宮造営勧進帳（鞆淵八幡宮遷宮史料五）にも「クホハントウ」とある。久保の地字は現在も残っている（第1図参照）。③「古井」──→「古林」、永正五年の売渡状（七四）に「少林番堂」とあり、少なくとも近世中期頃までは代々小林番頭が存在したことが知られる。小林の地字は現在も残っている（第1図参照）。④「土田」──→「古田」、これは番頭名としてはみられないが、「コタ」という地名がみられる（八三、八四、鞆淵八幡宮遷宮史料五）。

(58) 注(46)に同じ。

(59)「鞆淵八幡神社文書」四四　鞆淵惣庄置文。
(60)同一五　鞆淵園引導師職宛行状案。
(61)正平二十年（一三五六）にその引導職を売却していること（同二九）、またその後は史料上に全くみられないこと等から、重金はその地位を保てなかったと考えられる。なお引導職は売値の三倍もの値で惣が買い戻している（同三一）。
(62)三浦圭一氏注(4)前掲論文。
(63)「中世村落と庄家の一揆――播磨国矢野庄の場合――」（『中世の権力と民衆』、一九七〇年）。
(64)例えば鳥淵は鳥淵垣内と称され、また下村の上垣内はそれが地名となっており、今日でも小字単位が垣内を付して通称されている。
(65)直江広治氏「垣内の研究」（東京教育大学文学部紀要『史学研究』一六、一九五八年）。
(66)村堂については、黒田俊雄氏「庄園制社会と仏教」（『日本仏教史』Ⅱ中世編、一九六七年）、石田善人氏「僧侶の政治関与と庶民教化」（同上）があり、上島氏の注(63)論文にもその指摘がある。
(67)「鞆淵八幡神社文書」二六、二七、二八。
(68)同五六、五七、五八、五九、六〇。
(69)上村の場合「寺」と称されているが、歩付帳（注(68)）によれば、岩滝寺・今中堂などは、岩滝堂・今中堂と「堂」を付してよばれており、実体はかわりない。
(70)岩滝や今中は垣内的集落名であり、妙法寺も「妙法寺村歩付」（同五八）とあり、橋寺も八幡御供勧進帳（同七一）にケヤカワ村分と並記されていることから、同様といえよう。
(71)注(18)に同じ。
(72)注(68)に同じ。
(73)例えば正平の上村は本河村なども含む広い地域をさしているが、宝徳頃の上ノ村はもっと上番の地域、鳥淵や小林垣内などをさしている。
(74)「高野山文書」四―七六　長範書状。

(75) 同四―六五　年預仙満書状。
(76) 注(31)・(57)参照。
(77) 「鞆淵八幡神社文書」七四　鞆淵庄鍛冶大工職売渡状写。
(78) 同七八　鞆淵八幡宮山定状、同七九　鞆淵八幡宮カシキ山定状写。
(79) 同二三　高野山諸衆大集会評定事書。
(80) 注(21)に同じ。
(81) 「百姓等」というと、ふつうは有力農民まで含めたものとして使われているといえる。
(82) 藤木久志氏「戦国期の権力と諸階層の動向――百姓の地位をめぐって――」(『歴史学研究』三五一、一九六九年)。
(83) 「高野山文書」五―九三五　鞆淵番頭百姓等雑器米直納注文。
(84) この点については本書第一部第二章注(114)で述べている。
(85) 「高野山文書」四―五〇　鞆淵庄番頭百姓等起請文。
(86) 同七―一六一五　小河柴月番頭百姓等起請文。
(87) 同五―九六六　野田原番頭百姓等起請文。
(88) 注(41)に同じ。
(89) 「鞆淵八幡神社文書」七七　鞆淵八幡宮籠札銘(木札)。
(90) この点については江頭恒治氏「紀伊国志富田庄の研究」(『紀伊国高野山領庄園の研究』、一九三八年)、小駒甫氏「志富田庄をめぐる二、三の考察」(『中世史研究』一、一九七七年)を参照されたい。
(91) 「高野山文書」八―一八五二　志富田庄殿原請文案。
(92) このように「百姓中」が番頭や名主や殿原等の有力農民以外の百姓身分の者、すなわち平の百姓等の結合組織であることが明らかになると、高野山が述べた「於百姓中、不似多分、殊更有骨張之仁歟」(注(41))の解釈が厳密となる。すなわち「骨張之仁」が「百姓中」の者であること、いいかえれば番頭等有力農民ではなかったことが明瞭となり、「骨張之仁」＝百姓身分のものとする私見を補足する。

(93)「高野山文書」八—一八五六　志富田庄殿原言上状。
(94)「東寺百合文書」と。
(95)「鞆淵八幡神社文書」七二　鞆淵八幡神輿垂張奉加帳。
(96)河音能平氏は「中世成立期の農民問題」(『日本史研究』七一、一九六四年)において、不当に身分的に抑圧されていた小百姓層が自らの共同組織を作って独自に領主と闘う中で、特権的村落秩序を勤労人民大衆自身の政治組織に作りかえていったという展望を出されている。
　ここで付言しなければならないのは、既に指摘されているごとく、惣村が百姓身分の拡大という形で成立したため、非農業民や外来者を排除するという限界をもった点である。例えば前述した志富田荘における現夫役相論の中で、高野山がその紛争解決のために百姓を山上に呼び寄せたところ、「拵申す中間斗」が罷り登ったとある(刊「高野山文書」二—二九　年預宗栄下知状案)。この「拵申す中間」は作人とも下人とも異なり、いわばルンペンプロ的存在といえるが、彼らは、年預が「不審至極」ときめつけ再び百姓等の山上召を下知しているように、「百姓中」構成員ではなかった。しかしながら彼らが「拵申す中間」として差別されながらも、このように独自の結集をはかって行動していたこと、中世人民が必ずしも有力農民に率いられることなしに行動したことは重視されねばならない。惣村の矛盾がかかる問題といかにかかわるかは私の今後の課題である。
(97)「高野山文書」四—六七　鞆淵庄百姓等言上書案に三カ条、鞆淵庄百姓等言上状案写(『下司公文筋目之儀書付奉指上候覚』所収)に八カ条の具体的非例がのっている。他に関連史料として「高野山文書」四—五三、五—七七四がある。※八カ条の方は『和歌山県史』には収録されていない。注(25)熱田氏論文が全文を引用しているので参照されたい。
(98)「高野山文書」二—三一四　金剛峯寺衆徒一味起請契状。
(99)注(85)に同じ。
(100)「高野山文書」四—五三　金剛峯寺衆徒等目安状案。
(101)同四—五五　鞆淵庄下司範景支状案。
(102)同八—一九二一　四郷以下公方役書上によると公方役の内容は雑多であるが、その中でも京上夫(銭)はきわめて多く、百姓等の訴訟の最も中心的課題となっている。公方役は他地域では守護夫とも称されているが、守護夫に関しては、福田以久生氏の「守護役考」（『日本社会経済史研究』中世編、一九六七年）がある。
(103)「鞆淵八幡神社文書」九一　年預阿闍梨宥信下知状写。
(104)田沼睦氏「公田反銭と守護領国」（『書陵部紀要』一七、一九六五年）。
(105)村田修三氏「戦国大名毛利氏の権力構造」（『日本史研究』七三、一九六四年）、藤木久志氏「戦国大名制下の守護職と反銭」（『歴史』三二、一九六六年）など。
(106)「高野山文書」一―一九三　将軍足利義教安堵御教書、一―一九五　将軍足利義政安堵御教書、刊「高野山文書」二―二七　沙弥某奉下知状案。
(107)「高野山文書」六―一三四四　両所十聴衆評定事書案。
(108)注(103)に同じ。
(109)注(100)に同じ。
(110)「高野山文書」八―一八五五　志富田庄賢忠書状。
(111)注(102)に同じ。
(112)「高野山文書」五―七五四　高野山年預書状案。
(113)注(102)に同じ。
(114)注(102)・(103)に同じ。
(115)注(98)に同じ。
(116)「高野山文書」四―五二一　沙弥元俊披露状。
(117)同五―九七九　草部入道元俊書状。
(118)同四―七七　年預仙満書状案。
(119)同四―五五　鞆淵庄下司範景支状案。※熱田氏は高野山の武力行使によって鞆淵範景が追放されたとする拙稿に対し、高野山の武力行使を過大に評価しすぎると批判し、その理由として高野山のそれは宗教的権威の誇示であり、またこの問題は守護と高野山のトップ交渉で決着したことをあげておられる（注(25)前掲論文）。しかし、第一に、下司の追放は両者のトップ交渉で決まったのではなく、高野山独自の決定であり、守護はそれを抑えようと高野山に働きかけている。第二に、私も、神木をかかげることの意味はきわめて大きいと考えるが、しかしこうした宗教的権威の誇示だけで、鞆淵氏がすんなりとよってたつ本貫の地を離れるとは思われないのである。下司が「語国之人々、構要害」（四―五三）たり、下司の被官人の家が焼かれ、山も焼かれる（注(118)）といった史料があることからみても、神木をかかげた高野山側の下司に対する実力行使を否定することは無理であろう。高野山と在地領主の対決の事例として、時代はさかのぼるが、嘉元二年（一三〇四）頃の阿氏河庄をあげたい。高野山は敵対する地頭湯浅氏を「立神木」追出したが、そのときの高野山僧侶三十一名と毛原や名手の土豪らは湯浅氏によって、「打入阿氏河庄悪行人」（仲村研氏編『紀伊国阿氏河荘史料』二、二九四号）と述べられており、湯浅氏は神木をかかげた高野山僧侶等の武力によって当荘を追放されたとみることができよう（仲村研氏「阿氏河荘研究の問題点」『和歌山の研究』2、一九七八年）。高野山は一方ではトップ交渉をしながら、しかし現実的には自らの方針に従い、他の国人らの助けもかりて要害を構える下司に対し、宗教的権威＝神木と共にそれを更に権威づける武力行使によって追放を実現したと考えたい。

(120) 注(118)に同じ。

(121) 「高野山文書」四―五三　金剛峯寺衆徒目案状案。

(122) 同四―五四　金剛峯寺衆徒目安状案。

(123) 注(119)に同じ。

(124) 注(75)に同じ。

(125) 天野社が高野山の地主神となる過程については和多昭夫氏「高野山と丹生屋について」（『密教文化』七三、一九六五年）の分析がある。上横手雅敬氏「武士団成立の一齣」（『史窓』九）も参照されたい。

(126) 「高野山文書」四―三四一　連署衆評定事書。

(127) 「鞆淵八幡神社文書」九一　連署衆評定事書写。

(128) 「高野山文書」四―一九九　天野社一切経会段米納日記。

(129) 注(106)に同じ。
(130) 注(119)に同じ。
(131) 「高野山文書」四―一九一　天野三御殿等修理勘録状。
(132) 同七―一四八五　近木庄領家地頭年貢相折帳、七―一五〇一　近木庄領家地頭年貢相折帳案。
(133) 同四―一九六　天野一切経会料所置文案。
(134) 同三―五九三　かうあ鞆淵庄公文職譲状案。
(135) 同五―七五六　鞆淵彦太郎去状案。
(136) 同四―六三　権大僧都勝算証文案。勝算はこの六年後には検校執行法印大和尚位勝算となっているが、このときの署判から勧学院僧侶であることが知られる（同二―三一一）。
(137) 同五―九五六　せんりやう書状。
(138) 「鞆淵八幡神社文書」六七　某書状（断簡）。
(139) 和歌森太郎氏『修験道史研究』。
(140) 「高野山文書」七―一五八八　高野山長床衆下文案、和多昭夫氏「中世高野山の僧侶集会制度」（『密教文化』四五・四六合併号、一九五九年）。
(141) 同一―四四五、七―一五八八、七―一六一九、七―一五九八、一―四四六、一―四四四、七―一六二三、七―一六二四。
(142) 同一―四四四　天野社長床衆言上書案。
(143) 注(89)に同じ。
(144) 「高野山文書」四―五九　国盛折紙状。
(145) 同四―六〇　鞆淵範景書状。
(146) 同四―六六　盛久書状、四―六九　遊佐国継書状、四―三九三　盛久（？）書状、四―三七四　盛久書状。
(147) 同四―六二　鞆淵範景起請文。
(148) 同四―七四　遊佐国継書状案。※熱田氏は同文書からは下司職継承を示すことを断定しえないと拙稿を批判されているが（注(25)）、私はこれを遊佐氏の下司職安堵とみてはいない。下司職の補任権は高野山にある。この史料の「鞆淵次郎跡」とは下司職をさすのでなく次郎範景のもつ本宅ないしはそれを中心とした支配権の強力な特定の所領だと考えている。高野山は下司職は剝奪しえても、この部分には手をふれられなかった。本領安堵の権限が守護にあったからである。それは遊佐氏のこの書状に対する高野山側の返書（四―七三）が「次郎跡を舎弟彦四郎方に仰せつけたことは、高野山全体に披露しましょう」と述べていることでも明瞭である。この部分が弟に安堵されたのは（恐らくは範景の死後）、本文で述べているように、範景の子の下司千楠丸（直景）が守護とは被官関係を結ばなかったことによると思われる。

(149) 同四―七八　鞆淵千楠丸書状案。

(150) 同一―三一五　鞆淵供僧起請契状、同六―一三五二　小集会評定事書。

(151) 注(89)に同じ。

(152) 「鞆淵八幡神社文書」六六　鞆淵庄置文案。

(153) 注(89)に同じ。

(154) 私見では十五世紀中葉頃を惣村の変質期と考える。黒川直則氏「中世後期の農民闘争Ⅰ　土一揆・国一揆」（『講座日本史』3、一九七〇年）が既に同様の見解を出されている。

(155) 注(3)参照。なお最近のものとしては「戦国の動乱」（『講座日本史』3、一九七〇年）がある。

(156) 第一部第二章注(114)参照。

[付論]「八人御百姓」をめぐって

1

ここでは、鞆淵動乱と称せられた南北朝期の農民闘争の指導者＝八人百姓は、番頭等有力農民ではなく、百姓身分のもの、平の百姓であったとする私見によせられた熱田公氏の御批判(1)、すなわち八人百姓＝有力農民説を検討したい。小稿でこれをとりあげるのは、右の私の見解が第一章の中核の一つだからであり、また、最近、氏と同様の見解が出されているからである(2)。

熱田氏の見解は、八人の百姓はかつての神人の後裔であり、十二人番頭よりも有力な階層である、というものである。そしてその理由として、第一に、八人百姓が番頭でないからといって百姓身分のもの＝平百姓とみる私の見解は飛躍のしすぎであること、第二に、八人百姓の素性（傍点筆者）を示す史料はないし、かつての神人は荘園領主の交替で呼称は消失するが、荘内の有力階層であることにはかわりないこと等から、八人百姓は神人の後裔をあてるのが最も妥当であること、第三に、正平十二年（一三五七）の署判の形態（本書一三・一四頁）、すなわち惣講師重金を頂点とし、中段に八人の農民、下段に十二人の農民（番頭）といったピラミッド型の署判は、そのまま荘内の階層構成を示すものであること等をあげておられる。

しかし第一に、正平の置文の中段の八人が番頭身分でないことから、百姓身分のものであるとする私の見解は、それほど飛躍しているのだろうか。高野山領時代の当荘農民には番頭（十二人と限定されている）と百姓という二つの身分呼称があったが、それ以外のものはみられないのである。階層構成をみる場合、我々は、神人や名主あるいは番頭といった身分呼称を手がかりとし、それらを有力農民と規定する。有力農民、上層農民ということは、検注帳の定量分析の結果をもとにして使われたりもするが、それは必ずしもあたらないこともあり、[3]身分呼称が有力農民であるか、一般の百姓であるかのメルクマールとして有効であることは、誰にも異存がないと思われる。したがって、下段の十二人が番頭であることが確定され、当荘の番頭が十二人と限定されている以上、中段の八人は百姓身分のものと考えざるをえない。

また論証はこれだけではない。私は、高野山がいう「於百姓中、不似多分、殊更有骨張之仁歟」[4]という文言に注目し、「百姓中」なる語句が十二人番頭とは区別された百姓身分の者の結合組織であることを明らかにすることによって（第一章第二節2）、八人の「骨張之仁」が「百姓中」すなわち百姓身分のものであることを確定し、私見を補強している。

第二に、氏の八人百姓＝神人後裔説を検討したい。氏は論拠の一つとして、八人百姓の素性を示す直接の史料がないことをあげておられる。しかし、有名な人物ならいざしらず、中世農民の素性といったものをつかむのは無理なのではなかろうか。また、神人呼称は消失しても、有力階層である点はかわらないといわれているが、この点は氏のいわれる通りだと思う。しかし、これはそのまま神人後裔説につながるだろうか。中段の八人＝神人後裔説をかかげる論拠があまりにもとぼしいように思われ、私自身、氏の御批判を受けてその裏付けとなるような史料を虚心にさがしたが、みつけることはできなかった。彼らが神人の後裔として、かつての荘園領主である石清水八幡の威光をかりて行動をおこしたとするなら、高野山は「骨張之仁」として「百姓中」をあげるのではなく、神人と称して、といった非難のしかたをみせてもよいと思うのだが、そういったような史料もなかった。

しかし私は、八人百姓のなかに神人の後裔がいた可能性を否定するつもりはない。しかしながら、氏と同様に私も推測することを許されるならば、私は、十二人番頭の方が神人の後裔であるという可能性の方がはるかに大きいと思う。つまり番頭のかなりの部分がかつての神人であったと推測したい。なぜなら神人等有力農民はそれまでの村落内の支配的地位を守るために、荘園領主の交替に機敏に対応し、番頭身分を獲得したと考えられるし、高野山にとってもまた神人等有力農民に依拠し、彼らを番頭に編成して荘の支配をはかることが最も合理的だったからである(5)。荘園領主が有力農民に名主等の身分を与え、彼らを通して在地支配したことは、中世成立期以来の方式であった。

しかしこれらはいずれも裏付けとなる史料がなく、推測の域を出るものではない。したがって、神人の後裔だろうとそうでなかろうと、また八人の中に番頭等と同クラスの経営規模をもつ者がいようとも、彼らは百姓と称され、特権的な十二番頭とは峻別された存在であることが重視されるべきである。なぜなら、とても彼らの「素性」や経営規模などを知りうる手段がないのだから。

第三に氏は、正平のピラミッド型署判がそのまま階層構成を示すといわれる。すなわち、八人が中段に記されたのは十二人番頭より上層にあるからだといわれる。しかしこれについても、八人が番頭より有力であることを示す史料をみつけることはできなかった。それに対して、十二人番頭が特権的農民であったことを示す史料はいくつもあげることができる。この点はくり返さないが（第一章第二節2）、一つだけ新たなものを付け加えたい。それは、彼らが鞆淵八幡宮の祭祀においても指導的役割を果したことである（本書第三部第二章「長栈座と中世宮座」）。当荘では何十年に一度という八幡宮修造＝遷宮の際に重要な置文が作られ、その置文を板に記して八幡宮上棟式のとき棟札として奉納した。前述の正平十二年（一三五七）と後述する寛正三年（一四六二）の置文がそれであるが、これらを棟札として納める上棟式で神馬を引く神事を行ない、指導的役割を果したのは、十二人番頭だったのである。

このように、正平十二年の上棟式以来指導的役割を果しているということは、祭祀権の掌握がそれ以前からあったということであろう。年貢公事納入責任者としての番頭制度ならいざしらず、八幡宮祭祀において優位に立つということなどは、突如として生ずるものではないからである。これをみても、彼らがかつての神人＝有力農民ではなかったかという先の推定が見当ちがいでないように思われるのである。

2

ところで、氏が、中段の八人を番頭より有力なものとみる根拠は、なによりもこの署判の形態そのものにあると思われる。おそらくそこには、番頭より身分の低いものが番頭等の上に署判することはありえないという判断があるのだろう。氏の見解の出発点や論拠もすべてここにあるとみてよいだろう。

そこで、八人の百姓が中段に記された理由を再度検討しておきたい。熱田氏のいわれるように、この署名形態は荘内の階層構成を示すものなのか、いいかえれば、八人の百姓は十二人番頭より有力であったが故に、番頭等の上にかく記されたのか。

この点を考えるにあたって、寛正三年の置文の署名部分に記された「八人御百姓」なる語句に注目したい（本書一四・一五頁）。なぜならこれは、正平の置文同様、八幡宮上棟式のときに棟札として奉納された重要な置文であるばかりでなく、これら二つの置文の署名形態がきわめて近似しているからである。寛正の置文は、十二人番頭の署名の上段に「八人御百姓」と記しており、これが正平の中段の八人の百姓に相応する。したがって、正平の置文の署名の意味をときあかすには、寛正の置文の「八人御百姓」の意味もまた明らかにされねばならないだろう。

熱田氏の見解に従えば、南北朝期における八人の有力農民―十二人番頭―一般農民といった階層構成が寛正三年の頃、すなわち室町末期においてもみられることになるが、はたしてそうだろうか。

第一に、寛正の署名の特徴は、十二人番頭等が各自彼らの名前を記しているにもかかわらず、八人の百姓は「八人御百姓」とのみあって、個々に署名していない点である。しかし、この八人が番頭等より有力階層であるなら、当然、彼らもまた個々に署名してしかるべきではないだろうか。下段の署名には十二人番頭のほかに庄司氏が加わっているが、彼もまた、「障子」（庄司）と署名しているのである。第二に、十二人番頭の次に署名した庄司氏は、寛正三年段階でははっきりしないが、これよりまもなくして下司代に補任されており、番頭等の上に立つ荘内の最有力階層となる。寛正三年の署名形態からみれば、庄司氏は番頭身分より特にぬきんでているとはいえないが、有力階層である点にはかわりない。これより数年もたたないうちに最有力階層となる庄司氏の上に「八人御百姓」と記載されており、これによっても、署名形態が必ずしも階層構成を反映しているとは限らないことがわかる。そして第三に、室町末頃の史料には、八人の有力農民の動向はおろか、その存在すら伝えるものがないことをあげたい。特に戦国期以後の階層構成は、庄司・林氏（下司代・公文代）―十二人番頭―平百姓となり、この秩序は近世にまでもちこされる。八人の有力農民は全く含まれていないのである。

以上によって、寛正の置文の「八人御百姓」が当該期に実在する八人の有力農民をさしたものでないことは明らかである。では、実在しないのになぜこのように記したのであろうか。

なによりもまず、両方の置文が八幡宮修造（遷宮）の際につくられ、上棟式のときに棟札として奉納されたことが考えられなければならないだろう（本書第三部第二章「長桟座と中世宮座」）。寛正三年の八幡宮建立の際は、まず仮屋が作られ、神座がそこへ移されるが（下遷宮）、そのとき、奉納されていた正平の置文も当然移され、人々の目にふれたにちがいない。また、八幡宮が建立され、上棟式が行なわれるときに寛正の置文が作られたのであるが、そのときもまた、元の場所に再び奉納される正平の置文が多くの農民の目にふれたことは十分予想される。鞆淵動乱によって生じた混乱を解決するために作られた置文をまのあたりにして、古老たちは動乱のいきさつや、闘争を指導した八人の百姓について語ったであろう。正平の置文の中段に八人の百姓の署名があるのをみればなおさらである。

南北朝期の農民闘争＝鞆淵動乱の模様は、多くの鞆淵荘農民によって語り伝えられた可能性がきわめて大きいと思う。一つには、八幡宮上棟式という神事のなかで置文を作らねばならなかったほどに動乱によって深刻な矛盾が生じたこと、その矛盾が田畠券文をめぐるものであるだけに、すなわち個々の農民の土地所有権と深くかかわっていただけに、置文は重要な規範としてしっかり記憶されたであろう。また高野山より「骨張之仁」として処罰されようとした八人の百姓を、四十貫もの用途とひきかえにとり戻したことや、さらに動乱の最中に、女性二人を含めた総勢十二名もの農民が下司に討たれたこと、これなどもかなり衝撃的な話として語り伝えられたにちがいない。

以上によって、寛正の置文の十二人番頭等の署名の上に「八人御百姓」と記したのは、同じく上棟式の際に作られた正平の置文にならい、南北朝期の下司とのたたかいを有利に導びき、当荘農民に大きな利益をもたらした八人の百姓の英雄的行動をたたえてのことと理解できよう。

3

以上、熱田氏の見解、すなわち八人百姓が神人の後裔であることも、また十二人番頭より有力であることも、その裏付けとなる論拠―史料が十分でないこと、またこれでは寛正の置文の「八人御百姓」の意味も解けないこと等から、氏の説には従えないことを述べた。最後に三点だけ付け加えたい。

一つは『和歌山県史』の正平の置文の、中段八人と下段十二人の署判の判定についてである[6]。署判の多くは筆軸印や丸をかいた略押であるが、なかには、上段の重金のような本格的な花押ではないが、多少なりとも工夫をこらした署判がある。花押と略押の中間のようなものであるが、それらを次に記してみる。

〔中段〕
景行
教信

〔下段〕
国恒
秀国
十念

このように五つみられるのであるが、『和歌山県史』は、中段の二つは花押としているが、下段は十念のみ花押とし、国恒と秀国は略押としている。これによれば、いかにも中段の八人の方が有力であるようにみえる。しかし、中段の二つを花押とするなら、下段の国恒や秀国の判も花押としなければならないであろう。

この史料の写真は、『一揆』3「一揆の構造」の口絵（しかしここでも国恒と秀国は略押と判定されているが）や、『和歌山県史』中世史料一の口絵に掲載されているので参照していただければ一目瞭然である。

しかしながら、これら農民的花押ともいうべきものを表現する適切な言葉はないものだろうか。花押とすると、重金のような立派な花押を思いうかべてしまう。特に中段の二つは、いわゆる花押にはほど遠いものであるが、活字だけをみた人にはそれが伝わらない。

二つ目は、八人の百姓を平百姓とした点について若干述べておきたい。南北朝に平百姓の言葉を使うことは今でも適切とは思っていない。しかし有力農民以外の者は小百姓層といわれたり、弱小農民といわれたりで、いかにも零細規模の農民のイメージである。それに対して、番頭といった特権的身分こそ与えられなかったが、鞆淵荘のごくふつう規模の一般的農民ということを平百姓とすることによって表現したかったのである。

高野山が、百姓等の「八幡准例」の要求を認めた後に「骨張之仁」として八人百姓を弾圧してきたのは、彼らがただ単にやみくもに闘争したのではなく、彼らの指導が適切で、勝利をもたらす力となったからにほかならない。こうした指導ができ、多くの百姓層を動かすことができるのは、百姓層のなかでもそれなりの才覚をもった、影響力のある人物であったと考えられる。したがって農業経営の規模などでも、番頭等と大差ないような者もいた可能性を考えてのことである。

しかし、両者の違いは、番頭は高野山によって与えられた特権的支配的位置を守ろうとし、八人百姓の方は、番頭としての特権には無縁であるだけに高野山と妥協することなく、「百姓中」組織を代表し、彼らの意見を反映して行動することができたのだと思う。

三つめに、農民闘争の指導者について一言述べたい。農民闘争は一般的に有力農民に指導されて行なわれる場合が多いが、それは有力農民が小百姓層の意見を反映して行なうといったものばかりではなく、有力農民と彼らの利害が一致したことによる場合が多かったのではないだろうか。例えば、高野山は、志富田荘に対して実にさまざまな夫役を中心とする公事を殿原・百姓等に賦課したが、両者はそれに対して統一行動をとらなかった。なぜなら、百姓等の方は現夫役でつとめなければならないのに、殿原の方は夫銭でよかったからである。(7) すなわち殿原には夫銭という特権があったのである。鞆淵荘の番頭には、番頭免という特権があったが、夫役においても何らかの特権があったのではないだろうか。大永四年の置文(8)は、下司・公文両職を獲得した長床衆が「於百姓中、永代人夫ニ可召使之儀」を申しかけてきたのを拒否したものであるが、このときの人夫役は「百姓中」だけにかかっている。鞆淵動乱のときの闘争目標は下司方公事の強化をはねかえすことにあったが、下司方公事という以上、下司職に伴うものであり、下司職は高野山に補任権があることから、これについて番頭等に何らかの特権があったことも考えられる。このときの闘争は番頭百姓等が統一行動をとったが、「百姓中」の方がより積極的で高野山からにらまれたのは、案外こうした面があってのことかもしれない。農民闘争とはいっても、荘園領主のこうした分裂支配をみていけば、それが必ずしも有力農民にひきいられる場合ばかりでないことがそれほど無理なく考えられるのではなかろうか。

注

(1) 「紀州における惣の形成と展開」(『和歌山の研究』2、一九七八年)。
(2) 山陰加春夫氏「中世における一揆の組織と形態」(『一揆』3「一揆の構造」、一九八一年)。
(3) 例えば鞆淵荘の庄司氏が下司代としてあらわれる十年ほど前の土地所有規模は卓越しているとはとてもいえない。また第二部第二章で述べるように、東村の階層構成は土地所有だけでなく、池用水権の規模も合わせてみなくては把握しえない。
(4) 「高野山文書」二―三二三　鞆淵庄下司百姓和談起請置文。
(5) 石清水八幡宮領時代においても番頭が存在したことを小川・熱田両氏は指摘されている(史料は仁治年間のものらしい)。

しかし鎌倉末の史料はすべて神人百姓等とあり、南北朝期以後のように番頭百姓等とはない。したがって神人が基本的な有力農民と考えてよかろう。石清水八幡宮領時代に番頭が存在していたとしても、高野山領時代の番頭はそれまでの神人に匹敵するものとして創出されたとみてよかろう。なお氏は、十二人番頭の初見が正平十二年（一三五七）であることから、この頃、番頭制度が整ったとみておられる。しかしそれは、高野山領となってから二十数年も後である。高野山は、建武二年（一三三五）、いちはやく重金に引導職を宛行なって、鞆淵八幡宮祭祀権をにぎろうとしている（本書第三部第二章注(57)）。また検注の実施もしており（「高野山文書」八―一七一二）、その時期は確定しえないが、観応二年（一三五一）二月五日以前であることは確実である。検注実施は果せなかったが、ここに高野山の支配意欲が並々ならぬものであることを知ることができる。また番頭の初見も観応三年（一三五二）である。したがって、どんなにおそくとも、観応三年には番頭制度をとったとみてよいであろう。

(6)「鞆淵八幡神社文書」二四　鞆淵惣庄置文（木札）。

(7)「高野山文書」六―一三四〇、六―一三四六、五―一〇一二、六―一三四七、八―一八五二、四―四〇二、八―一八五六刊「高野山文書」二―三二、三四、三一等。

(8)「鞆淵八幡神社文書」七七　鞆淵八幡宮籠札銘（木札）。

第二章　中世後期における高野山権力と農民闘争

はじめに

今日こそ中世農民闘争史研究が真剣にとりくまれなければならない。研究史的にも、稲垣泰彦氏の「応仁・文明の乱」[1]、「土一揆をめぐって」[2]以来、村田修三氏[3]や黒川直則氏等[4]がこれを批判的、積極的に受けとめて研究史の整理を試み、我々の追求すべきいくつかの課題を指摘してそのための素地をつくった。[5]「科学的歴史学の一層の前進」をめざした『講座日本史』において、黒川直則氏は、稲垣氏が中世の諸闘争を荘家の一揆・国一揆・徳政一揆に類型化し、そのうちの荘家の一揆のみを農民闘争と限定した見解を克服しようとして、あくまでも農民に視点をすえ、農民がそれら多様な形態の闘争に参加していく姿を描き出した。[6]

本章は、かかる諸成果を前提としつつ、なおかつ鈴木良一氏[7]の提起された訴訟逃散・強訴逃散・土一揆へと発展する農民闘争と、それに規定された権力側の対応、新たな共同戦線の再編成といった視点、すなわち農民闘争を中世後期の政治史のなかに位置づけ、階級闘争論によって政治史を描くという視点が継承されるべきと考え、この視点の継承の一ステップとして、中世後期における紀伊国高野山領諸荘園の農民闘争と、それに動揺しつつも独自の権力編成やイデオロギー支配によって対応していく高野山権力を追求する。そのことはまた、根来寺や興福寺等の権力構造解明のひとつの手がかりにもなるのではないかと展望している。

ところで高野山に関する研究状況をみてみると、これはその他の荘園史料を中心とする研究にも共通すると思うが、圧倒的に個別荘園の研究が多く、それに規定されて、農民闘争も個別荘園のわく組内で追求されるという傾向にある。高野山領の場合、農民闘争の研究は鞆淵荘に集中している。(8) 最近、隅田荘の事例なども出されてはいるが、(9) しかし十分に発掘されているとはいいがたいのが現状であり、(10) さらにそれらを高野山との関連でとらえようとする研究はきわめて少ない。(11) しかし、高野山の動向や高野山権力内部の矛盾を視野に入れることによって、一荘園あるいは一村落の見落されがちな年貢減免要求なども重要な意味をもってくると思われる。

一方、高野山権力についてみれば、その歴史的性格を「上からの封建化」とされた熱田公氏の見解をふまえる必要があり、(12) こうした見解を克服するためにも、守護・戦国大名に比較しつつ、高野山の独自な権力構造が追求されねばならないであろう。その意味で注目すべきは、宗教史的立場からの和多昭夫氏の高野山教団の組織・集会制度に関する諸成果である。(13) そもそも寺院については、(14) 牧健二氏以来、(15) 「多分」を原則とする集会制度の研究が、主に寺院法や議決機関との関連で把握されてきたが、集会制度の研究がその種類や議決方法の解明ということにとどまっていたなかで、和多氏は種々の集会の相互関連・組織化に迫っており、また集会制度の変遷を在地諸勢力との関連でとらえようとされている。(16) 寺院権力については、興福寺の場合などは社会経済史的立場からの研究が比較的多く、六方制度を通しての渡辺澄夫氏、(17) 大和屈指の国人筒井順永を通しての熱田公氏、(18) また網野善彦氏の東寺の研究、(19) 三浦圭一氏の根来寺政権、(20) 太田順三氏の法隆寺組織の解明(21)が注目されるが、しかしこれらの研究には、イデオロギー編成に関する追求が必ずしも十分とはいいがたい。それは、寺院権力の最大の特色として中心的課題のひとつにすえる必要があり、また、国家権力と人民闘争という課題を深めるために提起された一九七〇年度歴史学研究会のテーマ、すなわち中世におけるイデオロギー論(22)を豊富化するためにも、今後積極的に追求されるべきであろう。

本章は、以上のような課題認識と研究史の状況をふまえて、従来事実としては知られていながら、そのもつ歴史的意味については追求されていなかった高野山における行人と学侶の確執の分析から入っていきたい。

第一節　永享五年高野動乱と行人方の台頭

1　永享五年高野動乱

永享五年（一四三三）は高野山権力の一大危機の年であった。

同年十月、高野山の一子院金剛三昧院の雑掌慶吽は、「近年当山依騒乱寺内悉及大変」(23)として山上の大変事勃発を述べており、それは後に寺僧らによって、「永享五年ノ高野動乱」(24)と称された。その動乱の実態は次のようなものであった。

正長元年十一月之比、依仙洞御崩御、諸国御徳政之事出来云云、自其而六番衆寺家へ無窮之致訟訴、万事不随寺命間、永享五癸丑七月之七日夜払暁ニ、当国守護畠山尾張守依下知、同守護代遊佐之越前守、伊都、那賀、名草、海人郡催軍兵、辰一点合戦在之、両方数十人打死了、両方手負不知数、然間六番衆大乗院放火、本中院、坊舎、堂塔、悉焼失了、雖然明王院、光勝寺二字許計歟残《ノコル》也、数尅有矢軍、申時許ニ終被追失了、其時山民共、尺迦院放火之、大略小田原千手院、三宝院マテ焼了、其後所残菴室、道場、坊舎、不残一字焼了、又壬七月三日、六番衆率大勢、西院谷上南谷へ合戦在之、於南谷、山民行人数十人被打了、左有間、持明院ニ付火、大峇焼了、(中略)同年十一月廿四日、遊佐《ユサ》河内守被口入和睦之、悉六番衆帰山廿八日也、(25)

すなわち正長元年(一四二九)の諸国徳政のころから訴訟行動をおこして寺命に従わない六番衆勢力(山民や行人を含む)と守護軍の勢力とが、山上において、永享五年七月と閏七月の二度にわたって激しい戦闘を展開したのである。その戦闘の大規模なことは、守護代遊佐氏が伊都・那賀・名草・海人(海部)四郡にもわたって軍事力を勁員していることや、多数の死傷者、おびただしい数の寺院・坊舎等の焼失からもうかがえ、また幕府中枢部の近辺にいる人々の日記、『満済准后日記』(26)や『看聞日記』(27)にその詳細が記されているばかりでなく、摂津国勝尾寺の一寺僧の日記にも、「同七月ニ高野山エンシヤウス」(28)と記されるほどであった

ところで、寺家の下知に従わず、守護軍とこのような戦いをしうる六番衆とはどのような勢力であり、高野動乱は高野山の歴史を見る上でいかに位置づけられるであろうか。

『高野真俗興廃記』(29)によると、この六番衆とは、毎月一日の大湯屋入湯の際、その順序を一番から六番に分けたが、その最後の六番目に入湯するものであり、「扈従僕童之内土民子族下法師等」であった。すなわち高野山僧侶の最下位にあり、その出自も「種姓然へき児」あるいは「族姓形如なる」ものではない「土民」であった。また彼らと共に闘った山民・行人(30)にしても同様で、後述するように、承仕や夏衆らと共に当時「行人中」組織を構成していた。

このように六番衆が高野山僧侶であることが明らかになれば、守護軍と六番衆の衝突はなによりもまず高野山権力内部の問題としておさえる必要があろう。そこで、この動乱の本質を更に明確にするために、中世高野山の権力構成のおおよそを把握しておきたい。それは、人的構成としては学侶方・行人方・聖方のいわゆる三派によって構成され

ていたといわれているが、議決・検断権等の高野山の全権限を掌握するものが学侶方である点は忘れてはなるまい。学侶をさして学事を専にするものという一般的規定はその歴史的性格の一面でしかなく、学侶はなによりも高野山権力の中枢部、権力の頂点に立つものとして把握すべきであろう。高野山の法会をはじめとする全寺務の運営は、すべて僧侶集会——諸荘園の農民支配のための僧侶集団の共同利害を処理するもの——によるが[(31)]、かかる集会に参加しうるのは学侶であった。

これに対する行人方や聖方の権力内の位置づけは、まず聖方については、五来重氏がこれを庶民宗教者として、また中世高野山の経済・文化の裏方として高く評価されているが[(32)]、氏のいわれる庶民宗教者としての側面も、山下農民に対する高野山のイデオロギー支配の観点からアプローチされることも必要であろう。聖はしばしば学侶より弾圧を受けてはいるが[(33)]、しかし矛盾をもちつつも権力の一部を構成していたものとひとまずとらえておきたい。

聖がこのように複雑な性格をもつのに対し、行人方は、満済が「行人方ハ悉衆徒等召使下法師也」[(34)]と記しているように、明白に権力の末端にあるものとして位置づけることができる。すなわち彼らの職掌は、法談論義や集会開催の伝達係、堂荘厳、供花等の山上における雑務遂行にあり[(35)]、主にその職掌によるものか、承仕、夏衆、坊人、堂衆、山伏、預、長床衆などの呼称があり、『紀伊続風土記』[(36)]はその数二十一種類をあげている。しかし行人方の役割として重視せねばならないのは、これら山上における雑務だけでなく、山下において、悪党の鎮圧、年貢未進に対する譴責、治安警察等の任にあたることである[(37)]。すなわち荘園支配のための学侶の諸決定を、在地に下向して具体化し実現するために、経済外強制＝暴力装置としての役割をも果している。このことは、彼らが権力の最末端にあって、在地領主・土豪・農民などの在地諸勢力とじかに接触しているということであり、それは彼らの出自が「土民」であることと共にその歴史的属性の大きな特質として念頭にせねばならない。なぜなら在地諸勢力と接触するなかで、例えば「諸衆下知外、夏衆私不可伐院内別所坊幷不可焼山下家」[38]とあるように、寺家の威をかりた彼らが、山下において独自に行動し、彼らの影響力＝支配力を植えつけることが可能となるからである。

行人方が権力内でこのような位置を占めることが明らかになった以上、この高野動乱は、最下級僧侶の権力中枢部に対する武装反乱ととらえることができる。守護軍の登場は、この武装反乱が学侶の手によって鎮圧しえないほど激しかったことを示していよう。

行人方勢力による武装反乱はこれにはじまったわけではなく、応永二十七年（一四二〇）の天野大二社遷宮料の懸銭を不服とした承仕らの寺中乱入事件が初見であるが、[39]しかしこの時は学侶若衆の武力によって鎮圧しえている。また『満済准后日記』[40]によって、永享二年（一四三〇）七月に学侶と行人の確執があり、「行人等以外過分下刻上シテ、已衆徒ノ首ヲ切云々」という行人方の行動と、それに抗議した学侶の離山、遊佐氏の介入が知られるが、これは大事に至らなかったらしい。[41]それらに比較すれば、永享五年の高野動乱は、高野山内部の、しかも最下級僧侶の反乱を権力中枢部が抑圧できず、大規模の守護軍の援助をもってはじめて鎮圧が可能になったことをみても、これが高野山の直面した深刻な危機であったといえるだろう。

2　行人方の台頭

行人方については、一般的にその勢力増大と学侶との対立が注目されているが、それについて熱田公氏は次のように述べておられる。[42]すなわち行人方は、鎌倉時代以後、高野山の内紛や寺領の統制維持に彼らの武力が重用されるに従い、団結を強化して学侶と対立し、室町時代、特に永享以後はしばしば学侶と全面衝突をおこすようになり、戦国期に入って彼らの武力が不可欠になると、その地位は一層向上し、木食応其の出現で遂に行人方一派が確立したという。行人方に関する研究は皆無に近く、熱田氏の以上の見解が最も代表的なものといえるが、氏によればその勢力増大の要因は行人らのもつ武力にあり、それ故、戦国期において地位が一層向上したことになる。

しかし和多昭夫氏も指摘されているように、(43) 検断権を掌握するものは五番衆＝学侶であって、高野山の武力装置は五番衆を中核とする行人方や諸荘官によって構成されていたと考えられる。(44) 武力は、応永二十七年の承仕の反乱に対する鎮圧にみられたように、学侶若衆等も保持しており、また実際の武力発動の中心部隊が行人方にあったとしても、超歴史的に武力の優越性をもって行人方の勢力増大の要因とすることはできないだろう。

むしろ、学侶の手から離れ、独自に武力を行使するようになったのは何故かが考えられなければならないだろう。この点については第二節で述べることにして、まずここでは勢力増大の要因を武力に求めるという見解にとらわれず、中世後期における行人方勢力増大の画期を戦国時代ではなく、永享年間、特に永享五年高野動乱におくことを提起したい。以下その理由を述べよう。

永享五年の六番衆らの武装反乱は、前掲史料にあるように、遊佐氏の口入によって一旦和睦はなったが、しかしその実質的解決には永享十一年（一四三九）を待たねばならなかった。

六番衆先年徳政以後、猥違先規一、令悖興二之間、自衆徒方二廻治罰之計略一、任旧儀二可行寺家之法度二之由、面々雖レ挿二心底一、或叡山之発向、或為大和国民等追討、或為静関東之逆浪一、諸国軍兵在陣之間、依二公私人忩劇相続一、乍レ思送二年月一、然今朝敵速敗北、梟徒悉没落而四海静謐一天泰平之剋、自公方二被レ下二知彼等中二之処、悔先非一

向後毎事不レ可レ背寺命一之旨捧請文一、懇望申上者、被レ散二衆徒之欝憤一、可レ有二寛宥之儀一之由、為公方一預籌策一畢、

右の史料(45)は「今度在庄衆就帰山一契状」というもので、端裏書には「永享年中仕置之状」とあり、永享年間の確執の結果を示す四通の史料の現存する唯一のものである。(46)これによると、六番衆の「悖興」が「先年徳政」すなわち正長の徳政以後はなはだしく、彼らは高野動乱以後も、永享五年からの比叡山問題や永享元年から十一年に至る大和永享の乱、そして永享十・十一年の関東の永享の乱等の鎮圧(47)のための軍事発動といった守護方軍勢の手薄な状況を利用して、一貫して敵対行動をしていたことが知られる。しかし彼らは諸乱の終結と共に寺命に従う旨の請文を捧げたのであるが、では、この間、いかなる理由によって彼らは学侶に対立し、あるいはどのような「徳政」を要求したのであろうか。

それを示すものは、同年三月二十九日の行人中へ二十九カ条、預中へ二十五カ条の下知を含む評定事書である。(48)全箇条の内容は知りえないが、『紀伊続風土記』(49)の引用部分によれば、下知の内容はおおよそ次の二つに分類できる。第一は、夏衆と承仕の﨟次持ちの禁止、中半以前の入湯の禁止、近年になって行なわれている六番衆の自由な諸堂開閉の禁止、「請定」に房の字を書くことの禁止、長床十人の者以外の乗馬禁止(但し、天野下向両度はよい)等の禁止事項であり、第二は、長床衆の「直綴」や「黒傘」の免許、本仏・奥院らの「四袖」免許、正預の「四袖」「直綴」の免許といった主に装束関係の新たな許可事項である。そのほかには坊人院役を徳政以前同様に沙汰せよというものもあるが、これは近江に始まる正長の徳政一揆が高野山にも波及し、(50)六番衆等が徳政=諸役賦課の軽減を要求し、実施させていたことを示したものといえる。このように行人方が学侶方同様﨟次制度を採用していたことといい、中半以前に入湯してしまうことといい、これらの事例はいずれも行人方の勢力伸張を示すものであり、また彼らのそのような

行動は、勢力増大を背景に権力内部において差別されていた彼らの地位の向上をめざしたものということができる。更にいうならそれは、近世にみられる学侶方と行人方のヘゲモニー掌握をめぐる激烈な争いの萌芽であり、近世の高野山が学侶方と行人方に二分されるという、すなわち行人方も権力の掌握者になるといった権力の変質の端緒ともみることができよう。

ところで注目すべきは、この下知状が行人中（二十九ヵ条）と預中（二十五ヵ条）の各々に下されていること、またこの行人中には承仕、夏衆、長床、山伏、六番衆、世間者などが含まれていたこと、そしてまた遊佐氏に対する請文も行人中（四ヵ院僧侶）と預中（沙汰人四名）とが各々別々に出していること等である。[51]このことは、未組織であった種々の行人方勢力が、永享十一年段階では既に行人中と預中の二つの結合組織を作っていたことを示すものである。文安五年（一四四八）、湯屋修造にあたって、「預行人之中、各々一人宛、可行事之事」[52]とあることもそれを裏づけよう。そして預は「衣の四袖等の条は行人より少く上等なり」[53]とあるように、学侶の分裂支配もあって両者の結集はまだひとつの結合組織を生み出せない状況にあった。これまで行人方一派の形成についてはその確立期（木食応其出現の時期）が明らかにされるにとどまっていたが、しかし行人方勢力が十五世紀前半において既にこのように結集し、行人中・預中に組織化されていたことが明らかとなり、両者の結集、すなわち行人方一派の実質的確立もこれよりさほど遠くはないだろうと推定されるのである。[54]

以上、永享年間における行人方の学侶への敵対行動が、諸役軽減＝徳政等の経済的要求をからめた彼らの権力内部での政治的社会的地位の向上をめざしたものであり、永享十一年に至って身分差別の象徴ともいうべき装束に関する改善が認められたことをみてきた。そしてそれは、行人方の組織的結集、すなわち行人中と預中に支えられ、永享五年の大規模な武装反乱という圧力によって実現しえたのであって、その意味で永享年間は行人方台頭の画期であり、高野動乱はその跳躍台といえよう。

ではこのような行人方の台頭とそれによる権力の内部矛盾の激化＝危機をもたらした真の要因は何か。それはどこにあったのか。

第二節　永享期の農民闘争と行人方

1　永享期の農民闘争

応永三十年（一四二三）二月二十七日、志富田・官省符荘をはじめとする広汎な地域の百姓等は、煩雑に賦課されるようになった公方役＝守護役軽減の要求をかかげてたちあがり、訴訟の鉾先を高野山に向けた。高野山は百姓等の組織的訴訟行動を前にして、急遽公方役軽減を守護方に要請し、個別的には、例えば下司鞆淵氏の京上夫賦課を拒否して逃散行動をおこした鞆淵荘の場合などは、公方役の中でも高い比重を占める京上夫を全面停止させることに成功している。(55)

このように高野山領膝下諸荘園の百姓等は、公方役という共通課題に対しては、荘域をこえてかなり広範囲に、しかも二月二十七日にいっせいに訴訟に及ぶという組織的な闘争をくみえたのであるが、かかる農民の闘争は、個別的ではあるがやがて高野山そのものに対する連続的年貢減免闘争となってもりあがっていく。

永享四年（一四三二）、高野山の全学侶は一味同心して契約状を定めおいた。(56) 一味同心しなければならない理由は、

「害碩才之体、奪学衆之命」といった山上の不穏な状勢にもあったが、なによりも次のような事態に対処するためであった。

爾而近年諸庄園之土貢、逐年而減少、随日而淩怠、仏事神事、勅願勅会、退転之基也、不可不歎、不可不悲、

すなわち近年における諸荘園年貢の著しい減少に対処しなければならなかったのである。年貢減少の原因は次の鞆淵荘の場合のように、既に減免要求が成立していることによるものもある。

自鞆淵庄寺家へ納処大所当之事、依百姓等歎、閣合口莚付、斗ニ一舛宛以過分、学侶一同之評定而、永閣者也、於余方可守此旨也、於此事書者、長床衆相共有談合定上者、永不可違失処也、仍為後証之状如件、

永享二年庚戌後十一月十六日

時使良智（花押）

良音（花押）

公文良海（花押）　公文代宗春（花押）

右の公文良海等連署置文(57)にみるように、鞆淵荘では、永享二年（一四三〇）という比較的早い時期に、一斗に一升宛の年貢増という条件付であれ、莚付米廃止に成功している。それは「於此事書者、長床衆相共有談合定」の文言にみられるように、公文、長床衆の懐柔策も影響しているが、基本的には前公文を没落に追いこんだ百姓等の結束力の結果とみてよいであろう。

また志富田荘では、永享四年段階で、

然而近比、田畠等号荒不作、年貢令減少之条、偏百姓等之姧謀歟、厳重被遂検注、於年貢多少者、併可被任常住

仏陀之証明事(58)

とあるように、荒や不作を口実とした百姓等の年貢対捍がおこっている。

隅田南荘では、永享三年（一四三一）から翌年にかけて下司上田貞長の非法に抗議した名主百姓等のたたかいがおこり、それ以後年貢徴収はスムーズにいかなくなった。逃散による「地下亡庄」を恐れた高野山は、百姓等の要求を受け入れて上田氏の下司職改易と年貢直納を決めた。これによって事件は一旦落着したかにみえたが、その後「上田就守護方企種々奸訴、年貢二ヶ年之分于今令違乱」とあるように、守護勢力を背景とした上田氏の違乱によって年貢は滞ってしまうという状況においこまれたのである。(59)

また後述する兄射島においても、寺尾・兄射・志富田の百姓等が斗概(60)の使用、莚付米廃止をかかげてここ数年来訴訟をしてきたが、永享六年（一四三四）、遂に斗概の使用が許され、莚付米の方は鞆淵荘同様一斗に一升宛の年貢増という条件付ではあれ、恣意的な年貢徴収を抑え、大幅な減免と定量化をかちとっている（七九・八〇頁の引用史料参照）。

荒川荘内野田原郷の場合は、動乱直後の永享五年十一月二十八日のことである。

敬白　起請文事

右意趣者、当郷卅人御年貢、当年きゝん《飢饉》・かんはつ《旱魃》によつて取沙汰申かたく候之間、上使をもつて御らん候へとなけき申処ニ、有のまゝをさめ申候へと承候間、米二斗六升、さこく《雑穀》一斗八升七合、公事銭一貫文進納仕候、此外者一粒も地下にかんほうを不申候、（下略）

右の起請文(61)によって、荒川荘内野田原郷においても、志富田荘同様、不作・飢饉・旱魃を理由とした大幅な年貢減免を要求したことが知られる。野田原郷は、文安四年（一四四七）には三十人供料米四石二斗余を寺家納、二石五斗余を公文方納としているし、(62)宝徳元年（一四四九）には六石四斗余を納入している。(63)これらに較べれば、永享五年の年貢米二斗六升がいかに少額であるかはいうまでもない。そしてそれは、上使下向の要求に対し「有のまゝをさめ申候へ」とする高野山の投げやりな態度と密接不可分であるといえよう。

以上、永享年間に入って、まず鞆淵荘の莚付米廃止要求＝年貢減免闘争をはじめとし、志富田荘、隅田南荘、兄射島をめぐる寺尾、兄射、志富田そして荒川荘内野田原郷等々の広範囲にわたって農民闘争が展開していることをみてきた。そして注目すべきは、それらが永享五年高野動乱の前後の時期、特に鞆淵、志富田、隅田南、兄射島にみられるようにその直前に集中していることであり、こうした事実から、高野動乱＝権力の内部矛盾とこれら農民闘争の深い関連を想定せざるをえない。次にその点を更に検討していきたい。

2　行人方の対応

では高野山は、永享期に入ってもりあがっていった農民闘争にいかに対処しえたのであろうか。権力側の対応の最も典型的な例として隅田南荘の場合をみてみよう。

当荘を支配する隅田供僧等は、(64)永享三年以来の百姓等逃散の事態に対して、「如訴訟被直務、増於年貢可被召返百姓歟、又年貢不増百姓等雖不立帰、彼代官仁可被仰歟」(65)という二つの意見を調整しえず、この問題を処理しえないでいた。ところでこの供僧等のこの見解をみてみると、まず第一の見解は、年貢増という条件付で百姓等の直務要求を認めるというものであるが、しかし逃散した百姓等が直務要求が通ったからといって年貢増を受諾するかどうか、例えば鞆淵荘の場合などは逃散した百姓等が逆に逃散した年の年貢・公事銭すべての免除を認めさせており、(66)供僧等の認識の甘さを感ずるのであるが、問題は後者の意見、すなわち百姓等の還住がなくともよいとする方である。百姓逃散が続行すれば年貢が上納されないことは火をみるより明らかである。また上田氏の在地領主制支配が「号譜代相伝之私領、於地下懸諸役」(67)ということで展開していることを思えば、隅田南荘をまさに上田氏の私領として認めることになり、その結果、南北朝期に百八十五石を未進したような事態(68)が当然予想され、こうした意見の提案者に上田氏と利害関係にある僧侶の存在を考慮しても、なおかつ供僧等の認識不足の深刻さを指摘せざるをえない。

このように自らの所領の問題を自らが解決しえず、この問題は上級決定機関である三所十聴衆によって結着をみたのであるが(69)、しかしその結果は前述したごとくで年貢直納はスムーズにはいかなかったのである。こうした隅田南荘の動向の中に高野山支配の弱体化は明瞭である。また伝法大会の会場という重要な位置を占める蓮花乗院の所領志富田荘をはじめとする「諸庄園之土貢、逐年而減少、随日而凌怠」という状況も、農民闘争の結果であると同時に、こうした状況に対処しきれないでいる高野山＝学侶方の支配の弱体化を如実に示すものといえよう。

以上のように従来の高野山＝学侶方の支配が全体的に後退をみせているなかで、前述した兄射島の斗概使用や莚付米廃止要求をかかげた百姓等の闘争をめぐる動きにはきわめて注目すべきものがある。次の史料(70)がそれを示している。

（端裏書）「シマノネンクノホンケン」

（外題）「加判　釈迦南院権大僧都浄栄（花押）」

定　免（兄）射嶋事

一於年貢者、依有子細、往古ハ舛之上ヲ手量并莚付等諸国之法候シヲ、御百姓達年来ワヒ事被申候エトモ、夏衆方ニ其依無承諾、当寺之年預釈迦南院ヲ縁ニ被取申候了、又其縁ニ小田原ノ東細入夏衆方ノ縁ニ被成候テ、タイハウアルニヨッテ六十四人之衆議ヲト、ノエ、色々ノ評定畢テ、タイハウアル上ハトテ舛ニ斗カキヲワタシ、法ノ莚付ヲヤメ、一斗ニ一升ツ、ノ入ヲ定メ、於向後者、山上山下無違乱此事書ヲ出上ワト評定畢、
一為其御礼、惣エ一コン候カ、并永享五年ノ高野動乱ニ舛ヲ依失、応テ此代ニ官省符ノ公田ヲウツシ、山上ニ一、山下ノ諳宿一、并四人ノ判形ヲスエ置処実也、所詮山下ノ舛失ハ山上ノ舛ヲ本ニサシウツシ、又山上ノ舛有失事者、今ノ諳宿ノ舛ヲ可指移之、

（中略）

時之沙汰人

一﨟良智（花押）往生院 観音院　二﨟行順（花押）清浄心院 山本坊　三﨟浄円（花押）宝幡院 奥坊　四﨟教塵（花押）千手院 明星院

テラヲ　兵衛太郎

アニイ　道栄（筆軸印）

シフタ　道徳（筆軸印）

永享六年甲寅十二月十三日

右の史料は、紀ノ川の中州と考えられる兄射島（おそらくはテラヲ（寺尾）・アニイ（兄射）・シフタ（志富田）の三カ村によって開発されたのであろう[71]）の年貢についての定書である。通常、諸荘園の支配に対する取り決めは、年預以下三沙汰人が決定事項の最後に署判する集会評定事書という形式で文書化されるのであるが[72]、それらに比較して、このように「時之沙汰人」四僧侶と三カ村の代表が署判した、すなわち合意した定書に、年預が加判するという形式は特異なものといえる。このうち三カ村の代表の署判は、この定書が三カ村にかかわるものであるから当然であり、また年預は、史料に

あるように、百姓等の仲介者でもあるし、また集会評定をとりしきる三沙汰人の筆頭でもあるから、外題を加えることは何ら奇異ではないが、では「時之沙汰人」はどのように解釈したらよいだろうか。彼らは何故ここに登場したのだろうか。

この点を考えるには、「沙汰人」ではなく、「時之沙汰人」とある点に注目せねばならないであろう。彼らは限定されたその時の沙汰人、すなわち兄射島の年貢をめぐる争いを処理することを目的とした沙汰人であったということである。

「時之沙汰人」が登場しなければならなかった理由は史料の第一条が述べている。これによると、三カ村の代表は、数年来から斗概の使用と莚付米廃止の要求を、兄射島の年貢得分者の夏衆に訴え続けていたのであった。しかし夏衆方は頑としてこれをきき入れなかったため、まず年預を仲介者として、同じ夏衆方である小田原谷の東細入夏衆方に話をつけ、ようやく六十四人の衆議評定を整えて斗概の使用と莚付米廃止（但し、一斗に一升ずつの増という条件付）が決定したという。こうした記述から、種々の決定が形式上は必ず衆議を経なければならないことや、[73]衆議を整えるまでの大変さがわかるのであるが、これをやりとげたのはいうまでもなく「時之沙汰人」であったといえる。[74]

では「時之沙汰人」は、何故、兄射島の給分取得者＝夏衆の拒否という困難な事態を、面倒な手続きを経てまで解決しようとしたのであろうか。それは第二条によって知ることができよう。第二条は永享五年の高野動乱で桝（公田桝＝供田桝）を失ったこと、そのため官省符の公田桝に准じ、山上に一、山下に一、四人の判形を加えて置くようにしたことを記している。

中世の農民が決起した場合、桝はしばしばその目標となり、破却されることもあった。[75]なぜなら桝は搾取の象徴であり、支配の象徴ともいうべきものである。兄射島における公田枡の紛失が実は農民の仕業によるものか、あるいは動乱の混乱によるものか、それは明らかにしえないが、しかし公田枡をも確保しえなかった事実のなかに、動乱の根深さを感ぜざるをえない。「時之沙汰人」が数年来の百姓と夏衆方の対立を、百姓等の要求を受け入れる形で解決に導いたのも、その真の理由は、前年の高野動乱とそれにひきつづく権力内部の動揺＝危機的状況にあったとみることができるだろう。

以上、「時之沙汰人」登場の理由とその動きをみてきたが、次に彼らの性格をみてみたい。手がかりとなるのは、僧侶の名の下に記された彼らの所属寺院である。一﨟良智は往生院谷内の観音院の院主あるいはその一員ということになるが、これら四カ院のうち観音院と千手院谷内明星院は行人方寺院であることが判明する。[76] 山本坊と奥坊は不明であるが、一﨟、二﨟と順次記されているのをみれば、それらも行人方とみてまちがいあるまい。「時之沙汰人」は行人方勢力であった。

次の鞆淵荘の史料[77]も彼らの性格を示すものである。

(端裏書)
「公文請文鞆淵」

請申　鞆淵薗三供僧幷雑記米御年貢事

(中略)

正長弐年己酉八月廿五日

長床 年預二人　龍行 在判
　　　　　　　良性 在判

長床 公文代二人　良智 在判
　　　　　　　　教音 在判

長床一臈　法眼善観　在判

これによると「時之沙汰人」の筆頭にある一臈良智は、長床公文代の一員であることがわかる。当荘の公文職は応永末に公文が没落した後、天野社に寄進され、長床衆がその代官となったのであるが、良智はその代官のひとりとして荘園経営にたずさわっていたのである。

良智はこの外にも登場する。第二節1掲載の永享二年（一四三〇）の鞆淵荘の置文（七六頁）を参照されたい。これは莚付米廃止の決定を示したものであるが、ここに「時使」として良智が登場している。正長二年（一四二九）で公文代であった良智と教音の二人が鞆淵荘の莚米付廃止の決定に深くかかわっていたことは明らかである。

以上のことから「時之沙汰人」筆頭良智は、鞆淵荘の公文代として荘務を担当した荘園経営の経験者であり、また農民の年貢減免闘争にも直面し、それを解決した、いわば荘園支配・農民支配のエキスパート的存在であったといえよう。

広汎な諸荘園の農民闘争そして行人方の武装反乱による権力の動揺という政治状勢の中で、隅田南荘の供僧らの無策や支配権の弱さに対比して、良智らの果たした役割はきわめて注目すべきである。良智らは広汎な年貢減免闘争が単なる弾圧によって抑えられない状況にあること、またそればかりでなく、それが、前年の高野動乱以後も依然として存在する権力内部の鋭い矛盾＝危機の傷口を更に深めることを見抜き、それ故宥和政策によってその危機をのりこえようとしたのであった。そして良智らが荘園支配のエキスパートたりえたのは、山下において百姓等諸勢力と接触する行人方の一員であったからと思われる。ここに行人方勢力がかかる農民支配の実力を発揮することによって勢力を増大させ、高野山の荘園支配を支えたことは明らかである。

最後に本論の冒頭で「永享五年は高野山権力の一大危機の年であった」と記した理由をかんたんに述べたい。それは、僧侶の最下級、権力の末端にある行人方勢力の大規模な武装反乱のみをさしていったのではない。それは何よりも、高野動乱の要因である行人方勢力の増大が、実は応永末から永享年間の広汎なる農民闘争と深くかかわっていたこと、すなわちその根底には高野山支配に抵抗する農民の闘争があったこと、このことこそが権力にとって真の危機であった。特に永享年間の農民闘争は従来の学侶方支配に破綻をもたらし、野田原郷や兄射島の闘争は権力の危機をつき、その動揺を深めた。こうした状況のなかで行人方は「土民子族下法師」であるが故に政治状勢を鋭く見抜き、適切な農民支配の力を発揮したのであった。学侶方が行人方の地位の向上を認めざるをえなかった理由もここにあったといえよう。

第三節　高野山のイデオロギー支配

1　中世後期の氏人

本節では、行人方勢力に権力内の一定の位置を与えた高野山が、その後どのように支配を展開したのか、イデオロギー支配に注目してみていきたい。その際、ここでは鞆淵荘に焦点をあてたい。なぜなら当荘の応永末・永享期以後の動向には、農民闘争と行人方の台頭といった前述の高野山のもつ矛盾が集約されてみられるからである。

当荘では、応永末期、百姓等と下司・公文の激しい対立があり、その結果、下司鞆淵範景が追放され、公文が没落するといった事態が生まれた。公文の没落に乗じ、公文職獲得を足がかりに当荘進出を企てたのが行人方長床衆（高野山の鎮守神＝天野社に仕える山伏）である。[78] 長床衆は、永享期の莚付米廃止の百姓等の要求に対しても、この実現に尽力して在地に勢力をのばし、やがては下司職も入手して近世の行人方領鞆淵荘の基盤を作ったのである。

しかし指摘しておかなければならないのは、こうした動きの根底には鞆淵荘百姓等のたたかいと、それを支えた惣結合があったことである。鞆淵荘惣結合は、十二人の番頭身分をもつ有力農民らの結合組織「番頭中」と、百姓身分の利害を保証する「百姓中」の統一されたものであるが、それは、百姓身分の中から指導者八人を生み出した南北朝期の農民闘争を経て、「百姓中」の立場をより反映させつつその結合を強化していた。[79] そして応永末期の農民闘争では、小経営の自立・発展を阻害する鞆淵氏の在地領主制支配を破綻させ、永享期には莚付米廃止の先鞭をつくって高野山支配を脅すに至ったのである。それ故、高野山の支配の可否は、いつにこの惣結合のそれにかかっていたといっても過言ではない。

そこで独自の意義をもって創出されたのが氏人身分の設定による惣結合のイデオロギー的分裂支配であった。では、それはどのようなものであったのだろうか。

氏人といえば、元来は氏神を祭祀する同族的協同体成員であるが、和歌森太郎氏によれば、純粋な氏人が氏神を祭祀するような段階から、近隣近郷の地縁的協同体が祭祀の主体になるような中世における氏人は、同族の場合もあるが、同族であることを擬制化したものもあり、いずれも封鎖的・特権的に祭祀権を掌握したといわれる。[80] また萩原龍夫氏によれば、畿内とその周辺には、鎌倉中期あたりから、郷村の寺社の祭祀団・信徒団としての氏人の存在がひろくみられるようになり、彼らは中世を通じて権威的であったといわれている。[81]

氏人の事例は近江国に多くみられるが、紀伊国でも、根来寺や粉河寺[82]にその存在が知られ、特に根来寺については、

『政基公旅引付』の氏人に関する記述によって、その性格がかなり明らかとなる。氏人に関する史料は、ほとんどが棟札等で、氏人がどのような性格のものかを直截に伝えるものではないので、『政基公旅引付』の記述はきわめて貴重なものといえる。前関白九条政基は、文亀元年（一五〇一）七月二十六日の日記に次のように記している。

当国中之百姓之子、為根来法師ヲ、号氏人也、件氏人、日根野村之百姓之子共之中、来而在庄之後、聽而雖可申、日根野村江御出之時可申哉之由雖存候、延引之条、此村江令祗候由申之、一荷両種進了、仰神妙之由、長盛令見参、於堂賜盃了云々

これは、氏人、すなわち日根野村の百姓の子弟が村に戻ってきた折、大木村の政基のところへ一荷両種を持参して挨拶にきたことを記したものであるが、そのとき政基は、聞きなれない氏人というものについて、和泉国内の百姓の子で、根来寺の法師となったものを氏人というのだと書き留めたのである。

三浦圭一氏は、右の政基の記述をもとにして、和泉国熊取荘の土豪中家のような有力農民の子弟が根来寺に入寺して、寺内の谷々に独立した子院を営むものを氏人というと解釈され、中家の氏人成真院以外に、近木荘の土豪神崎氏の根来寺大福院、佐野荘土豪藤田氏の西蔵院を氏人としてあげられた(83)。

このように和泉国内における氏人の性格は、三浦氏の研究によってきわめて具体的なものになったといえるだろう。しかし史料的制約から解明しえない部分も多い。成真院のような氏人は祭祀とどのようにかかわるのだろうか（三浦氏はこの氏人が和泉国若松荘中村の宮座における本結集＝垣内的集落を代表する上層農民にあたるだろうと推定はされているが）。また氏は、氏人が和泉国内の土豪が営む根来寺内の子院をさすことから、それは一村落にとどまらない、根来寺領全体の支配秩序にかかわるものであろうという重要な指摘をされているが、それがどのような支配秩序でどのような役割を果したの

か追求すべき問題はいまだ多く残されていると思う。

氏人に関する史料は決して豊富とはいえず、高野山領においても例外ではないが、鞆淵荘を中心に、氏人の具体像、祭祀とのかかわり具合、その歴史的役割等を明らかにしていきたい。

2　鞆淵八幡宮と氏人

鞆淵荘での氏人の初見は、次に掲げる寛正三年（一六四二）の遷宮に関する置文(84)においてである。

右当社八幡宮御社余に及大破候間、地下高野の氏人参会致評定、地下若子之物とうの料足お三ヶ年間寄進申候て、不足之所お入地下の分、心おちにすゝめ仕候、社当(頭)建立目出度候事、

右は、大破してしまった八幡宮を建立したいきさつ、特に建立費用について記したものである。その費用は地下の若子の物頭(85)料足三カ年分と地下勧進とでまかなったとある。若子の物頭というのは、粉河寺領東村の童頭(86)と同じようなものであろう。具体的な儀礼のあり方は不明であるが、頭料をもとにして子供を頭人とした神事が行なわれたことはまちがいなかろう。この記録の最後には若子の頭料を出した子供等の名前二十九名が記されている。

ここで注目したいのは、神事費用にあてるべき若子の頭料三カ年分の寄進（八幡宮建立費用への）を定めたのが地下と高野の氏人であったことである。高野の氏人が、鞆淵八幡宮の若子を頭人とした神事(87)やその建立等(88)に権限を有していたことは明らかである。

氏人衆がこのほかの神事祭礼にも深くかかわっていたことは、次の遷宮史料(89)によっても知ることができる。

ノウノ時ハ　両シャウクワン　一番ニ　下司殿　二番　ウチ人(氏)　次ハ　丁ヨリ

これは永正七年（一五一〇）の宮遷引付の一部である。能の時、とあるのは能上演の時であろう。神事能の上演は宮遷儀礼にとって重要な位置を与えられていたが(90)、これはその時何らかの所作が行なわれ、その順序が記されたものと思われる。一番目が両荘官、二番目に氏人とあり、氏人が遷宮儀礼で高く位置づけられながら関与していたことがわかる。

鞆淵ではその後天文十九年（一五五〇）(91)、天正七年（一五七九）(92)、慶長十七年（一六一二）(93)と遷宮が行なわれたが、第2表はそれらの遷宮史料にあらわれた氏人にかかわる次第の記載である。それぞれ出仕の次第、幣の次第、折紙の次第とあるが、このうち幣の次第は上葺記録の方に記されたものであり、大工も登場していることから、上棟式における振幣の順序を記したものといえる。宮遷記録の方の出仕というのは儀式をつとめることであり、折紙というのは折紙銭の奉納をさすのであろう。いずれも遷宮儀礼上、重要な位置を占めていたと思われる。

各々の氏人の順序をみてみると、天文十九年の出仕の次第では、永正七年の能の時同様両荘官に次いで二番目であり、幣の次第では下司・公文・番頭という荘中の者に次いで記され、折紙の次第では行人方総分興山寺をさしおいて一番目に記されている。第2表にみるように、慶長十七年以後の宮遷記録は、能や出仕の次第がなくなり、この折紙の次第のみがみられるのであるが、その順序は全くかわらず、氏人が一番として定式化されたものとなっている。これらの記載から、遷宮儀礼における氏人の地位の高さが推定される。

また天文十九年の宮遷記録には次のような記載もある。

レウシヤウクワ《(両庄官)(ノ脱)》ノコウレウク
銭五貫チケ《(地下)》エマイル

第2表　遷宮史料にあらわれた次第の記載

	永正7年(1510)	天文19年(1550)	天正7年(1579)	慶長17年(1612)
	能の時	出仕の次第	幣の次第	折紙の次第
一番	両荘官	両荘官	下司殿	氏人衆
二番	氏人	氏人衆	公文殿	興山寺様
三番	庁	禰宜座・楽所・前座	番頭達	庁
四番		上使	氏人衆	庄司殿・林殿
五番		番頭衆	大工	禰宜座・前座・上座
六番		荘の百姓衆		六カ寺坊主衆
七番				番頭衆
八番				
九番				

	明暦2年(1656)	貞享2年(1685)	元禄16年(1703)
	折紙出様の次第	折紙の次第	折紙の次第
一番	氏人衆	氏人中	氏人中
二番	興山寺様	興山寺様	興山寺様
三番	庁	庄中	庄中
四番	庄司殿・林殿	庄司殿	庄司殿
五番	禰宜座	林殿	林殿
六番	楽所	番頭衆	番頭衆
七番	前座	禰宜座	禰宜座
八番	六カ寺衆	前座	前座
九番		楽座	楽座

銭弐十貫文ウシユト《(氏人)》ヨリ
チケ《(地下)》エマイル
又チケ《(地下)》ヨリウシユト《(氏人)》エマイルモ
ノハ
代一貫文
コメ《(米)》一石　ウシユト《(氏人)》エマイル

これによると両荘官から五貫文、氏人からは二十貫文もが地下に奉加され、また地下からは氏人に対して銭一貫文と米一石が進上されている。氏人の経済的卓越と特権的地位を知ることができる。

慶長十七年の記録には氏人衆について次のように記している。

又ヲン八まん《(御八幡)》ノヲン□《(マエ)》ノモリ《(盛)》
モノ《(物)》ワ　氏人衆ヲンモリナサ
□《(レツ)》ロ

一　サウメ（素麺）　廿把
一　ユ（柚）三百
一　トコロ（野老）　三斗
一　チヤクロ（石榴）　三百
一　モチ（餅）米　三斗
一　アヲカキ（青柿）　三斗

こうした記録から氏人衆は、八幡宮神前の供物として、素麺や柚、野老、石榴、餅米、青柿等を供える役割を果していたことがわかる。また注意したいのは、こうした盛物の役割が、後述する寛保二年（一七二四）の荘中と氏人中の相論過程から、特権的な仕事であったことが知られる点である。

以上によって、鞆淵荘における氏人もまた、和歌森氏や萩原氏が指摘されたように、特権的な祭祀集団であったとみることができるだろう。では彼らは具体的にどのようなものであったのだろうか。

3　高野山と氏人

遷宮史料以外の氏人に関する史料として興味深いのは、次の明応四年（一四九五）の石走（隣荘細野荘内）との山相論の置文[94]である。

（端裏書）「地下書置山事」

就石走与鞆淵山相論之儀、為末代誌置、

明応四年乙卯二月九日ニ、石走方之刀物、マサカリ、柄カマヲ取候処、細野ヨリ驄而及合戦候間、其時当庄ヨリモ楯ヲ出取合申候、其時寺家ヨリ両庄ェ使者ヲ御下候て御調法候て、当庄之儀先無為候、其間地下之氏人ヲ為使者、先刀物ヲ両様ェ預置之、（中略）其曖時御下人数之事、（中略）

行人方

五室阿弥陀院　西院□蓮院　往生院中房　小田原湯屋西

定使珠積院　小田原氏人法明院　小田原中房

旹明応四年乙卯二月十八日

置文には、合戦にまで及んだ石走との山相論が、高野山の調停によって無事おさまったこと、またそのときの曖衆として、下司沙汰人以下十三カ院が記されている。しかしここには、山相論の結果、すなわち相論の対象となった山の領有の帰属については何も記されていない。置文作成の目的の一つは、使者にたってことをおさめた地下の氏人(95)や下司沙汰人窪房以下の曖衆の活躍を示すことにあったようにも思われる。

ここで注目したいのは、曖衆の行人方寺院のなかに、「氏人法明院」という記載があることである。高野山内の子院が氏人と称されていたことがわかる。また時代は下るが、寛永十七年（一六四〇）の鞆淵荘の釣鐘勧進帳(96)には、「うちウと衆」としてあしや院、上泉坊、上ち院、両しき坊、南谷の山本坊等五カ院（坊）が銀子を奉加しており、根来寺領内の氏人同様、高野山領内の氏人というのも、高野山権力を構成する子院をさすことが明らかである。

氏人と称された子院と鞆淵荘農民との関係については、根来寺の氏人西蔵院が和泉国佐野荘の土豪藤田氏の子弟によって経営されていたことを示すような中世史料はない。しかし近世史料ではあるが、寛保二年（一七四二）から翌三年にかけての氏人と荘中の相論史料(97)は、氏人の具体像を知る重要な手がかりを与えてくれる。

荘中と氏人中の相論は、第一に拝殿における法楽読経の権利、第二に能興行の際の桟敷の広さ、第三に盛物とその道具の三点をめぐるものであった。第一については、祭礼や遷宮のとき、神前での法楽読経は古来より氏人がつとめてきたが、そこへ村方七カ寺も同席して法楽読経をつとめることを主張したためにおこったものであり、第二の桟敷の広さは、以前は氏人衆の分として二間と定められていたのに荘中がそれを一間にせばめたことにより、第三の盛物は、氏人中の盛物の権利は認めたものの、その品物や道具の準備を荘中が拒否したことによるものであった。いずれも氏人中のこれまでの権利を大きく規制したものであり、この事件は氏人の地位の低下を如実に示すものといえよう。

寛保の相論の史料のなかには、氏人についていくつか注目すべき次のような記載がみられる。

A氏人中与申候者、荘出生之氏子、不依貴賤出家仕候者講中ニ入、氏神法楽読経閏月毎ニ被相勤候、

B氏人衆之内御地頭様も御座候得共、友淵御出生ニ付、御出仕之事之御座候得者、兎角前々之通、氏人之格にて御法楽被遊被下度候、

C村方七ヶ寺も御寺持衆並衆僧衆も御座候、氏人中にも無衣之衆或は他国住居之仁、様々入り雑リニ而御座候、

D氏人中桟敷之儀、先年ゟ間口弐間ニ取之被相渡候処、此度間口一間之桟敷被相渡（中略）、右之処ニ多人数相詰、殊外致難儀候、

このうちABCは荘中の申し立てであり、Dは氏人中の言い分である。これらの中で特に注目したいのは氏人を定義づけたAである。荘中による氏人の規定は、第一に鞆淵荘出身者であること、第二に僧侶であること、第三に講中に入って氏神八幡の前で法楽読経をつとめることの三点であった。第二、第三については既に明らかになったことで

あるが、第一の地域の特定は政基が「当国中之百姓之子」あるいは「日根野村之百姓之子」と述べたことと符合する。

またBとCによって、氏人衆の中には地頭（行人方長床衆をさすのであろう）から衣なき衆まで雑多な階層が含まれていることを知ることができる。しかし荘中の主張には氏人の特権の否定の意図があるし、またこの頃の氏人はかなり地位が低落しているから、(98) これをこのまま中世までさかのぼらせることはできない。ただDにあるように氏人の人数の多さからみても、また後述するように、中世末、各荘の氏人が三十丁から八十丁もの鉄砲隊を用意していることからみても（もちろんこの数は氏人の数ではなく、氏人の用意すべき鉄砲隊であるが）、氏人を、子院を経営する院主とのみみることは不自然であろう。氏人を院（坊）名で記していることについては、院主だけでなく、そこに所属する僧侶をもさしているものと考えておきたい。

以上によって氏人とは、鞆淵荘出身の高野山僧侶で、鞆淵八幡宮の祭祀権を特権的に掌握するもの、ということができるだろう。

これまで宮座研究は、村落の階層性を反映して有力階層が祭祀権を特権的封鎖的に掌握することを明らかにしてきたが、鞆淵荘の氏人はこういった形態とは大分異なるものといえる。第一に、一般的にみられる村落の有力階層による祭祀権の掌握はあくまで村落内の階層性の問題であるが、氏人の場合は、同じく村落の有力階層ではあっても、そのままの形ではなく、高野山僧侶となることによって、すなわち権力の一端を担う支配者の立場でのぞむのである。しかし、かといって在地領主層のような支配者が祭祀権を掌握する形態とも異なる。氏人は本来的には被支配身分でありながら、したがって被支配者の顔をしながら、一方では支配者の姿をもつ二面的な性格を有していたといえよう。

第二は、その祭祀権の特権的掌握も、決して封鎖的排他的ではなかった点である。八幡宮建立等の決定が地下と氏人の評定によって行なわれたように、地下の祭祀権を侵害するものではなかった。このことは、鞆淵における氏人の初見が寛正三年であり、弘安二年（一二七九）の遷宮置文にもみられなかったことと無関係ではなかろう。氏人による祭祀権の特権的掌握は古来よりあったものではなく、案外新しいことを示したものといえよう。地下による祭祀権の掌握がまずあって、そこにわりこんでそれを特権的に分掌したと考えられる。氏人身分の設定が、惣結合のイデオロギー的分裂支配だとみる理由はここにある。(99)

4　高野山のイデオロギー支配

ここでは、氏人身分の設定が高野山の支配政策の一つとして生みだされたものであること、またそうした支配政策の成立の状況、その特徴等をみていきたい。

尚々其表之儀者、御両人へ任置候間、御才覚尤候、以上

急度申入候、左兵衛殿根粉路、同雑賀衆悉打合、近日其表へ被相働之由、粗申来候、就其鉋（?）炆之覚

一百丁　真国之庄
同三拾丁　氏人衆
一五十丁　志賀野村
同廿五丁　氏人衆
一弐百丁　其庄中
同八十丁　氏人衆

一五十丁　小川庄

右之在々悉召つれられ、てき方働次第ニ御才覚此時候、誠ニ度々御手柄共、於惣分致満足候、何も自是以使者可申入候、昨日ゟ惣分坊主衆老衆共、悉天野於御神前令集儀如此候、弥々無御油断様専一候、恐々謹言、

二月四日　祐尊（黒印）□

惣分
神野殿
文殊院御宿所

右の史料[100]は、天正八年（一五八〇）から十年にかけての信長の高野攻めの時期のものと推定される。書状の内容は、真国荘をはじめとする諸荘園から調達すべき鉄砲の数を指定し、その編成隊をもって其表（根来・粉河路カ）へ馳せ参ずるよう、行人方惣分の神野氏と文殊院に要請したものである。これによれば、鉄砲の調達が各荘の荘中と氏人衆に分担されており、真国荘や志賀野村、神野荘にも氏人が存在していたことを知ることができる。また別の史料によって、荒川荘[101]や九度山村[102]にも氏人がみられることから、高野山領のかなりの荘・村に存在していたとみてよかろう。そもそも高野山の僧侶となること自体、権力の一定の承認を必要としたと考えなければならないが、このように広汎な地域に氏人が存在し、また高野山が荘中とは別個に各荘の氏人衆を掌握していること等からみても、氏人身分が高野山の支配政策として設定されたものであることは疑いなかろう。

ではこのような支配を生み出した要因は何だろうか。第一に、すぐさま思いおこされるのは、惣結合の要となっている鎮守神の位置がますます重要になってきていることである。鞆淵八幡宮を例にとれば、これは本来的には石清水八幡宮の支配の拠点として勧請されたものでありながら、応永末の農民闘争の際には「百姓ミやにてあつまりして

候[103]」とあるように、たたかいの拠点となっている。高野山にとって、惣結合の要である鎮守神の支配が必須となったことがわかる。

第二は鎮守神に対する意識の変化である。和歌森太郎氏によれば、古代の氏神概念が中世後期には「我所生之地」の神明がすなわち氏神であるというように、産土神を意味するようになるという。和歌森氏は、このような変化の理由として、地縁的協同体が族縁的協同体にまさる中世も特に後期には、かえって家族的父子的擬制が盛んとなり、そのことが産土神・鎮守神を氏神と称し、その遠い子孫としての氏子意識を成立せしめた要因であるとされている[104]。氏人身分の設定も、和歌森氏が明らかにされたような中世後期の氏神―氏子意識の成立ときわめて深いかかわりをもつことが十分予想されるのである。

第三は、第一・第二と同様の動きが高野山の鎮守神である天野社にみられることである。鉄砲隊を要請した前掲史料には、「昨日ゟ惣分坊主衆老衆共、悉天野於御神前令集議如此候」とあって、高野山行人方の軍事行動が天野社の神前で決められている。

天野社は、応永末期になると、例えば山崎村の相論の支証選びの場となったり[105]、あるいは鞆淵荘の下司と百姓等の争いのとき、守護に訴えるべきかどうかを決める鬮を引く場となったり[106]、あるいはまた、鞆淵荘下司追伐の軍勢催足は、「御神木御共」せよと下知され、天野社の神木をかかげた追伐が行なわれたように[107]、高野山領諸荘園の諸問題解決のイデオロギー的役割を果すものとしてクローズ・アップされてくる。

その役割・位置が強化されてきたことは、十余年も退転していた天野社の一切経舞楽が応永二十九年（一四二二）に久方ぶりで行なわれたことや[108]、一切経会料の徴収方法の変化にもあらわれている。一切経会料はそれまで野上荘や近木荘といった特定荘園から徴収されていたが、[109] 応永三十二年（一四二五）には、反米という形で、高野山領のほぼ全域に課されるようになったのである。[110] 天野社の存在を荘民に植えつけようと意図したものであることがよくわかる。

このように高野山が天野社を権力のイデオロギー的中核としてくるのは、やはり在地の動向と切りはなしては考えられない。高野山権力を動揺させるに至った応永末から永享年間の農民闘争とその一程度の成功は、闘争の基盤＝惣結合の精神的紐帯である鎮守神の位置をますます高めることになる。高野山はこのような動向に対応し、惣村の中核としての諸荘園の神社＝氏神に対して、それらを包摂する全高野山領荘園の中核として天野社を位置づけてきたといえよう。いいかえれば、天野社は、地域神の強化、すなわちそれを氏神とするのと同一のイデオロギー的論理構造をもって全高野山領荘園のいわば氏神となるのである。

したがって、高野山のイデオロギー支配構造は、各荘内の鎮守神＝氏神を中核とするものと、それらを包摂する天野社を中核とするものとの二重のイデオロギー編成であるといえる。氏人は、あるいは諸荘園内の神社の氏人であると同時に、二次的には天野社の氏人としても観念されていたのではなかろうか。そして、こうした高野山のイデオロギー支配を積極的に創出したのは、氏人の存在をみることができる神野荘、真国荘、志賀野村、荒河荘、九度山村、鞆淵荘の大部分が近世には行人方領となったことからみても、[111] 行人方勢力ではなかったか。[112] 行人方が状勢に対応して高野山支配を強化していった姿をここにみることができよう。

以上のような高野山のイデオロギー支配は、例えば鞆淵荘についてみるなら、大永四年（一五二四）の下司長床衆の「於百姓中永代人夫ニ可召使之儀」[113] であるとの下知を、氏人も共に非例としてはねかえした事例などから、夫役賦課などの現実的な賦課に対しては分裂支配が必ずしも有効に機能しえないという限界はあったが、しかしその支配の真の克服は、前述した氏人の特権を真向から否定してきた寛保の相論を待たねばならなかったほど、重圧となったといえよう。

おわりに

最後に本章を要約して結びとしたい。

永享五年、高野山上では、高野動乱と称された六番衆を中心とする行人方の大規模な武装反乱がおこった。それは、高野山権力を構成する最下級僧侶の権力中枢部＝学侶方に対する反乱であり、高野山にとって、守護軍の援助なしには鎮圧しえなかったほどの大きな危機であった。

行人方勢力は、武装反乱を契機に、永享十一年、遂に身分差別の象徴である装束の改善に成功した。勢力増大を背景にした権力内における地位向上の達成は、近世にみられる学侶・行人のヘゲモニー掌握をめぐる争いの萌芽といえよう。また彼らは当時、行人中と預中の組織を形成し、行人方一派形成の動きを示していること等から、永享年間、特に永享五年の高野動乱は、行人方台頭の画期といえる。

行人方の台頭と権力の内部矛盾の激化をもたらしたものは、広汎に展開する応永末から永享年間の農民闘争であった。応永末、守護役の京上夫廃止に成功した鞆淵荘は、永享二年、他荘に先がけて莚付米廃止を高野山に認めさせた。志富田・兄射・寺尾三カ村の百姓等も兄射島の莚付米廃止と斗概使用を要求しつづけ、また志富田荘をはじめとして荒川荘内野田原郷等に、荒や不作を口実とした年貢減免闘争が展開した。そしてそれらの闘争のいくつかは、高野動乱という権力の内部矛盾をついて大幅な減免に成功している。権力の真の危機はなによりも、これら農民闘争にあったといえる。

ところが従来の学侶方支配は、かかる状況に対処しきれず、破綻をみせてさえいた。それに対して土民を出自とし、権力の末端にあって在地諸勢力と接触する行人方は、彼らの中から長床衆良智らのような荘園経営・農民支配のエキスパートを生みだした。良智らは高揚する農民闘争を宥和政策でたくみに処理し、拡大する権力の危機を抑えて高野山の支配を補強した。行人方勢力の増大は、農民支配の卓越に求められる。

高野山は、農民闘争の基盤となっている惣結合をおさえるため、その紐帯となっている鎮守神を祭祀するものとしての氏人身分を設定するという、イデオロギー支配を創出した。すなわち、各荘に出自をもつ高野山上の僧侶に氏人身分を与え、各荘の惣結合が掌握している鎮守神の祭祀権を、特権的に分掌させたのである。氏人は、高野山僧侶として、高野山権力の一端を担うものとして在地にのぞみ、鎮守神の祭礼においては、法楽読経や神前盛物等の特権を行使して、荘民結合の核である鎮守神を支配した。

また高野山は、鎮守神が、闘争の際にも、氏神としての意識の面でも、荘民結合の要としてますます重要になってきているという状勢に対応し、高野山の鎮守神である天野社のイデオロギー的位置を強化させた。高野山のイデオロギー支配は、各荘の鎮守神に氏人を設定するものと、それらをより高い次元で統合、支配する天野社を中核とするものとの二重の編成といえる。

以上が本章の要約であるが、解明しえない部分も多い。行人方勢力の在地進出は、農民支配の卓越と共に、鞆淵荘でみたような公文職や下司職の獲得を足場にしたのであるが、しかしその後どのような方法でそこを自己の所領としてしまうのか、またそうした動きに対抗した学侶方の支配のあり方や、行人方の台頭後に大きく変動をみせたであろう高野山の権力機構の具体的究明等が問題である。

氏人については、根来寺領同様、高野山領の場合も、土豪ないし有力農民層の出自とほぼ断定しうることから、氏人身分の設定は、高野山支配の面からだけでなく、在地における有力階層の動向、すなわち彼らの村落支配の側面も視野に入れてとらえる必要があろう。鞆淵荘では十五世紀中葉以後、下司代となった庄司氏や公文代林氏の台頭をはじめ、十二人番頭層内部にも序列化がすすみ、かなりの階層分化が生じたことが知られるが、(114)こうした動向と氏人身分の設定との関連が追求されなければならないであろう。

氏人についてもう一つ指摘しておかなければならないことは、高野山、根来寺、粉河寺三山の祭祀にかかわる氏人同志のつながりである。例えば天文十九年の鞆淵荘の遷宮のときは、粉河寺の氏人の方から祝儀の樽がよせられているし、(115)また明応六年、粉河寺領東村内の極楽寺堂米は、高野山、根来寺、粉河寺の三山の氏人へ宛てられている。(116)

高野山と根来・粉河寺の同一行動はしばしばみられるし、また紀州においては、十六世紀前半以来およそ半世紀の間、湯川氏や雑賀五組が中核となり、根来寺・粉河寺・高野山をまきこんだ惣国一揆が形成されたのであるが、(117)こうした三山結集の基盤の一つに、三山の祭祀をめぐる氏人同志の結集を考えてみてもよいのではないだろうか。

氏人が高野山内の支配方式にとどまらない点や鉄砲隊を編成して軍事行動に加わっているという事実等から、氏人による支配秩序というものは、質的にも量的にもより大きなもので、それはイデオロギーの側面にとどまらず、少なくとも紀北の寺院勢力の支配秩序の一つとしてとらえるべき性格を有していたと考えられなくもない。

〔付記〕　本稿は『歴史学研究』三六八号所収論文であるが、加筆・修正している。「はじめに」の問題提起の部分は、もちろん当時の問題意識であるからそのままであるが、一、二節は少々修正し、三節は書き改めた。しかし、基本的な論旨は全く変わっていない。

但し、『歴史学研究』の方のⅢ、「長床衆の鞆淵荘支配」の部分は削除した。この部分は、歩付帳の分析で、歩付帳の地主無記載部分を地主公文長床衆の省略と解釈し、長床衆の地主職集積という論旨を立てたのであるが、熱田公氏の論証不十分との御指摘があり、検討したところ、中心的な論証部分で史料のよみの誤りがあった。その結果、論拠は、公文長床衆の進出という事実から歩付帳作成に公文が積極的に関与したであろうという推定、また地主無記載の多い中番に階層分化が著しくみられたという事実、更に妙法寺村の地主名記載部分と無記載部分との併存がみられること等となり、論証力としては五〇パーセントぐらいになってしまう。

地主名無記載については、地主が作人と同一であったため省略されたとも考えられるが、これも決め手はない。したがって、私見の可能性も否定しきることはできず、捨てがたいのが実情であるが、論旨として立論することまでは許されないと思い、本書収載にあたっては削除した。歩付帳の分析は他の高野山領諸荘園の検注帳分析とあわせて今後の課題として検討することにしたい。なお、熱田氏の御教示には深く謝意を表したい。

注

(1)　岩波講座『日本歴史』中世3（一九六三年）。
(2)　『歴史学研究』三〇五（一九六五年）。
(3)　「土一揆の再検討」（『新しい歴史学のために』一一二）。
(4)　「徳政一揆の評価をめぐって」（『日本史研究』八八、一九六七年）。
(5)　このほかに参照すべきものとして、小領主・地主論の観点から独自な研究史の整理を試みられた藤木久志氏の「中世後期の政治と経済」4、土一揆と村落（『日本史研究入門』Ⅲ、一九六九年）がある。
(6)　「中世後期の農民闘争」（『講座日本史』3、一九七〇年）。

(7)　『土一揆論』(一九四八年)、『純粋封建制成立における農民闘争』(一九四九年)参照。

(8)　鞆淵荘に関しては以下の論文がある。小川信氏「紀伊国鞆淵荘に於ける郷村制形成過程」(『国史学』五二、一九五〇年)、熱田公氏「中世末期の高野山領鞆淵庄について」(『日本史研究』二八、一九五六年)、「室町時代高野山領荘園と郷村制」(『歴史教育』八―八、一九六〇年)、本多隆成氏「中世後期の高野山領荘園支配と農民」(『日本史研究』一一二、一九七〇年)。

(9)　佐藤和彦氏「在地領主制の形成と展開」(『史観』七八、一九六八年)。

(10)　本稿では新たなものとして、永享初年の志富田荘、永享二年の鞆淵荘、同五年の荒川荘内野田原郷、同六年の兄射島をめぐる志富田・寺尾・兄射の農民闘争をとりあげる。

(11)　鞆淵荘の農民闘争を扱った三氏の論文(注(8))は、高野山との関連について、それが高野山支配の確立に結果したという見解をうちだされているが、権力のたてなおしがいかなる矛盾をはらみつつなされたのか、といった視点が少ないと思う。

(12)　「上からの封建化」といった規定は、興福寺を研究された渡辺澄夫氏にも共通するところであり、寺院研究のひとつの到達点といえよう。私見は、寺院権力が古代的なものから徐々に、特に南北朝期以後下からの土豪などの封建化を抑えて封建化するといった考えには賛成しがたいが、かといってこれを封建権力と規定することだけではすまされないと思う。かかる問題は、寺院勢力と在地領主制との関連の追求という課題を我々の前に提示していると受けとりたい。

(13)　代表的なものとして、「中世高野山の僧侶集会制度」(『密教文化』四五、一九五八年)、「中世高野山の組織と伝道」(『日本宗教史研究』1、「組織と伝道」、一九六七年)をあげておきたい。

(14)　寺院に関する研究論文は次の五点に整理できると思う。①奈良・平安期を扱った国家権力と寺院の問題、②寺院集会に関するもの、③僧兵論、④寺院内部の機構組織の解明、⑤寺院の歴史的性格について言及したもの、以上である。そのなかで②については注(15)の牧健二氏、また圭室諦成氏の「平安末寺院の社会史的考察」(『史学雑誌』四三―一、一九三二年)が今日でも出発点であると評価しえよう。なお、最近の研究史の整理としては、網野善彦氏「中世寺院における自治の発展」(『名古屋大学文学部二十周年記念論文集』、一九六八年)があげられる。

(15)　「我が中世の寺院法に於ける僧侶集会」(『法学論叢』一七―四・六)。

(16)　氏の研究のなかで集会衆寺に関する提言はきわめて注目すべきものと評価したい。

(17) 「興福寺六方衆の研究」(『増訂畿内荘園の基礎構造』下所収、一九六九年)。
(18) 「筒井順永とその時代」(『中世社会の基本構造』、一九五八年)。
(19) 注(14)の論文を代表的なものとしてあげたい。
(20) 「惣村の起源とその役割」(『史林』五〇―二・三、一九六七年)、「十五〜六世紀の人民闘争」(『歴史評論』二三一、一九六九年)。
(21) 「室町時代の法隆寺寺院組織の一様相」(『早稲田大学文学部研究科紀要』一五)。
(22) イデオロギーについての研究史の整理は義江彰夫氏「中世イデオロギーにおける課題と方法」(『歴史学研究』三〇六、一九六五年)、中世史部会運営委員会「中世史部会報告の意図と方法」(『歴史学研究』別冊特集、一九七〇年度)がある。
(23) 高野山文書刊行会発行・高野山史編纂所編『高野山文書』(以下、刊「高野山文書」とする)五―一六五 金剛三昧院雑掌慶圩目安言上状案、五―二四四 同上。
(24) 刊「高野山文書」二―四五 一﨟良智等連署定書。
(25) 『大日本古文書』家わけ第一「高野山文書」(以下「高野山文書」とする)七―一六六一 高野山検校帳、なお同一内容を記した『高野山春秋編年輯録』はこれを寛正五年(一四六四)の事件としているが、『高野春秋編年輯録』には年代錯誤があること(和多昭夫氏「金剛峯寺座主年代について」『密教学密教史論文集』、一九六五年)、また永享五年には本文に掲げたようないくつかの傍証があること、またその外にも「高野山文書」六―一三四九、同四―三、「興福寺浄英書写大般若経奥書」や「東寺執行日記」(辻善之助氏『日本仏教史』六中世編之五)等によって検校帳の示す永享五年と断定してまちがいあるまい。
(26) 『満済准后日記』永享五年七月十日・二十日の条。
(27) 『看聞日記』永享五年七月二十九日の条。
(28) 「勝尾寺文書」(戸田芳実氏「永享年間の勝尾寺々僧日記」『月刊歴史』八、一九六九年)。
(29) 『紀伊続風土記』第五 行人事歴、なおこれは高野山大学図書館蔵三宝院寄托本にあるが、それは和多氏の前掲論文「中世高野山の僧侶集会制度」の引用部分を参照されたい。

(30) 山民は『紀伊続風土記』にはあげられていないが、村山修一氏の『山伏の歴史』(一九七〇年)によれば、山立ともいい、山中に住む特殊な集団で山伏らに混って行動したともいう。なお高野山の場合、南北朝期には山民を寺中に引き入れたり、坊舎に入居させるという事態がかなりひろまっており(「高野山文書」八―一八八七　高野山衆徒一味契状)、行人方の一勢力とみてよいと思う。
(31) 最近の集会制度に関する清田義英氏の研究(「中世寺院における議決方法」『史観』七七、一九六八年)は、集会の多数決原理が一種の無記名投票ともいうべき表決法によるとしてその民主主義的ともいうべき僧侶集会の性格を論じられているが、本質をふまえての研究が、今後は必要ではなかろうか。
(32) 『高野聖』(一九六〇年)、「室町時代における高野聖の世俗的活動」(『大谷学報』三九―四)。
(33) 「高野山文書」一―四四一　高野山五番衆契状。
(34) 『満済准后日記』永享二年十月十日の条。
(35) 「高野山文書」一―四三九によると、夏衆の仕事が供花にあること、同二―三〇三、四―三〇八、六―一三七〇によると、承仕の仕事が堂荘厳や集会開催の伝達にあること、また八―一八六〇によると、預や承仕の仕事に諸堂の開閉や番役があることがわかる。
(36) 第五　行人事歴。
(37) 例えば、堂衆は年貢未進等の荘内追放にあたり(「高野山文書」一―四四七)、夏衆と権預は名手荘悪党や鞆淵荘の和与を乱す者の荘内追放を任とし(刊「高野山文書」二―二一、一一―二四一、二―三一三)、また夏衆は年貢譴責の仕事もした(『和歌山県史』中世史料一「鞆淵八幡神社文書」二三、以下「鞆淵八幡神社文書」とする)。
(38) 「高野山文書」一―四三九　金剛峯寺年預置文案。
(39) 注(25)に同じ。
(40) 注(34)に同じ。
(41) この事件に関する史料は『満済准后日記』のみで、その後の動向も記されていないことから、以上のように判断した。
(42) 『日本歴史大辞典』行人方の項。

(43) 注(13)に同じ。

(44) 比叡山においても、平田俊春氏『平安時代の研究』によれば、その武力構成は「武門一行之衆徒（学侶）」を中核とし、堂衆や諸荘園の兵士とからなりたっている。

(45) 「高野山文書」一―四四三　金剛峯寺五番衆契状。

(46) 『紀伊続風土記』や『高野春秋編年輯録』によれば、「宝簡集永享年中巻」にはそのほかに関連史料として、永享十一年三月二十九日諸衆評定事書、同年四月二十二日行人四カ院請文、同二十三日預中沙汰人請文等があるはずであるが、現在不明である。なお和多氏の御教示によれば、享保二十年には「永享年中書物五通天文共一箱」（「高野山文書」六―一二二九　御影堂霊宝目録）とあって当時それらが存在していたことは確かである。

(47) これらの諸乱については渡辺世祐氏『室町時代史』がある。なお大和永享の乱については、永島福太郎氏『奈良文化の伝流』（一九四四年）、熱田公氏注(18)、関東の永享の乱については杉山博氏「守護領国制の形成」（岩波講座『日本歴史』中世3、一九六三年）に詳しい。

(48) 注(46)に同じ。

(49) 注(36)に同じ。

(50) 「社頭之諸日記」によれば「御得政」が紀伊国にも拡大したとある（桑山浩然氏「徳政令断片」『月刊歴史』一、一九六八年）。この点は峰岸純夫氏の御教示による。なお六番衆らによる徳政一揆ともいうべき行動は、高野山領農民の徳政要求の屈折した反映ととらえておきたい。

(51) 「中」の語が結合体や組織を示す点については、第一章第二節2を参照されたい。

(52) 「高野山文書」二―三〇二　谷上院内衆評定事書。

(53) 注(36)に同じ。

(54) 大永四年（一五二四）の鞆淵八幡宮籠札銘（「鞆淵八幡神社文書」七七）は公文長床衆が下司職をも知行するようになったことを次のように述べている。

自往古上之公文之儀者、御永床惣分御持也、下之下司方者、御預之御所持、如此之儀候、然間金剛峯寺□以後者、御

預衆之御事も皆悉行人ニ御成候、左候間、庄中下司方御事も子細候てとて、永床一色御知行共候、

これによると、「金剛峯寺□以後」は預衆のこともすべて行人になったので、下司職も長床衆が知行するようになった、とあるが、この預衆のこともすべて行人になったということは、預中が行人中へ統合されたと解釈できないだろうか。もしそう解釈できるなら、両者の統一は大永四年以前ということになるが。

(55) 第一章第三節参照。
(56) 「高野山文書」二—三一一　金剛峯寺学侶一味契状。
(57) 「鞆淵八幡神社文書」五二　公文良海等連署置文。
(58) 注(56)に同じ。
(59) 「高野山文書」四—一七、六—一三三一、六—一三四九、刊「高野山文書」二—三六、二—三七、二—三八、二—四四。
(60) 斗概については、寶月圭吾氏『中世量制史の研究』第五章「斗概と計量法の諸問題」（一九六一年）参照。
(61) 「高野山文書」八—一七八四、これには「隅田荘荘官等請文」と史料名がつけられているが、隅田荘は三供僧領であって、史料にあるような「当郷卅人御年貢」すなわち三十人衆領ではないこと、公文代や番頭も存在しないこと、またこの史料が荒川荘内野田原郷の関連史料であることから、野田原郷のものとして適切である。したがって、隅田南荘としたのは編者の誤りと判断した。「野田原公文代・番頭等起請文」とすべきであろう。
(62) 「高野山文書」五—七九九　野田原番頭藤内起請文。
(63) 同五—七八三　野田原公文代書状。
(64) 供僧とは和多昭夫氏前掲論文（注(13)）によれば、本尊または神社に供奉する入寺以上の僧侶をさし、高野山では大塔、金堂、西塔等の諸堂、山下では天野その他寺領内神社におかれたという。なお入寺は学侶の位階として低い方ではない。
(65) 刊「高野山文書」二—三六　隅田供僧連署起請文草案。
(66) 「鞆淵八幡神社文書」四一　三供僧集会評定事書案。
(67) 刊「高野山文書」二—四四　金剛峯寺学侶集会評定事書。
(68) 「高野山文書」四—一六　隅田南庄供僧契状。

(69)同六―一三三一　三所十聴衆評定事書、刊「高野山文書」二―一三七　三所十聴衆評定事書案。
(70)注(24)に同じ。
(71)同様な島の開発事例として荒川荘の例がある。応永二十年（一四一三）、神田・上野・上村の三カ村は一度開発されて荒廃した島の再開発をめざしている（「高野山文書」七―一五四九　安楽河庄大井百姓申状、田代脩氏「庄園制下における村落の形成」『埼玉大学紀要』四、一九六八年）
(72)注(13)に同じ。
(73)官省符分畠支配下書（「高野山文書」七―一六五八）によれば、夏衆給分畠として「十九丁二反兄射島ニアリ分麦三十石六斗六升」とあり、兄射島の給分取得者が夏衆であったことがわかる。なお兄射は現在の兄井に比定できる。
(74)第二節1掲載の鞆淵荘の莚付米廃止を記した史料のなかにも「学侶一同之評定候而」とあって（本書七六頁）、長床衆のすすめで学侶の評定を開いて決定したことがわかる。
(75)『古代取集記録』によれば、永享五年の播磨国鵤荘において「吉永返抄ノ斗、徳政ノ時、土一騎《揆》打破」とあり、徳政を要求する土一揆によって枡が破却されている。詳細は太田順三氏「中世後期庄園制下村落の動向」（『民衆史研究』五、一九六七年）参照。
(76)刊「高野山文書」二―八六　大阪役籠城衆徒起請文、同二―九二　行人方連署六時鐘楼修理料等預状、同二―一五六　学侶方院領供領注文等の近世初期のもので判断した。
(77)「高野山文書」四―七一　鞆淵庄長床年預等請文案。
(78)本書第一章第四節（三五頁）。
(79)本書第一章第一節、第二節。
(80)和歌森太郎氏『中世協同體の研究』第一章「氏人より氏子へ」（一九六七年）。
(81)『中世祭祀組織の研究』第五章「村人・氏人・氏子の意味の変遷」（一九六二年）。
(82)粉河寺の氏人については薗部寿樹氏の「中世村落と宮座――紀伊国粉河寺領東村王子神社――」（『史料と伝承』六、一九八二年）がある。

(83) 注(20)論文、「惣村の起源とその役割」。
(84) 「鞆淵八幡神社文書」六四　鞆淵惣庄置文（木札）。
(85) 「物とう」については、「物頭」と解釈された熱田公氏に従いたい（「高野寺領の宮座に関する一考察」『日本文化史論叢』、一九七六年）。
(86) 『和歌山県史』中世史料一「王子神社文書」（以下「王子神社文書」とする）二〇〇、一五二。
(87) 天野一切経会料所である野上荘の土貢相節状（「高野山文書」四―一九七）には、舞童米、舞童料が配分されているが、この舞童は、鞆淵荘の若子の頭とは全く無関係なのだろうか、在地における若子を頭人とした神事と何らかの関連があるのだろうか。
(88) 氏人が鎮守神の造営に一定の権限を有していたことは荒川荘でも明らかである。天文五年（一五三六）の三船神社造営引付（『和歌山県史』中世史料一「三船神社文書」）では、氏人衆と惣荘衆との談合によって、三船神社の上葺を檜皮にするか木枌にするかが決められている。
(89) 「鞆淵八幡神社文書」七六　鞆淵八幡宮宮遷引付。
(90) 本書第三部第一章「鞆淵八幡宮宮遷大祭と能」。
(91) 本書掲載史料一　鞆淵八幡宮宮遷記録。
(92) 同四　鞆淵八幡宮上葺記録。
(93) 同七　鞆淵八幡宮宮遷記録。
(94) 「鞆淵八幡神社文書」七〇　鞆淵庄地下覚書。
(95) 「地下の氏人」について、私はかつて、これを山上にいる氏人に対して、地下側の氏人と理解したが、ここではこうした断定は控えたい。「地下之氏人」をどう解釈するかは難問であるが、一つには、こうした表現は、平常は山上にいる氏人が祭礼等の参加のため、在荘することが多かったことを示したものと受けとめることもできるだろう。本文掲載の『政基公旅引付』は、日根野村出身の氏人が在荘していたことを伝えている（八六頁）。また、この史料は他荘との山相論であるから、「地下之氏人」ということばには、鞆淵荘側の氏人、すなわち鞆淵荘出身の氏人といった意味が込められていたとみることもできるのではないだろうか。

(96) 鞆淵八幡社蔵文書（未刊）。

(97) 同。但しこれは『鞆淵村郷土資料古文書』所収の写しである。しかし相論解決後の寛保三年（一七四三）十二月六日付の「氏人出入筋入用割帳」（冊子）が現存していることから、氏人との出入り相論があったことが確定され、このことからも、寛保相論の史料の信憑性は高いといえる。

(98) 氏人中の地位の低下は、遷宮史料からも推察することができる。例えば氏人は神前盛物の権利を有したが、慶長十七年と明暦二年の盛物の内容をみてみると、盛物の品目は同一なのだが、素麺が二十把から十五把、石榴が三百から二百、餅米が三斗から二斗、青柿が三斗から二斗と減少している。また樽銭＝祝儀銭をみると、氏人中は貞享二年の遷宮では銀一枚を奉納し、第一番目に記載されていたが、元禄十六年、寛保二年では惣分と後見中が共に銀二枚を出したため、樽銭奉納者の記録をみれば、第一番目の記載から三番目へと落ちている。また天文十九年の遷宮で二十貫もを奉納したことと比較しても、氏人中の経済的卓越が大きく後退しているのを知ることができよう。

(99) 「鞆淵八幡神社文書」七　鞆淵薗遷宮次第置文。

(100) 刊「高野山文書」一一―三九〇　金剛峯寺惣分沙汰所祐尊書状。

(101) 注(88)に同じ。なお、荒川荘の氏人の存在については、萩原龍夫氏が既に指摘されている（注(81)論文）。

(102) 安藤精一氏『近世宮座の史的研究』第四章第三節　九度山村の宮座（一九六〇年）。

(103) 「鞆淵八幡神社文書」四二　鞆淵庄百姓申状案。

(104) 注(80)に同じ。

(105) 「高野山文書」四―三四一　連署衆評定事書。

(106) 「鞆淵八幡神社文書」九一　応永三十一年十一月十日　連署衆評定事書。

(107) 「高野山文書」五―九七九　草部入道元俊書状。

(108) 「高野山文書」四―五五　鞆淵庄下司範景支状案。

(109) 「高野山文書」四―一九六　天野一切経会料所置文案、同七―一四八五　近木庄領家地頭年貢相折帳、同七―一五〇一近木庄領家地頭年貢相折帳案。

(110)「高野山文書」四―一九九　天野社一切経会段米納日記。

(111)『紀伊続風土記』第五　巻之十五高野寺領総論、総分領荘村。なお、真国荘のみは総分領とはなっておらず、慶長五年の学侶方寺領免相目録（刊「高野山文書」二―一六八）によれば、学侶方の所領となっているが、本文掲載の史料から、当荘が総分勢力の強い影響下にあったことは確かであり、何らかの政治的理由で学侶方領に編成されたのであろう。

(112)氏人身分の設定による支配は、あるいは行人方独自の支配方式ではなかったかとも考えられるのであるが、断定は控え、ここでは行人方の積極的姿勢を指摘するにとどめたい。

(113)「鞆淵八幡神社文書」七七　鞆淵八幡宮籠札銘（木札）。

(114)寛正三年（一四六二）の置文（「鞆淵八幡神社文書」六四）と永正五年（一五〇八）の鍛冶大工職売渡状写（同七四）にある十二人番頭等の署名を比較すると、十五世紀中葉以後、荘内でかなりの階層分化があったことが想定できる。寛正三年の十二人番頭の署名の方は上番から下番へと、地理的順序に従ったものとなっている。記載順序毎に一番目から列挙すれば毛屋川、堂本、在ヵ志、久呆、古林は上番、六番目から九番目までの古屋、古田、中南、遊本までは中番、十番目から十二番目までの新、屋那瀬、大西までは下番である。十三番目に庄司の署名があり、庄司氏の台頭が知られるが、庄司氏は下番の最はずれの小和田に居住するから、上番から下番へという地理的秩序を乱すものではない。しかし、永正五年になると、第一に、筆頭に下番の下司代庄司氏、次いで公文代林氏が記され、両氏の台頭が目につく。第二に、番頭の署名順序も変化をみせてくる。署名は二段に分かれて、当時の記載順序が確定しえないが、それでも、上番から下番へといった秩序は失われてしまっている。番頭内部においても、有力な者とそうでない者との序列化が予想される。第三に、中番の古屋、古田、中南番頭の名前が消え、徒路や上平が入れ替わっている。新旧の交替がみられるのである。以上の三点は、十六世紀中葉以後、かなりの階層分化があったことを示すものといえるだろう。

(115)注(91)に同じ。

(116)「王子神社文書」一六八　極楽寺堂米注文。

(117)石田晴男氏「守護畠山氏と紀州『惣国一揆』」（『歴史学研究』四四八、一九七七年）。

第二部　池水灌漑と惣村

第一章　鎌倉後期における池築造と惣村の成立

はじめに

池水灌漑は、特に大河川灌漑が困難な歴史的条件においては、より重要な位置を占めるといえる。本章でとりあげる紀伊国北部の粉河寺領東村も、紀ノ川北岸の他の地域同様、十八世紀初頭の紀ノ川を利用する小田井用水成立以前は溜池に依存していた。

中世後期の東村の池水灌漑については、別稿(1)において、池用水権がきわめて数多くに分割され、その分割された用水権の所有者が勧頭・田徒衆と称されたこと、そのうち勧頭は田徒に優越する番水権を持ち、池水配分の管理責任者として特権的位置を占めたこと、更に、細分化された用水権には、勧頭・田徒衆の番水権と、東村農民等の引水権という二つの権利が重層的に存在していたこと、そしてそれらの権利が用水分配（番水）と共に惣村の管理・保障下にあったこと等を明らかにした。本章は、かかる特質をみせる池水灌漑の成立期、すなわち溜池の築造期に焦点をあてたものである。

東村の溜池築造については、すでに寶月圭吾氏の業績がある。[2] 氏は、鎌倉末から南北朝期にかけて、勧頭・田徒衆と称される有力農民によって用水池が盛んに造られたことを明らかにされた。氏の研究は、一般的にいわれている鎌倉末・南北朝期の生産力発展を支えた灌漑施設の築造を裏付けるものとして貴重なものといえる。しかし池築造の推進主体が勧頭・田徒衆であったとされる点、また彼らは有力農民であったと性格づけられる点等、いささか異論がある。これらは史料的制約によるのであろうが、勧頭・田徒衆がすべて有力農民であったことの論証はなされていない。また、指摘するまでもなく、鎌倉末・南北朝期は小農民が成長し、惣村を出現せしめるに至った中世史上の一画期である。したがって当該期をみる場合、有力農民の灌漑施設の整備や築造等における主導性を指摘するにとどまるなら（もちろん彼らが指導的役割を果したことは確かなのだが）、小百姓層の経済的成長は、[3] 総体的生産力発展の恩恵をこうむるといった把握の域を脱しきることができないのではないだろうか。[4] 小百姓層がこうした池築造にどのように関与していたかが追求されねばならない。さらにまた、中世後期は「生産力が農民の手に移った段階」といわれ、[5] 用水池の開発等もその推進力は村落民＝惣村にあったとされているが、しかしそうした認識にもかかわらず、個々の具体的事例となると、必ずしも十分に分析され、明らかにされているとはいい難いように思われる。[6]

ここに東村の池築造がもう一度みなおされなければならない必然性があると考える。東村の池築造を小百姓層の立場から明らかにしたいと思う。こうした視点をふまえることで池水灌漑の特質成立の事情も解明されるのではないだろうか。池々の復元、築造の推進主体、村落構造の具体的様相等々を明らかにしながら、これらの問題を追求していきたい。

第一節　粉河寺領東村の池築造時代

粉河寺領東村は、文字どおり粉河寺の東に隣接する一村落で、交通上からみれば、その中心地域はほぼ大和街道と高野街道の分岐点にあり、現在の粉河町内東野・井田と、那賀町内王子・藤崎がこれにあたる。(7)

東村に多くの溜池が造られた理由は、年間降雨量が少ない（「東瀬戸内区」(8)気候に属す）という気候条件や、眼前の紀ノ川の利用が近世を待たねば不可能であったという歴史的条件(9)に加えて、そのおかれた地理的条件にある。すなわち東村は、和泉・葛城山脈を背にして紀ノ川に臨む段丘状扇状地上にあり、大きく分けると砂礫台地と段丘下の低地部分とからなるが、(10)この砂礫台地上に南北に開析された谷々が、池を造る格好の地形となったのである。

溜池には、平坦地形に四周の堤防を築いて造るいわゆる皿池と、天然の地形を利用し、谷の下方を閉塞することによって造る堰止池ともいうべきものがあるが、後者は前者にくらべて水深も深く、集水にも自然の地形が利用できる等の長所があるという。(11)東村の池は史料的にみても、池を造るために購入した池代の四至の東西が「曽波」(12)（そわ＝険しい崖、絶壁）、あるいは「岸額」(13)とあり、谷の両壁を利用して造られたことは明らかである。

東村には第3図（一一五頁）にあるように、丹生屋村まで深く入りこんだ悦谷、それにつぐ魚谷（後には中五谷も含めていう）、そして小谷のみや谷があるが、(14)これらの谷々に造られた溜池の築造時期を、その所在地を具体的にしながらみてみたい。

まず小田井用水築造者の大畑才蔵著『地方の聞書』[15]（小田井用水成立後潰された池の記録がある）や、大正期の王子村字限図[16]等によって池を復元し[17]（第3図参照）、次にそれらの池を中世史料上の池に比定し[18]（第3表参照）、比定しえた池は斜線によって他と区別した。地図を一見して明らかなように、数的にも規模的にも悦谷と魚谷・中五谷が卓越し、しかも規模の大きい池（あくまでも東村内での比較である）のほとんどは中世にはすでに存在していたことがわかる。[19]

次に築造時期をみたい。池に関する史料の中には、性格上、その存在のみを知りうるだけで築造時期を推定しえないものもある。建武元年（一三三四）にその存在を確認できる①の上の池[20]、明応八年（一四九九）の⑫の古屋の池である。[21]これに対して、池築造のための土地＝池代の買得を伝える売券や、池築造後ほどなく粉河寺との間にとりかわされる池敷契状[22]の場合、築造時期の推定が可能である。②の悦谷新池は池代買得の史料[23]なので、買得の康永元年（一三四二）以後まもなく着工されたにちがいない。また同史料からは新池の南に「東村池」の存在が知られ、これが小田井用水成立後潰された③の悦谷中の池にあたることは確かだが、この築造時期は不明である。⑤の魚谷池も池代買得の史料[24]であるが、これは第二節の2で述べるように、買得の永仁四年（一二九六）にはすでに存在していた魚谷池の拡張を計画したものである。⑨の中五谷池は池敷契状[25]なので、延慶二年（一三〇九）より少し前に造られたことがわかる。なお正安三年（一三〇一）に虫喰いのため池名の不明な池敷契状[26]があるが、これは③あるいは④の可能性がある。以上によって鎌倉後期には魚谷池の拡大、中五谷池の築造、某池の築造、そして南北朝初期には悦谷に新池の築造というように、四つの大規模な池が次々と造られたことがわかる。

ところで永仁四年にその存在を確認できる魚谷池、あるいは悦谷内の③・④いずれかは、規模も大きいだけにその築造時期に一定の推察を試みる必要がある。手がかりとして唯一あげられるのは、鎌倉期の売券等[27]（東村の寺社に集積さ

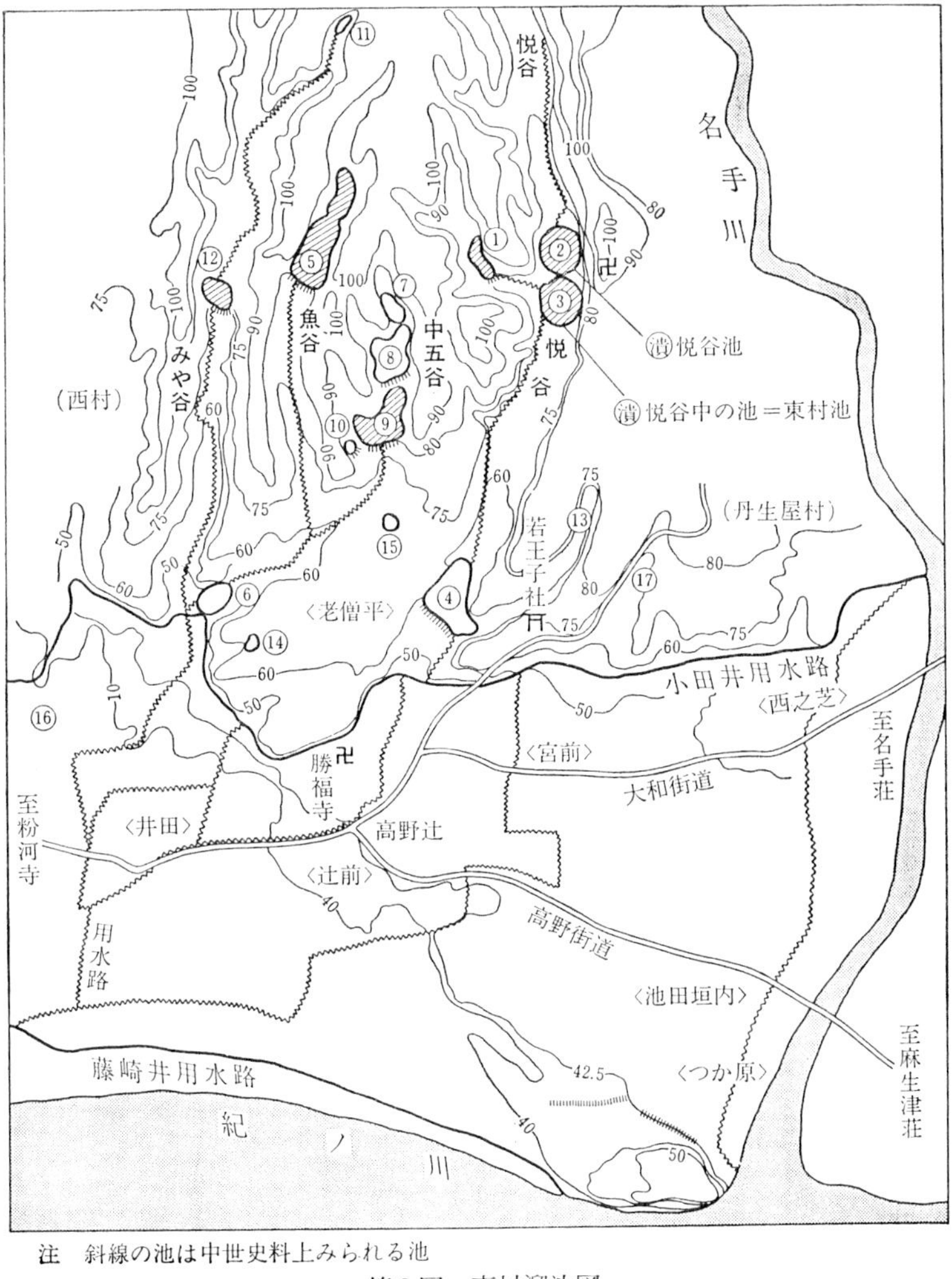

注　斜線の池は中世史料上みられる池

第3図　東村溜池図

第3表　東村溜池表

谷名	現存する池・池跡	小田井成立後潰された池	中世史料にみえる池
悦谷	①高野辻池または念仏池〔中〕		上の池　(1334)
		②悦谷池	新池　(1342)
		③悦谷中の池	東村池または悦谷池 (1342)
	④谷口池〔大〕		(1301カ)
魚谷	⑤魚谷池または瓢箪池〔大〕		魚谷池　(1296)
	⑥千和田池跡〔小〕		
中五谷池	⑦米彦池または青池〔中〕		
	⑧米彦池下または皿池〔中〕		
	⑨中後池〔大〕		中五谷の池　(1309)
	⑩丸山北の池〔小〕		
みや谷	⑪大平の池〔小〕		
	⑫竜池または蛇池〔中〕		古屋の谷の池　(1499)
その他	⑬鳥居池〔小〕		王子の池カ　(1295)
	⑭千和田池〔小〕		
	⑮万五郎池〔小〕		
	⑯平池跡〔小〕		老僧平の池カ　(1366)
	⑰粕尾池跡〔小〕		
		井田の金剛池	
			橘池　(1314)
			九郎殿の池　(1343)
			道祖平の平池　(1367)
			あさのくほ池　(1439)

注1　①②……は地図上の番号.
　2　〔大〕〔中〕〔小〕はおおよその池の規模.
　3　（　）内は初見年代.

れた土地の手継券文である）の地目の変動である。これによれば、悦谷等の谷田を除くと、十三世紀前半はほとんどが畠あるいは荒畠であり(28)、後半になると、平林(29)、上野垣内池田(30)、行禅垣内等々(31)の田地券文があらわれはじめる。また天福元年（一二三三）には畠地であったものが、南北朝期には田地となっている例もあり(32)、これらの例から、田地化の動き(33)の時期はおおよそ鎌倉後期あたりとみられるだろう。したがって魚谷池等の築造も、初見年代の永仁四年をそれほど古くさかのぼらないのではないだろうか。

以上によって、鎌倉後期から南北朝初期にかけてのおよそ半世紀は東村の「池築造時代」ということができよう。

第二節　池築造の諸形態

1　上の池と粉河寺

ここでは溜池の築造主体を明らかにしたい。

第一の事例は悦谷内の上の池である。上の池に関しては次の二通の史料がある。

A
永　売渡池代地事(34)

合一貫七百文者

四至　限東岸額（マヽ）　限南堤
　　　限西岸額　限北戒法ヽ乍

右件池代地事者、舜空御房御相伝之領掌地也、而今依有要用、直銭壱貫七百文仁永尊定坊売渡事実也、（中略）

元（建）武元年甲戌十二月廿五日

仙　恵（花押）

B
永　売渡池代事(35)

合

在紀伊国南（那）賀郡粉河寺御領東村内池谷上池

四至　限東岸額（マヽ）　限南提（堤）
　　　限西岸額　限北戒法房作

右件池頸田代参拾歩在之、件池代者、故正蓮〻(房)于丹生屋殿依御質物流進、建武年中仁限永代尊定〻売渡畢、爰了願田代卅歩者、御質不入之由雖立申、為方至(牓示)内。上者、今更不沙汰(有脱)限、以直銭弐貫文、限永代、成願弥五郎並孫六、水一筋於所売渡実也、無全他妨可令知行、彼池不可有別本券、（中略）仍為後日、重放状、如件、

康永弐年癸未七月　日

(異筆)「仙　恵」（花押）

Aには池代の所在の記載がないが、四至がBと全く同一であり、内容的にも尊定房への売却という点で一致するから、上の池の池代であることは確かである。ABともに上の池の池代売券であるが、Bは売却された池代内にある田代の所有権をめぐる争いがおきたため、再度作製されたといえる。両売券の特徴としてあげられるのは仙恵の署判がある点である。Bの場合は、内容的には争論の裁決であるから除外するとして、Aの場合、日下に仙恵が署判をすえた意味は、所有者としてではなく（舜空御房、故正蓮房、仙恵の関係は明確にしえないが）、彼がこの池代に対して所有権の移動を承認する権限、すなわち支配権を有していたことによる可能性が高い。これは池代ばかりではなく、Bに「水一筋於所売渡実也」と池水の売却を認めているように、池に関しても同様である。

上の池と池代に支配権を有する仙恵の立場を明瞭に示すものは、Bにみるように、彼が争論に裁決を下している点である。これは彼が裁判権を有すること、すなわち領主粉河寺側のものであることを示している。Bの仙恵の署判が奥上にあり、しかも一段と大きく書かれていることも（写真による）それを裏付けている。仙恵は右の二通にしかあらわれないが、「仙」の通字をもつ者として、同じ頃、引摂院僧仙基なるものが悦谷池の池敷料免除の書状に署判して[36]おり、彼は権律師であることが知られるので[37]、仙恵も同クラスの粉河寺権力を構成する僧侶かもしれない。

以上、粉河寺が上の池に対して池水も含めて支配権を有するということは、とりもなおさず上の池の築造が粉河寺の主導のもとにあったことであり、第一の例は荘園領主による池築造といえるだろう。

2　魚谷池と「東村之人」

(1)「東村之人」

第二の事例は、永仁四年（一二九六）、魚谷内にある田地三五歩を「池代仁」四石五斗で買得した「東村之人」の動きである。(38) まずこの「東村之人」について少し具体化しておくことにする。

C　永享五年十月十三日

東村人　道念（略押）
道覚（略押）

平内次郎（略押）　孫五郎大夫（略押）　馬太郎（略押）　次郎太郎（略押）　彦五郎《ヲカタ》（略押）　源四郎（略押）　衛門大夫（略押）　彦次郎（略押）　彦五郎（略押）　兵衛三郎（略押）

右の史料(39)は東村の負物米納入注文案の最後の署名部分である。大分時期は下るが、「東村人」という記載と署判がみられるのはこの一通のみであり、また本文には東村の負物米の返済にあてられた下地が列記されており、東村にとっては重要な文書だったといえる。それは道念以下十二名の上層農民(40)が署判していることからもうなずける。ところでこの署判には第一に、日下に「東村人」とあり、その下に道念・道覚が並記され、平内以下十名は行をかえて記されている点、第二に「東村人」の下二人は法名、平内以下が俗名という特徴がある。これらの点は法名をなのる二人の農民(41)が「東村人」の代表者であることを推測させるが、この推測を裏付けるのは次の二通の史料である。まず次の売券[42]からみてみたい。

D　（端裏書）「ウレシタニノケン　大チサウカウノ」

永　売渡田之事

合半四十歩　在粉河寺御領東村内字悦谷栗坪、四至有本券、

右件田地者、雖為勝福寺奇（寄）進之田なり、然而今依有要用、〇自村直銭宛壱貫文、限永代、東村大地蔵講之中へ売渡所実也、（中略）

応永十二年乙酉十一月廿二日

西　蓮（略押）

東村　宮大夫（花押）

正　法（花押）

この売券には三名の署判があるが、売り手である右端の西蓮以外の、花押を有する宮大夫と正法に注目したい。「東村」とあってその下に二名が署判している。宮大夫は名称を記していないが、法名をもつことも十分考えられるから[43]、二名並記・法名という点で前掲史料と同様といえる。この文書内容をみると、この田はいったん勝福寺に寄進したものであるが、「村」＝東村惣村に支払うべき銭一貫文の捻出のために、寄進を御破算にして、村内の講の一つである大地蔵講中に売ったという特殊な事情のもとに売買が成立しており、惣村に直接かかわる土地移動のゆえに村落代表者が署判したものといえよう。

第二の史料は女性頭役に関する置文[44]である。本文は別に検討することにして[45]、ここでは最後の署判のみに注目したい。

E　サタメヲク《(定置)》

（中略）

正平廿年乙巳十月十四日

カクネム（略押）

シヤウレム（略押）

右の署判もまた「東村人」の記載こそないが、法名の二名並記という点で前掲二史料と全く同一であり、村の制法に署判していることをみれば、彼らが東村を代表する存在であることは疑いない。二名のうちの一人、カクネム＝覚念は、第四節の3で述べるように、極楽寺造営の勧進に二貫五百文という比較的高額を出資し、また畠を極楽寺に寄進しており、村の代表者であっても不思議はない。

以上の例は南北朝期以後のものであるが、第四節の1で述べるように、魚谷内に池代を買得した永仁四年とほぼ同時期においても、村所有の若王子山処分の権限を有する者の交名の筆頭に、法名をなのる二名が記載されていることからみて、魚谷内に池築造を計画した「東村之人」は、法名をもつ二人を代表者とする村落共同体であったといえるだろう。

(2)　魚谷池の拡大

「東村之人」は魚谷内の田地三十五歩を四石五斗で購入したが、この四石五斗という値は反当りにすると四十六石三斗にもなり、当時の東村の田地売買の平均値五石二斗（売券の集計による）の九倍にもなる。このような高額によって入手したその後の動きを知るために、同じく魚谷池に関する次の史料[46]をみてみたい。

F

（端裏書）
「イホタニノイケシキノモムソ」

仏□□（姓名）内魚谷池敷□

　　合小十五歩者、元百歩池敷　当乍（作）分卅（マヽ）ふ池敷

右依有池敷所望、池敷立了、為証文之状、如件

　　延慶二年二月十一日　　　　　公文代（花押）

　　　　　　　　　　　　　　　　年　預（花押）

　　　　　　　　　　　　　　　　御代官（花押）

右の魚谷池敷契状については、寶月氏の次のような解釈がある。氏は「以前敷地百歩の池があった処、いまはわずか四十歩の池敷となってしまったので、同村の農民等は領主粉河寺に対し、新池設定のために百三五歩の池敷の下付を懇請した。そこで粉河寺はこれを許可した」(47)（傍点黒田、以下同じ）といわれる。しかし第一に、百歩の池敷が四十歩（これは三十歩の誤植と思われる）になってしまった、とする点が納得できない。右史料の池敷面積記載部分は、割注の部分、すなわち「元百歩池敷　当乍分卅ふ池敷」は「合小十五歩者」の内訳とみるべきである。したがってこれは、今までの百歩の池敷に、新たに当作分三十歩が池敷となり、しめて百三十五歩が池敷になったと理解すべきであろう。

第二に、同じく魚谷池に関するこの契状より十三年前の東村による池代購入と、この池敷契状との関連が考えられなければならないだろう。百歩の池敷を四十歩（三十歩）にしてしまうような農民が、時価よりもはるかに高い値を出してまで池代を買うだろうか。第3図にみるように、魚谷内の魚谷池は一つであり（潰された池はない）、当然、この魚谷池にかかわる永仁四年の池代購入と十三年後の池敷契状との間には何らかの関連があるとみなければならない。

ところで、前掲史料の池敷面積には五歩の計算のずれがみられる（一〇〇＋三五＝一三五）。池敷は第三節の1で述べるように、池敷料賦課のために認めるものであるから、粉河寺はかなり厳密に把握したと考えられ、合計を誤記したとは思われないし、また同様な池敷契状が、中五谷池の場合も某池の場合もともに百歩の面積であることから、魚谷池の「元百歩池敷」の数値も確実なものとみられる。したがって一三五－一〇〇＝三五であるから、残る三十歩は三十五歩の誤記と考えてよいと思う（あるいは、永仁四年の池代売券の手継証文と思われる本券に三十歩とあるから、その本券の方の面積を記してしまったのかもしれない）。となると、この魚谷内の三十五歩はこれより十三年前[48]、「東村之人」が池築造のために購入した田地三十五歩と符号する。実に、東村が高額を出してまでこの土地を入手したわけは、それまであった魚谷池を拡大するためであったのである。

3　悦谷新池と勧頭・田徒衆

池築造の第三の事例は、康永元年（一三四二）、悦谷の中にある丹生屋村村域内の池代を買得した悦谷池の勧頭・田徒衆である[49]。この池代の場所は、四至が「限南東村池」とあるから東村池のすぐ上方であることがわかる。前述したように[50]、悦谷内には小田井用水成立以前、悦谷池と悦谷中の池の二つの池が存在していたので、この池代は魚谷池の場合と違って、東村池の上にもう一つ新たに池を造るために購入されたといえよう。

勧頭・田徒衆については第二章で明らかにしたように、池用水所有権を有する者に対する当地域の呼称である[51]。東村の用水分配は基本が番水であり、その番の中では、施設によって、その番に編成されている数人の勧頭・田徒衆が用水を分配する。そのさい田徒一に対し勧頭五の割合で測られる。同じく用水権をもつ者でありながら勧頭の優位は明らかであり、彼らは池水分配の管理、池役徴収の権限を有するばかりでなく、池祭頭人の地位も得ることができた。ところで、十五世紀前半頃の勧頭・田徒衆の中には、用水を必要とする農民以外に粉河寺子院や僧侶が数多くみられる。こうした現象は池築造当初からあったのだろうか。

この点の推定に最も役立つのは引水権の動向である。(52)第二章で明らかにしたように、池用水権には勧頭・田徒衆のもつ番水権の下に引水権がある。この引水権は、文明七年（一四七五）の分水帳によると、番水権の半数ほどが東村農民以外の者の手にあるのに対し、ほとんどすべての引水権を東村農民が所有しているというきわだった特徴を示している。このことは、引水権が用水を必要とする農業経営に密着した性格をもっていたことを示すものといえる。ところが、二十九年後の永正元年（一五〇四）作製の分水帳によると変化がみえてくる。第一に少数の有力農民への引水権の集中、第二に追筆部分、すなわち永正元年よりしばらく後（この分水帳はおよそ三十年は有効であった）にみられる正蔵院・弥勒院といった粉河寺子院や寺庵層の進出、第三にこれとうらはらに農民所有者の減少等である。この変化は明らかに引水権の性格の変化、すなわち得分化を示している。このような引水権の変化は、勧頭・田徒衆らのもつ番水権にもあてはまるのではないだろうか。さらに南北朝期の上の池の田徒がすべて東村農民であったことも（第三節の2で詳述）、また勧頭・田徒職が分化して引水権が成立する動きが検出できること等(53)もあわせて考えると、勧頭・田徒衆の番水権は、本来は、農業従事者である東村農民の手にあったといえるだろう。

したがって悦谷内の新池築造を計画した勧頭・田徒衆とは、既に築造されていた悦谷池の用水権を所有していた東村農民であったといえる（ただし、当初から築造費用の一部を出した粉河寺子院等の存在の可能性は否定するものではない）。

第三節　小百姓層と池築造

1　池築造の推進主体

これまで、粉河寺による上の池築造、東村村落共同体による魚谷池の拡大、悦谷勧頭・田徒衆による悦谷新池の築造計画、という三つの事例を明らかにしたが、では東村の池築造の積極的推進主体はどこにあるだろうか。まず荘園領主粉河寺について検討してみる。

寶月氏は史料Fの魚谷池敷契状や中五谷等の池敷契状に対して、これを「領主側の積極的な池代設定の動き」と評価されている。(54) しかし、この池敷を池代と同義語に理解してよいだろうか。池代は、例えば売券に、(55) 田地を「東村之人仁池代仁（中略）売渡事実也」とあることや、また同じく売券A（第二節の1）にみたように、上の池の池代の中に田代（田予定地）が設定され、その所有権をめぐって争いがおきた事例をみても、池予定地であることは確かである。

これに対して池敷に関する史料は、次の史料G以外は池敷契状としてあらわれる。このうち前掲Fの魚谷池の池敷契状についてみてみたい。第二節の2で述べたように、魚谷池は永仁四年、池拡大のために田地三十五歩を購入した。しかし、それが池敷として公認されたのは十三年後の延慶二年（一三〇九）である。高額で池代（この場合は田地）を購入するからには、そこに用水を要求する村民の声があったとみるべきであり、池代買得後ほどなく拡張工事に着手したと考えるのが自然である。またその工事が十三年近くもかかったとは考えにくいし、工期が長びいたとしても、延慶二年の時点にはほぼ完成していたとみるべきであろう。(56) となれば、この池敷は池予定地ではなく、現実に存在する池の敷地ということになる。[57] したがって、Fの池敷契状は三十五歩の田地を池敷として、すなわち田地から池への地目変更を粉河寺が認めたものということができる。

では、池敷として認めるということはどういうことなのだろうか。次の史料[58]をみてみたい。

G　「（端裏書）ヒカシノムウ（ラ脱）レシタニノモム書、引摂院御下知　暦応三年辛巳」

　放　喜谷池敷事

　　在　粉河寺御領内

右件池敷者、雖為当知行内、依百姓等歎申、被永免除畢（中略）

　　暦応三年二月　日

僧仙基（花押）

史料Gの事書「放（中略）池敷事」は、粉河寺が池敷に対する何らかの権利を放棄したことを示している。逆にいえば、それまでは池敷に対して何らかの権利を有していたということであり、それは「永免除畢」の語から池敷に対する課税権、池敷料徴収権であったといえよう。したがって魚谷池敷契状は田地三十五歩分の年貢・公事を池敷料にきりかえたことを意味している（当然農民の負担は軽減したであろう）。この権限は池そのものに対するものではなく、池ができたために池底になった土地の領有権に由来すると思われる。[59] その土地が魚谷池のように年貢・公事負担の田地であればなおのことである。

史料Gの「依百姓等歎申」は、この池敷料も免除させる方向で農民が動いたことを示しており、これまでの池築造に関する農民の動向から次のような図式化ができるであろう。①池代の購入、②池築造、③池敷認可の交渉、④認可、池敷契状、⑤池敷料の免除要求、⑥池敷放状、⑥が成立すれば、池は完全に農民の管轄下に入ったといえよう。

論点を戻すと、池敷が将来池となるべき土地＝池代ではなく、既存の池の敷地である以上、氏が論拠としてあげたF・Gの史料は、それぞれ④と⑥に相当し、粉河寺の積極的な池代設定の動きを示すものとはなりえない。池建設に不可欠な用地提供の事例は検出しえないことになる。

確かに粉河寺は上の池の築造はしたが、この池は規模も小さく、さらに池水の売却の結果、用水権はすべて農民の所有に帰し、それが惣村によって保証されるというように（2で述べる）、粉河寺の手から離れていっている。さらにまた魚谷池の池敷認可が買得後十三年もの後であったこと、すなわちその間、田地三十五歩分の年貢・公事を義務づけた粉河寺の池築造に対する姿勢、以上の諸点はすべて粉河寺が池築造に積極的であったことを肯定する材料とは決してなりえないだろう。

では東村村落共同体、悦谷勧頭・田徒衆についてはどうだろうか。両者については、勧頭・田徒衆の多くが東村農民であったことを考えれば、その区別は不必要のようにもみえる。が、しかし第一に、池代購入者が即築造者たりえたかどうかは検討の余地があろう。周知のように、灌漑施設の築造には大量の有償の労働力が必要であり、諸経費のほとんどは労賃や食料等で占められるという。(60) 池代購入は池築造の第一歩にあたる重要な行動ではあるが、その費用の全経費の中で占める割合は大きくない。池築造には土砂の運搬やら土堰堤を築くための「ハセネリ」、すなわち土壌を煉りたてそれを締め固める作業等に多大の労働力を必要とした。(61) これらの労働力を最もよく組織しうるのは、少数とはいえ勧頭・田徒衆の中に用水を必要としない粉河寺勢力の存在が予想されることもあわせて考えるならば、農民の組織母体である村落共同体とみるのが最も妥当であろう。第二に、この労働力編成の問題に加えて、勧頭・田徒衆の性格も考えられなければならない。すなわち勧頭・田徒衆は、築造後の池用水の権利を分割した結果生じたのであるから、彼らの池築造が村落共同体のそれに先行することはありえない。第三に、彼らの権利も用水の分配＝番水の管理も、用水に関するすべてが惣村によって掌握されており、以上の点から、東村の池築造時代をもたらした真の推進主体としてあげられるべきは東村村落共同体といえるだろう。

2　村落共同体と池築造

中世も後期になると、用水の開発等の推進主体も村落共同体に移ってくるといわれている。しかしそれがどのようなものなのかといった具体的研究はきわめて少ない。それは何よりも史料的制約からくるものであり、東村の場合も例外ではないが、他にくらべれば用水関係の史料は豊富である。したがって、東村村落共同体による池築造とはどういうものであったのか、少しでもその内容を具体的にせねばならないと思う。

与えられた課題は困難であるが、ここでは、用水池成立当初の、すなわち鎌倉後期から南北朝期の用水権所有者が村落共同体内のどのような階層であったかということから迫ってみたい。周知のように、池の場合特にはっきりするが、用水池築造者に用水の所有権が成立するからである。用水権がどのような者の手にあったかを明らかにすれば、彼らの池築造への関与のあり方が推測しうるであろう。

そこでまず第一に、史料の豊富に残されている室町～戦国期の用水権と用水権所有者の実態から池築造当初を推定してみたい。室町～戦国期には、用水権の所有者名を記した番水帳と分水帳が残されているが、第二節3で述べたように、築造当初は勧頭・田徒衆の番水権のみが成立していたと考えられるから、まず、永享八年（一四三六）に作製された番水帳[62]に注目したい。第二章で述べたように番水帳は番水権所有者である勧頭・田徒衆の名前を番水順序に従って

第4表　番水帳表

池名	番　数	勧頭数	田徒数	番水権数
悦谷池	1　番	1	8	13
	2　番	1	9	14
	3　番	1	8	13
	4　番	1	9	14
	5　番	1	9	14
	6　番	1	10	15
	7　番	1	11	16
	8　番	1	10	15
	9　番	1	12	17
	入勧頭	3	0	15
魚谷池	1　番	1	11	16
	2　番	1	11	16
	3　番	1	12	17
	4　番	1	11	16
	5　番	1	11	16
	6　番	1	13	18
	7　番	1	12	17
	8　番	1	13	18
	9　番	1	0	5
	入勧頭	4	0	20
合　計		25	180	305

記録したものであるが、この全体像をみるために第4表を作った。これによると、悦谷・魚谷両池ともに一番から順に十日で一巡する（入勧頭分も一日とみた）。各番が一日の用水量を受け、その一日の用水量を勧頭・田徒衆が権利数に従って配分するという方法である。

ここで注目したいのは番水権の数量である。勧頭が二五、田徒が一八〇であるから、番水権は二五×五（勧頭の番水権は田徒の五倍であるから）＋一八〇＝一二五＋一八〇＝三〇五[63]となり、番水権がきわめて数多くに分割されているのがわかる。そして次に注目したいのが番水権の数量の固定化現象である。それを明瞭に示すものとして、番水帳の悦谷の「入勧頭分」の一つの記載事例を紹介したい。

勧頭斗
多門堀
文明十一年己亥正月十一日ヨリ付
井タ
孫次郎
妙光
ホリノ子息
亀松丸
永正十四年正月ナヲル

番水帳はこのように、用水権の継承者を次々と記しており、権利を消失した者は長四角あるいは長丸で囲まれる。この場合は勧頭の権利は多門院から井タの孫次郎、次に妙光、最後に亀松丸が受けついだことになる。継承の特徴としては血縁によるものが多く、おおよそ三〜四世代にわたっている。右の例をあげたのは、たまたま権利継承の年月が記入されていて番水帳の有効期限がわかるためである。これによれば、最後の勧頭亀松丸のところに永正十四年（一五一七）とあり、この番水帳が永享八年から少なくともおよそ八十年は機能していたことが知られるのである。そしてその間、勧頭二十五の数もほとんど変化を示していない(64)。

この八十年をそのままさかのぼって、南北朝期も同数であったとはもちろんいえない。第4表にある「入勧頭分」は明らかに、それまでの九番一巡の番水に一番＝一日が付け加えられたものであり、また「入田戸二分楠松(65)」の記載（一例）は、田徒が二分新たに付加されたことを示しているからである。しかしそれらは総数にして三十二の番水権にすぎず（勧頭六×五＋田徒二＝三二）、全体の一割ほどである。変化の波は少ないのである。また「入勧頭」、「入田徒」の記載からうかがえる惣による厳重なチェックも、番水権所有者の安易な加入を否定するものである。したがって、築造当初も用水権の細分化という特徴は否定できないだろう。

次に注目したいのは番水権の所有者、すなわち勧頭・田徒衆の階層である。永享八年の段階では勧頭・田徒衆のほとんどは上層農民といってもよい。しかしこれは勧頭・田徒衆の権利が得分化してからのことであるから、その下に重層的に存在している文明期の引水権(66)（これはこの当時はまだ農業経営と密着している）の所有者をみれば、分化以前の築造当初の用水権所有者が推定できるはずである。

文明期の引水権所有者は五十名ほどいるが、これを同時期の宮座構成員三十数名(67)と照合してみると、当然十名ほどが該当しない。これらの中には道珍等の俗名が不明なために該当しないものもあるが、大体は引水権の持ち数が少ない者、一以下の者ばかりである（最高持ち数は二十四、一人平均六半）。すなわち引水権所有高の零細なものは宮座成員からはずされているということになる。このことは逆にいえば、宮座成員とはなりえないような弱小農民でさえも、わずかではあるが引水権を所有しているということである。(68) 引水権は基本的には勧頭・田徒職の分化よって生ずるのであるから、弱小農民さえもがかつては田徒衆の一員であったといえるだろう。

以上によって、溜池は築造当初から用水権が多数に分割され、その用水権所有者は必ずしも有力農民に限定されないこと、いいかえるならば、勧頭・田徒衆＝有力農民ではないことがいえると思う。この点はきわめて重要と考えるので、次の南北朝期の史料(69)で補強したい。

H 「(端裏書)イケノタニノカミノイケノフミ」

　　サタム

　　　イケノタニノカミノイケノタト(田徒)ノニムス(人数)ノコト

サイレムハウ(西蓮房)二スチ(筋)　二郎タユウ(大夫)一スチ　ムマ(馬)ノ三郎一スチ

マコ(孫)二郎一スチ　ムマ(馬)ノ四郎一スチ　ヒコ(彦)五郎一スチ

　　　已上七スチ

コノイケ(池)ニクワムトウ(勧頭)ナシ

　　正平廿年七月十七日

ムラ(村)ハコ(箱)ニヤトス

これは、池の谷＝悦谷の中にある上の池の田徒の交名を確定したものである。上の池は東村の手によるのではなく、粉河寺築造の池という難点はあるが、南北朝期の池水灌漑の実態を示す唯一のきわめて貴重な史料である。

Hによれば、上の池には七筋分の用水権があり、六人の田徒がこれを所有していた。「コノイケニクワムトウ《勧頭》ナシ」とあるのは、池が小規模であったために管理責任者である勧頭を必要としなかったのであろう。また用水権を筋という単位であらわしていることから、用水の分配は溝幅を七等分して行なわれたことがわかる。さらに、この池は粉河寺築造のものであるが、用水権はこのようにすべての東村農民のものとなり、その上彼らの権利が「ムラ《村》ハコ《箱》ニヤトス」とあるように、惣村の管轄下に入ったことを示している。

しかしながら、史料Hの価値は右の諸点にあるのではない。それは南北朝期の田徒の実態を示してくれる点にある。第一に、西蓮房を筆頭とする六人はすべて農民であって、室町期のように粉河寺子院等々がみられない。第二は、彼らの階層である。第四節の3で詳述するが、南北朝期の東村の階層構成は、当時の極楽寺勧進帳の分析から法名を名乗るかあるいは大夫身分をもつ有力農民層、殿を付される上層農民、そして四十名前後の一般農民、その他の零細小農民あるいは下人層に分けられる。この階層設定に従えば、二筋をもつ西蓮房は法名を名乗るうえに、極楽寺造営のために最高金額の五貫文を寄進しており、有力農民であることはまちがいない。二郎大夫は勧進帳に該当者をみいだせないが、大夫と称されていることから、西蓮房同様とみたい。馬四郎は勧進帳では殿と尊称され、比較的高額の二貫五百文を出していることから、上層農民といえる。残る馬三郎、孫二郎、彦五郎の三人は、何の尊称もないことから有力・上層農民以外の一般農民の可能性が高く、寄進額も各々一貫、五百文、二貫と多くはない[70]。したがって、上の池の田徒衆の半数ほどは一般農民ということになり、先に推定した勧頭・田徒衆すべてが有力農民でないことがさらに確かめられたと思う（ただし、この当時も勧頭は有力農民であったと考える）。

以上の事実、すなわち用水権が多数に分割され、有力・上層農民だけではなく、一般農民層もこれを所有していたということは何を意味するのだろうか。

開発の成果が開発者のものとなることはいうまでもない。これは池用水においても同様である。池用水の所有権は築造者にある。したがって小百姓等がなにがしかの用水権を有するということは、とりもなおさず彼らが池築造者の一人であったということになる。

前述したように、池築造には多大の労働力の投入が必要であり、その労働力は有償であった。したがって、多額の出資金なしにはこれを遂行することができない。東村の場合、在地領主も、例えば同時期の和泉国池田荘の梨子本新池を築いたような有力土豪(71)もみいだせず、また領主粉河寺も積極的ではなかった。東村村落共同体による池築造には、外部勢力の有力な援助はほとんどなかったと思われる。

では東村村落共同体はどのようにして大量の労働力を編成したのだろうか。それを解く鍵こそ、小百姓層まで含めた東村農民の用水権所有という事実であろう。すなわち、東村は、池用水権の分割給与を条件に全農民の労働力を組織し、労働力を提供した農民は、その労働力の量に従って用水の分配という報酬を受けたのである。もちろん、池代の購入やその他の諸経費に資金を投入した有力農民らはより多くの分配を受けたであろう。用水権がかくも細かく分割された理由もここにあったといえる。

以上が、東村村落共同体による池築造の実態である。これまで村落共同体の池築造は、有力農民の主導による池築造とほぼ同義にとらえられてきたが、これはあまりにも超歴史的であり、その実態の一面でしかない。それはまず池築造にとって最も重要かつ困難な労働力編成をみずからの手でなしえたこと、このことこそが評価されねばならないだろう。そしてそれは、用水権の分与を主張して開発に参加していった小百姓等の勢力の存在があってこそ可能となったことであった。まさに村ぐるみの一大事業であった。

第四節　惣村の成立

1　鎌倉後期の東村村落共同体

ここでは、鎌倉後期における池築造の推進主体である東村村落共同体がいかなる歴史的性格を有するかをみてみたい。

I　（端裏書）「ニヤクワウシノせウそくニんシユ」

東村若王子尾山タマワル時人数

沙弥生蓮　沙弥成願　伴真弘

佐伯行縄　佐伯恒包　紀有友

忌部安末　紀友安　伴恒正

惣検校　惣介　楽定

平内　官主

山売トル時人数也、

嘉元三年三月十日

史料I[72]は若王子社の山を「タマワル時」、「売トル時」、すなわち用益・売却のさいに、その権限を有する者十四人を確定したものといえる。このように村有の山野を処分する権限をもつことから、彼らの村内での地位の高さが推定できるだろう。

十四人の名称をみると、沙弥二人、それに続いて伴・佐伯・紀・忌部姓をもった七人のグループ、最後に惣検校等等といった職掌名をなのるグループ（例外として農民名の平内がいる）の三グループに分けられる。交名のトップにいる沙弥二人は、第二節の2で述べたように、東村の代表者である。このうち、生蓮については村の掟書を制定したシャウレムとの関連が考えられ（E）、成願については、極楽寺の勧進に最高金額の五貫文を出した「せウクワンハウ」との関連が考えられる。

次に有姓の第二グループを検討したい。佐伯姓をみてみると、佐伯行縄は古くからの開発地である悦谷に、知りうるだけでも田地二カ所を有していることから、(73)東村成立以来の名主といえるだろう。もう一人の佐伯姓をもつ恒包は、彼の父の代より東西に用水溝をもつ屋敷を所有していたことから、(74)これも成立期以来の村落成員といえる。また同時期に、同族と思われる佐伯三子が東村に田地一反を寄進し、(75)南北朝期には佐伯行縄の後裔と思われる佐伯助縄が宮大夫殿と尊称されていることから、(76)佐伯一族は東村形成期以来の有力階層といえる。

紀姓については、紀有友が佐伯行縄と同様に悦谷に田地を有している。(77)友安については不明だが、鎌倉後期、同族の紀友恒が紛失状の証人となって略花押を署判したり、(78)南北朝期、大夫身分をもつ紀大夫なる者が田地を寄進していることから、(79)佐伯一族と同様の結論を得られるだろう。伴・忌部姓の三人については史料上みあたらないが、おそらく鎌倉後期までは他の四人同様とみておきたい。(80)

第三の職掌名グループは、その職掌内容が必ずしも明確でないが、惣検校や惣介などは室町期にはあまりみられない鎌倉期的なものといえるだろう。ただ一人農民名の平内については、その後裔は南北朝期の極楽寺勧進帳では何らの尊称も受けず、出資額もわずか五百文であり、彼が田地・用水両面において卓越し、上層農民と確認できるのは室町期になってからである。(81)

以上によって、鎌倉後期の東村村落共同体は、平内のような社会的地位を得ていないものを含んではいるが、基本的には「氏」姓をもつ成立期以来の名主層が支配的な村落共同体であったとみることができるだろう。

2　惣村の成立

東村の、鎌倉後期にみられた中世前期的村落共同体がその様相を変えるのはいつだろうか。惣村のメルクマールとしてあげられている村落共有田＝惣有田(82)が、村落共同体の運営を支える鎮守若王子社、勝福寺、極楽寺、そして東村惣村や四八巻衆などの諸講衆等に集積される状況をみてみたい。

まず共有田の核といわれる免田については、王子社にはすでに弘安五年（一二八二）には三反の免田の存在が認められ、(83)勝福寺のそれも鎌倉期と思われるが、(84)貞和三年（一三四七）に勝福寺の免田五反の反銭・京夫等の公事免除が認められ、(85)免田の質的拡大、すなわち本年貢だけの免から雑公事まで含めた免田獲得の動きが注目される。

共有田のもう一つは加地子名主職部分である。この集積状況をみるために、売券・寄進状・去状等々を対象別に分類してみた（第5表参照）。この表から寄進・売却行為の開始が十四世紀中頃であることがわかる。さらに区分すると、十四世紀前半が五筆、後半が十八筆、十五世紀前半が十筆、後半が五筆となり、十四世紀後半が五割近くを占めている。特に若王子社の場合、ほとんどが十四世紀後半に集中している。

第5表は、土地集積が田畠にかぎらず山野にも及んでいることを示している。東村惣村、若王子、極楽寺等が山一カ所、荒野六カ所を集積している。山野は、特に小経営が広汎に展開する南北朝期以後になると、それを支える集約農業実現のための肥料採取の場として、今まで以上に重要な位置を占めるようになってきたといわれている。よく知られる粉河寺の、肥灰の領外もちだしの禁止令[86]も、地力強化のための肥灰の需要の高まりを示すものである。東村に

第5表　土地集積表

若王子（阿弥陀仏）		
寄	1354年	田半
寄	1354	田小
寄	1358	荒野
寄	1358	荒野
寄	1358	荒野
寄	1497	田

勝福寺（阿弥陀仏・御堂）		
寄	1354年	田半
売	1363	荒野
寄	1381	田畠
寄	1441	道

東村四十八巻衆		
寄	1345年	畠70歩
寄	1371	田小
寄	1395	一所

極楽寺（阿弥陀仏・御堂）		
売・寄	1367年	荒野
寄	1368	古田荒野
寄	1368	堂敷小
寄	1387	畠
寄	1393	畠半
寄	1399	田小
寄	1405	荒野2反
寄	1407	舟一葉
寄	1419	田1反
寄	1428	田
寄	1470	畠
寄	1478	畠
寄	1487	田半
寄	1495	畠

東村（御堂）・惣村		
売	1343年	田100歩
寄	1344	山小
売	1378	田小50
寄	1393	畠1反
寄	1405	畠と田小
去	1408	田
去	1408	畠1反30歩
去	1413	畠半
売	1419	田1反

（寄……寄進状　売……売券　去……去状）

は、山野の管理を示すと思われる「草木之頭」[87]という頭役が設置されていたが、これもまた、東村農民にとって山野がいかに重視されていたかの一例証といえよう。

以上、共有地の形成の側面から、惣村成立の時期は十四世紀中後期といえるが、農民の名称の変化もまたこれとほぼ時を同じくしている。一三三〇年代に入ると、弥五郎や馬太郎といったいわゆる農民的名称があらわれはじめ、十四世紀中頃から漸次増加し、それとうらはらに佐伯某といった「氏」姓がみられなくなり、十四世紀後半にはほとんどその姿を消す。[88]これもまた村落共同体の変貌を示すひとつのあらわれといえよう。

3　惣村の階層構成

応安八年（一三七五）正月、極楽寺造営のために勧進が行なわれた。[89]極楽寺は第5表にみるように、他をぬきんでた共有田を有し、しかもそれらはすべて農民等の寄進によるものであり、粉河寺公認の免田をもたないこと等も考慮すると、東村にあるもう一つの五反の免田をもつ勝福寺にくらべて、より在地的な寺、いわば東村農民によって支えられた寺といえる。[90]それゆえこの極楽寺の造営は、まさに東村惣村の発展の象徴ともいえるだろう。したがって、その造営のための勧進帳の分析によって十四世紀後半の東村農民の階層構成をみることは、一定程度有効といえる。

勧進帳は、寄進された銭高とその下に寄進者名を記し、その総数は宮大夫を筆頭に七十七名に及んでいる。内訳は(A)房号のもの二十三名、(B)大夫と称されるもの三名、(C)殿の尊称のあるもの十名、(D)名前だけのもの四十名、その他不明一、である。

記載様式でみられる特徴は、若干の追加記入部分以外は、(A)(B)(C)(D)の順序で記載されている点である（ただし、(B)は

第6表　極楽寺勧進表

金　額	(A)房	(B)大夫	(C)殿	(D)農民名	不　明	合　計
5貫	4					4
3	1	1				2
2　500文	1	1	2			4
2	2	1	1	1		5
1　500	3		1			4
1	1		1	5	1	8
700			1			1
500	3		2	6		11
300	7		1	9		17
200				8		8
100	1		1	11		13
合計人数	23	3	10	40	1	77
平均額	1貫683文	2貫500文	1貫160文	385文	1貫	
合計金額	38貫700文	7貫500文	11貫600文	15貫400文	1貫	74貫200文
その割合	52%	10%	16%	21%	1%	100%

(A)と(C)にちらばるが）。ここには明らかに序列が考えられ、この点を、(A)(B)(C)(D)各々の寄進額を集計した第6表とともに考えてみたい。

まず(A)についてみる場合、ここでは東村の農民階層をみるのであるから、彼らが村落成員なのか、それとも粉河寺や近隣寺庵の僧侶なのかの区別は重要である。五貫文という最高寄進者は四名いるが、その四人、トウクワンハウ、サイレンハウ、トウ子ンハウ、せウクワンハウについてみてみたい。それぞれ道願房、西蓮房、道念房、成願房と書くことができると思う。まず道念と道願であるが、彼らはみずからを「沙弥」と称して極楽寺へ土地を寄進していること(91)、また室町期にみられる道通・道願・道珍等々の道の通字をもつ法名の者が宮座構成員であること(92)、道願が俗名を九郎二郎と称していること(93)等々から、東村農民と確定しうる。西蓮も寄進状に沙弥西蓮と記している(94)。成願房は、これより十数年前、東村の代表者となった覚念（彼は勧進帳に二貫五百文の寄進者として記載されている）とともに荒野を寄進していることや、その署判が筆軸印であることからも、[95]同じく東村農民であろう。房号の者のうち、東村農民と推定しうるのは以上である。その他七割ほどは手がかりがないが、これらの多くは近隣の寺庵層が勧進に参加したものとみておきたい。[96]

ところで、東村農民と確定できる房号農民はすべて高額寄進者であり、彼らはまた各々土地の寄進者でもあることから、彼らの経済的優位は明らかである。また中には東村の代表者となった者、また西蓮のように立派な花押を署判しうる者もいること等から、[97]彼らは東村の最も有力な階層といえるだろう。第二節の2でみたように、村の代表者二名が必ず法名をなのる者であったことも、これと符合する。おそらく東村代表者の選出範囲は、これら法名をもつ有力農民に限定されていたのであろう。

(B)は王子社・極楽寺・阿弥陀堂等などの東村の寺社の修造儀礼において選ばれて大夫身分を獲得したもので、祭祀組織を掌握する特権的身分と考えたい。[98]その記載序列をみても、(A)に二、(C)に一であり、寄進額も三貫、二貫、二貫五百文と比較的高額である。

(C)は、殿呼称されながらわずか百文という額のものもいるが、平均すれば房号につぐ一貫百六十文を寄進し、(D)の平均額三百八十五文を大きく離している。彼らは尊称と寄進額からみて上層農民と階層づけできるだろう。

(D)は前三者にくらべ、平均寄進額がはるかに低い。彼らの中には、彦五郎のように、(C)の平均額をうわまわるものもいるが、身分的には前三者と較差がある。百文の寄進額の者などもいるから、階層的には一般農民とのみ規定することは少々無理があると思われるが、百文すら寄進できなかった者の存在を考慮して、いちおう一般農民としておきたい。

南北朝期の東村の農民は法名をなのる者と大夫身分をもつ有力農民、殿呼称される十名ほどの上層農民、そして四十名前後の一般農民、さらには勧進に参加できなかった零細農民等を想定しえよう。

ここで注目したいのは四十名ほどの一般農民の存在である。確かに一人の平均寄進額は四百文にみたないが、しかしその合計は全寄進額の四分の一近くに達しており、彼らの経済的成長が極楽寺の四本の柱の一つになっていることに改めて注目しておくべきである。こうした彼らの成長は、彼らの主体的参画による池築造によってよりよく理解されるものといえよう。

むすび

本章の要約は次のとおりである。

一、紀伊国粉河寺領東村では、鎌倉後期から南北朝初期にかけてのおよそ半世紀の間に、開析谷内に数個の大規模な堰止池が次々と築造され、「溜池築造時代」ともいうべき画期をつくった。

二、築造主体としては、上の池を造った粉河寺、魚谷池の拡張をはかった東村村落共同体、悦谷内に新池築造を計画した悦谷勧頭・田徒衆(用水権所有者)の三つがあげられるが、このうち主要な築造主体は、二人の法名をなのる農民を代表者とする東村村落共同体であった。

三、東村は池代購入をはじめとして、池築造にとって最も重要かつ困難な労働力の編成を独力で解決した。村落共同体による開発とは、村落共同体による労働力編成を重要な中味としてもたねばならない。そしてそれは、小百姓層が用水権分割給与の要求をかかげて積極的に労働力を提供したことによって、はじめて可能となったものである。東村の池用水権が多数に分割されるというきわだった特徴をみせるのも、村落共同体による池築造が小百姓層まで動員した結果である。

四、鎌倉後期の東村は成立期以来の「氏」姓を有する旧名主層が中核となっていたが、半世紀に及ぶ「池築造時代」をへて、房号・大夫身分の有力農民や殿呼称される上層農民らとともに、村もちの寺造営費用の四分の一近くを負担しうるまでに成長した小百姓層の台頭がみられた。

以上が本章の要約であるが、残された問題点も多い。第一に、本章は築造当初における用水権の細分化と小百姓等の用水権所有を証明することによって彼らの池築造への主体的参加を明らかにしたが、このことはまた、当該期の小百姓層が小経営（自立の度合は別として）を展開していたのではないかという推測をも導く。鎌倉後期・南北朝期になって史料上に登場する小百姓等が、それ以前どのような経営形態を示し、村内にどのような位置を占めて存在していたかは依然として今後の課題である。

第二に、南北朝期に共有田の集積、小百姓等の台頭という惣村の特質は指摘しえても、それが激しい農民層分解の結果なのか、小百姓層の成長という事態だけなのかは問題として残さざるをえなかった。「氏」姓と旧名主的名前が、いわゆる農民的名称に変わるといった農民名称の変化は何を意味するのだろうか。

第三に、本文では指摘しえなかったものに池築造の技術的問題がある。これは労働力編成とともに池築造の重要なポイントである。鎌倉末期の和泉国日根野荘においては、荘園領主に組織された「坂之者」＝非人が池を築いており、非人の土木工事の専門技術者としての側面が浮きぼりにされたが(99)、東村の場合明瞭な手がかりはない。しかしながら第一に、溜池にとっては重要な適地の選定を農民が行なっていること（池代購入）、第二に、労働力の組織主体が村落にあること、そして第三に、紀州藩の命をうけて小田井用水を成功させた大畑才蔵の溜池に関する詳細な知識（『地方の聞書』）を、溜池が多いという彼の生地の条件や庄屋という出身階層、地方役人としての経験等とあわせて考えると、農村の中に歴史的に達成された広い池水灌漑の技術が存在していたと考えざるをえず、以上の諸点から、東村の池築造の技術的解決も東村農民の手によったのではないかと考えてみたい。

池築造には、いくつかの農書がいうように、適地選定からはじめて、土堰堤を造る場所、その規模・形、そしてその造り方、さらに池の破損中、十中八、九までを占めるといわれる打樋の設置等の技術的問題があるが、これらがどのようにして農民の共通の知識となったのかは、やはり追求すべき課題といえるだろう。

このほかにももっと具体的な問題点、たとえば東村の溜池がどの程度の田地面積を灌漑できたのか（これは田地の土質、すなわち水持ちがよいかどうかにも大きく左右されるが）等明らかにせねばならない点は多々あるが、課題として指摘するにとどめたい。

注

（1） 本書第二部第二章「中世後期における池水灌漑と惣村」。

（2） 「中世における用水池築造について」（『白山史学』一七、一九七三年）、「中世売券よりみた池灌漑について」（『風俗』一七—二・三、一九七九年）。以後便宜的に、前者を第一論文、後者を第二論文と称する。

（3） 小百姓層の成長は、経済的側面と政治的側面の二側面からとらえられるべきと考える。政治的成長、すなわちどのようにして特権的村落に参画して発言権を高めていったかという点については、本書第一部第一章「惣村の成立と発展」で考察した。経済的側面の成長をみる本章は、それと対をなすものである。

(4) この点については、三浦圭一氏が「中世における農業技術の階級的性格」(『日本史研究』八二、一九六六年)において、農業集約化論、小農自立論が進化論的に論ぜられていると警告されている。
(5) 最近の中世の生産力を扱った代表的論文、稲垣泰彦氏の「中世の農業経営と収取形態」(新岩波講座『日本歴史』中世2、一九七五年)による。
(6) 注(5)の稲垣論文は中世の生産力と生産関係という基本的課題をとりあげ、大きな問題を中世史学界に提起しているが、しかし氏があげた中世後期の村落民＝惣村による開発の二事例をみてみると、まず第一事例の和泉国池田荘の梨子本新池は土豪頼弁と名主層の紏合によるという分析結果であり(三浦圭一氏前掲論文、五頁)、第二の和泉国日根野荘の十二谷下池の場合も、惣村連合はいわれても、史料的制約上、内部にまで立ち入った分析はない。村落共同体の機能が生きたものとして把握されなければならないと考える。
(7) 町村合併については、那賀町史編集委員会編『那賀町のなりたち』(一九七四年)、木村好範氏「粉河町市街地における変遷について」(『粉河町史研究』一、一九七七年)等を参照。
(8) 藤岡謙二郎氏編『河谷の歴史地理』Ⅲ「紀の川」(一九五八年)。
(9) 小田井用水が大畑才蔵によって着工されたのは宝永四年(一七〇七)である。
(10) 地形分類図・土地条件図五万分の一「粉河」。
(11) 山極二郎氏「大阪府の灌漑農業」(『地理学評論』四―一一、一九二八年)。
(12) 『和歌山県史』中世史料一「王子神社文書」(以下「王子神社文書」とする)五四　熊若女池代売渡状。
(13) 同五六　仙恵池水売渡状。
(14) これは中世史料上の「こ屋(や)の谷」にあたると思う。
(15) 『近世地方経済史料』二所収。
(16) 粉河町役場所蔵。
(17) 小田井用水成立後、三つの池が潰されたが、そのうち悦谷池と悦谷中の池の二つの池の復元については、東村による悦谷内の池代買得の史料(注(12))が決め手となる。これによると池代の南の四至が「東村池」とある。この池代が既存の東村池のすぐ上に新池を造るために購入されたと考えれば、この二つの池がちょうど潰された悦谷内の二つの池と符合することになる（寶月氏は第二論文で、これは池の拡大をはかったものとされたが、具体的論拠は示されておられない）。二池の場所については、第一に池代の地は丹生屋村内ではあるが、この場所が悦谷内の東村村域からかけ離れた所だとは考えがたいこと、第二に池代の東西の四至が「曽波」、「曽波殖石」＝絶壁のような険しい崖とあること等から、丹生屋村と東村の村境近辺で等高線のつまった場所、すなわち村境の丹生屋村浄土寺近辺と比定した。なおもう一つの潰された金剛池は不明である。

(18) 池名の変化しているものに上の池がある。これは王子村字限図にはみあたらない。しかし「王子神社文書」五七　仙恵池代売渡状案には「悦谷上池」とあって悦谷内の上方にあることが知られるし、池の規模も小さい（第三節の2）。これに符合するのは悦谷内の小支谷にある小規模な高野辻池（念仏池ともいう）とみてまちがいないと思う。

(19) 大規模な池のうち、④の谷口池については明確な史料がない。そのほか、中五谷内の池⑧は地図上でみる限り中五谷池に匹敵する大きさを示すが、皿池という名称からみて水深は浅く貯水量はさほどではないと判断した。

(20) 「王子神社文書」四八　仙恵池代売渡状。寶月氏は上の池の築造を建武元年（一三三四）の池代売買以後とされた。池代は池予定地であるからこれは当然の推定ともとれるが、しかし九年後の史料（同五六）によれば、全く同一四至の土地の中に田代や池が存在するにもかかわらずこれを池代と称しており（史料B）、この売券にある池代の場合はこれを単純に池予定地とはいえない（この場合、この池代は池予定地として設定されながら、全部が池とはならなかったために池代と称されたのではないだろうか）。またこの売券の南の四至に「堤」の記載があり、これは池の堰堤と考えられること等から、建武元年当時池はすでに造られていたと考えた方が自然ではないだろうか。

(21) 「王子神社文書」一七四　こ屋の谷の池水掛り注文。

(22) これについては第三節の1で述べる。

(23) 注(12)に同じ。

(24) 「王子神社文書」二一四　藤原竹恒・同恒清連署田地売渡状。

(25) 同二三五　中五谷池敷契状。

(26) 同二一八　公文代等連署地敷契状（断簡）。

(27)　この点は、熱田公氏「東村の土地の権利に関する文書について」(『粉河町史研究』三、一九七八年)を参照されたい。
(28)　鬼和田(「王子神社文書」四)を除くと、クエワキ久一名(同二)、つか原(同三)、某地(同五)が畠、平林(同六)が荒畠である。
(29)　「王子神社文書」一〇　橘氏女長寿田地処分状。
(30)　同一二　日熊国宗・紀友恒連署田地紛失状。
(31)　同一五　万歳丸田地売渡状。
(32)　同二　僧南定畠地売渡状。同九〇　神子等連署田地寄進状。二は九〇の手継券文である。
(33)　東村では、つか原(東の四至は名手川、南は紀の川とある)の北にある鬼和田(「王子神社文書」二九)や王子東あたりの田地化が早いが、このへんは地形分類図や土地条件図によると、井田付近の「低地の一般面」=氾濫原とは違って「低地の緩斜面」=扇状地および自然堤防であるから冠水被害もそれほどでなく、比較的水田化しやすかったのであろう。
(34)　注(20)に同じ。
(35)　注(13)に同じ。
(36)　「王子神社文書」五二　僧仙基池敷地放状。
(37)　同六六　権律師仙基田地寄進状。
(38)　注(24)に同じ。
(39)　「王子神社文書」一二〇　東村負物米納入注文案。
(40)　同一一八・一一九の東村検注帳の分析結果、ほとんどが作職所有が高く、また用水権も多い。なおコカワ彦五郎はヲカタ彦五郎の誤読と思われる。
(41)　たとえば「道」の通字をもつ道願は「道願九郎二郎」(「王子神社文書」一一四)とあり、俗名は九郎二郎、また宮座構成員の一人でもあり(同二二六)、明らかに東村農民である。東村には道珍・道蓮・道通等、道の通字をもつ者が多い。
(42)　「王子神社文書」一〇五　西蓮等連署田地売渡状。
(43)　第四節の3でみるように、法名を名乗るものも大夫身分をもつものも共に東村の有力農民であるから、大夫身分のものが法名をもつ可能性は大である。現に勧進帳の筆頭宮大夫は房号グループの中に入っている。
(44) 「王子神社文書」八一　カクネム・シヤウレム連署置文。
(45) 女性頭役に関する置文はきわめて貴重なものであり、改めて別に検討したい。
(46) 「王子神社文書」三四　魚谷池敷契状。
(47) 第一論文、五頁。
(48) 注(24)の池敷契状の四至は「有本券」とあるから、本券があったことは確かである。この本券に該当するものとして、その場所が谷であるという条件のものは、地字は欠損しているが、東西の四至が「山峯」とある売券(八号)一通である。
(49) 注(12)に同じ。
(50) 注(17)参照。
(51) 東村には現在も若干池用水を利用しており(陽山水利組合)、そこで管理者は管頭と称されている(田徒に相当するのは水ひきと称されている)。一三四・一三五頁の注(34)も参照されたい。
(52) 本書第二部第二章。
(53) 本書第三部第二章第三節3。なお、勧頭・田徒衆らのもつ番水権を勧頭・田徒職と概念づけたのは土地所有権の分化、すなわち地主職と作職の成立にきわめて類似しているからだけではない。職を考えるさい、作職については農民的職として中世前期の職と区別する考えが多いが(たとえば『シンポジウム日本歴史6　荘園制』四二頁以下参照)、私は作職も含めて職は常に公権力の承認を受けることによって成立する中世的な所有の概念(したがって補任と得分の属性をもつ)とみたい。この場合用水権を保証する権力は東村惣村である。東村惣村は勝福寺免田下作人職の補任主体でもあり(「王子神社文書」一〇九　勝福寺免田下作人職補任状)、また盗人成敗権の主張や公事をめぐる確執(同一五五)からみて、ひとつの法的主体といえる(笠松宏至氏『日本中世法史論』所収「中世在地裁判権の一考察」〈一九六七年〉も、「地下」が「公方」とならんで自治権を前提とする「公界」と認識されたと述べている)。
(54) 寶月氏第二論文、五頁。第一論文においても同様である。
(55) 注(24)に同じ。

(56) 池築造の工期は推定しえないが、この場合の拡張工事は全面的な堤の造りなおしというより（その場合は労力的にみて、悦谷池のように新池を造った方が早いと思う）、嵩上げによると思われるから、それほど長い年月を要したとは思われない。
(57) 池の敷地とはいっても、池敷百歩や百三十五歩が実際の池の底の面積ということではない。百坪余ではあまりにも小さすぎる。これは池にするために潰した田地面積を意味しており、実際はこれよりはるかに大きかったであろう。粉河寺にとっては田地に賦課される年貢・公事が問題であり、池敷契状も池となった地が山林荒野であれば、あるいはとりかわさなかったのではなかろうか。
(58) 「王子神社文書」五二　僧仙基池敷地放状。
(59) 和泉国池田荘梨子本新池は「申二請当寺（松尾寺―黒田注）領山林荒野一」けて造られたが、そのさい新田三町が寄進された（『和泉市史』所収松尾寺文書、箕田村名主百姓等契約状）。松尾寺領有の山林荒野に対する代償といえる。
(60) 大山喬平氏「中世における灌漑と開発の労働編成」（『日本中世農村史の研究』所収、一九七八年）。
(61) 喜多村俊夫氏『日本灌漑水利慣行の史的研究』総論篇第三章4、溜池の構造（一九五〇年）、窪田博氏「土木技術からみた池」（『池』、一九七八年）。
(62) 「王子神社文書」一二四　東村悦谷・魚谷両池水配分注文。
(63) 注(62)の田徒職所有者の数は記載されている合計数と一致しない番がいくつかある。この理由は不明だが、合計の番水権数はかわらないので、注(62)史料にもとづいた。
(64) ただし、魚谷九番勧頭の丹生屋殿借物兵衛五郎は、記載のされ方（八番合計の「已上十三人」の上にわりこむ形で記載されている）からみても、また九番が勧頭のみで田徒の記載がないことからみても、明らかに永享八年当時のものでなく、後に強引に加入されたものである。一日の全用水を一人で使えるのであるから、この挿入を軽視することはできない。
(65) 注(62)の悦谷九番。
(66) これについては、本書第二部第二章第三節。
(67) 「王子神社文書」一二六　王子神社名附帳。
(68) 宮座成員は引水権わずか二のものもかなりいることから、これを上層農民に限定することは妥当といえない。第二節の2

であげた史料Cからみても、有力農民は十名余である。宮座成員には一般農民のかなりの部分も含まれていたと考えたい。したがって宮座成員とはなりえない層を弱小農民とみておく。

(69) 「王子神社文書」八〇　カミノ池水注文。

(70) しかし一般農民の平均寄進額は三百八十五文であるから、彼らの中では高い寄進額に属する。これは上の池の特質に由来すると思われる。史料Bにみるように、上の池の用水権は粉河寺からの買得によるものであり、東村築造の池用水権が労働力提供の報酬であるのに対し、こちらは明らかに銭が必要である。したがって上の池の田徒になるには、一般農民でも豊かなものに限られてくるといえる。

(71) 池田大夫頼弁をいう。注(4)三浦氏論文参照。

(72) 「王子神社文書」三二一　東村若王子尾山売人交名。

(73) 同五三　与次大夫田地売渡状。与次大夫は本文に「佐伯行縄相伝之私地也」とあって、佐伯行縄が与次大夫を称したことは明らかである（彼の略押には多少の工夫がある）。同三七　紀有友田地処分状。紀有友の悦谷内の田地の南四至に「余次作」とある。

(74) 同一三　恒包田地並屋敷充文。

(75) 同二二　佐伯三子田地寄進状。

(76) 同六一　熊法師畠地寄進状の証人となっている。八六　極楽寺勧進帳。

(77) 同三七　紀有友田地処分状。

(78) 注(31)に同じ。

(79) 「王子神社文書」八五　紀大夫田地寄進状。

(80) 鈴木国弘氏は高野山膝下地域における優勢な「氏」名として藤原、佐伯、坂上、源、紀、平の六氏をあげている（「高野山における庄園制的権力編成の特質とその変遷」、豊田武氏編『高野山領庄園の支配と構造』所収、一九七七年）。伴、忌部は佐伯や紀姓にくらべ、史料上検出されないことからみて劣勢であったのであろう。

(81) 作職所有高は六反七十歩で十四位、用水面では勧頭職一と田徒職十で番水権所有高は第四位、上層農民であることは確かである。身分的に高くないと思われる平内がこの若王子尾山売人交名になぜ加えられたかについては、平内という名称をもってあらわれる彼の個性から考えてみたいと思っている。平内は東村農民の中ではきわだった動きを示しており、彼の農民像は追求しなければならない今後の課題と考えている。

(82)　丸山幸彦氏「荘園村落における惣有田について」(『中世の権力と民衆』、一九七〇年)。
(83)　「王子神社文書」一八　東村王子田坪付。
(84)　同九　某田地寄進状。
(85)　同六三　東村勝福寺田段銭等免除坪付。
(86)　『和歌山県史』一一、粉河寺御池坊文書五。
(87)　「王子神社文書」五九　円阿弥陀仏山地寄進状。
(88)　注(8)の鈴木論文は、「氏」名の解体期を南北朝期としている。
(89)　「王子神社文書」八六　極楽寺勧進帳。
(90)　これらは宗旨寺ではなく村限りの寺、村もちの寺といえる(原田敏明氏『村祭と座』、一九六七年)。したがってもっぱらその村と消長をともにするという。
(91)　「王子神社文書」八四　沙弥道願・又楠女連署堂敷地寄進状。八三　沙弥道念・楠鶴女連署古田荒野寄進状。
(92)　注(67)に同じ。
(93)　同一二四　悦谷池六番に「道願九郎二郎」とある。
(94)　同六九　沙弥西蓮荒野寄進状。
(95)　同六八　成願寺連署荒野寄進状。
(96)　法名をなのる農民は、本文で述べるように、政治的・経済的地位の高い有力農民であり、彼らの数は、時期は下るが、十五世紀中後期の全宮座構成員三十数名のうちわずか四人である(注(67))。またほとんどが東村農民と思われる検注帳の作職所有者や分水帳の引水権所有者にも多くはない。このことは法名を有すること、すなわち得度が単なる個人的発心のみで可能になるのではないことを示していよう。東村で法名を名乗りうるには、おそらく村落共同体における承認が必要だったに違いない（粉河寺との関連も考えられよう）。したがってその数も当然限定される。ただ史料的に比定しえない者をすべて近隣寺庵層と考えているのではない。この中には、老齢等によって公的な村政の場からいわば引退した者の存在も考えている（『宮座の構造と村落』所収の竹本康博氏論文「湖北における宮座儀礼」において、浅井郡湖北朝尾上の宮座には長老八人衆がいるが、彼らのうち八人衆の役目をつとめたのち、老齢・病気等で役割を果たせない者は脱退し、欠員が補充されるという）。

(97)「王子神社文書」六九　沙弥西蓮荒野寄進状。

(98)拙稿「『大夫なり』と能」（『粉河町史研究』五）。なお拙稿は中世村落の「大夫なり」儀礼と能との関連を、絶対的史料不足の中であえて追求したものであるが、核心部分で思いこみによる誤読をおかしてしまった。その結果証明力は弱化するが、結論をかえるつもりはない。今後補強する予定である。

(99)三浦圭一氏「鎌倉時代における開発と勧進」（『日本史研究』一九五、一九七八年）。

〔付記〕本章作成にあたっては粉河町役場の亀井孔宥氏にひとかたならぬお世話になった。記して謝意を表したい。

第二章　中世後期における池水灌漑と惣村

はじめに

稲作を基幹農業とする社会にとって、各時代の灌漑のあり方が、農業経営や村落結合、ひいては生産力の発展や社会構造を規定している点は何人も認めるところである。

しかし中世灌漑に関する研究はけっして豊富とはいえない。寶月圭吾氏(1)は、中世灌漑の特質が古代の国家的経営とは異なって、荘園的、すなわち領主の私的経営と私権的・排他的利用権にあり、それに規定されて開発は小規模かつ停滞性を帯び、用水は量的拡大ではなく、限られた水の能率的利用方法=分水の精密化を中心的課題とせざるをえなかったことを明らかにされた。しかしその後は、大山喬平氏(2)の灌漑労働の特質を究明した仕事があるくらいで、中世灌漑を中心的にとりあげたものはきわめて少ないというのが現状といえよう。

寶月氏の研究は今なお我々の出発点であるが、主に興福寺や法隆寺などの荘園領主の用水支配権を分析対象としているため、支配下の諸荘園内部での灌漑動向までは十分明らかにされていない。例えば氏が力を注いだ用水分配の実態にしても、興福寺と支配下の諸荘園までであり、荘園内部での分配にまでは及ばない。また、今日では中世後期になると荘園領主の用水支配権は漸次農民の手に移り、その管理・運営は村落あるいは村落をこえた農民の結合組織によってなされるようになるといわれているが、(3)しかしその具体的研究はあまりにも少ない。惣村の経済的機能としてしばしばあげられる用水管理にしても同様で、具体的内容を伴うものではない。

本章では溜池灌漑に関する一連の史料をもとに、用水権を掌握した中世後期の惣村が、管理・運営の中核である用水分配をどのように行なったか、分配の実態を明らかにすることを通して池水灌漑の特質を究明したい。

本論に入る前に簡単に紀伊国粉河寺領東村について概観しておく。第4図のように東村は、最大の谷である悦谷に隣接し、全村を見渡せる台地上に建立された若王子社を結合の要とした惣村である。地理的には、和泉・葛城山脈を背にして紀ノ川に臨む段丘状扇状地にあり、砂礫台地と、下部砂礫台地を所々に含む扇状地性低地からなっており、(4)台地に刻まれた谷々に溜池が造られ、低地に田畠がひろがっている。本章対象の溜池は、東村の中心的な谷である悦谷と魚谷という二つの谷の中に造られた池々で、これらは鎌倉後期・南北朝初期、東村村落共同体によって集中的に造られたものである。この時期の池築造については本章の前提である第一章を参照されたい。

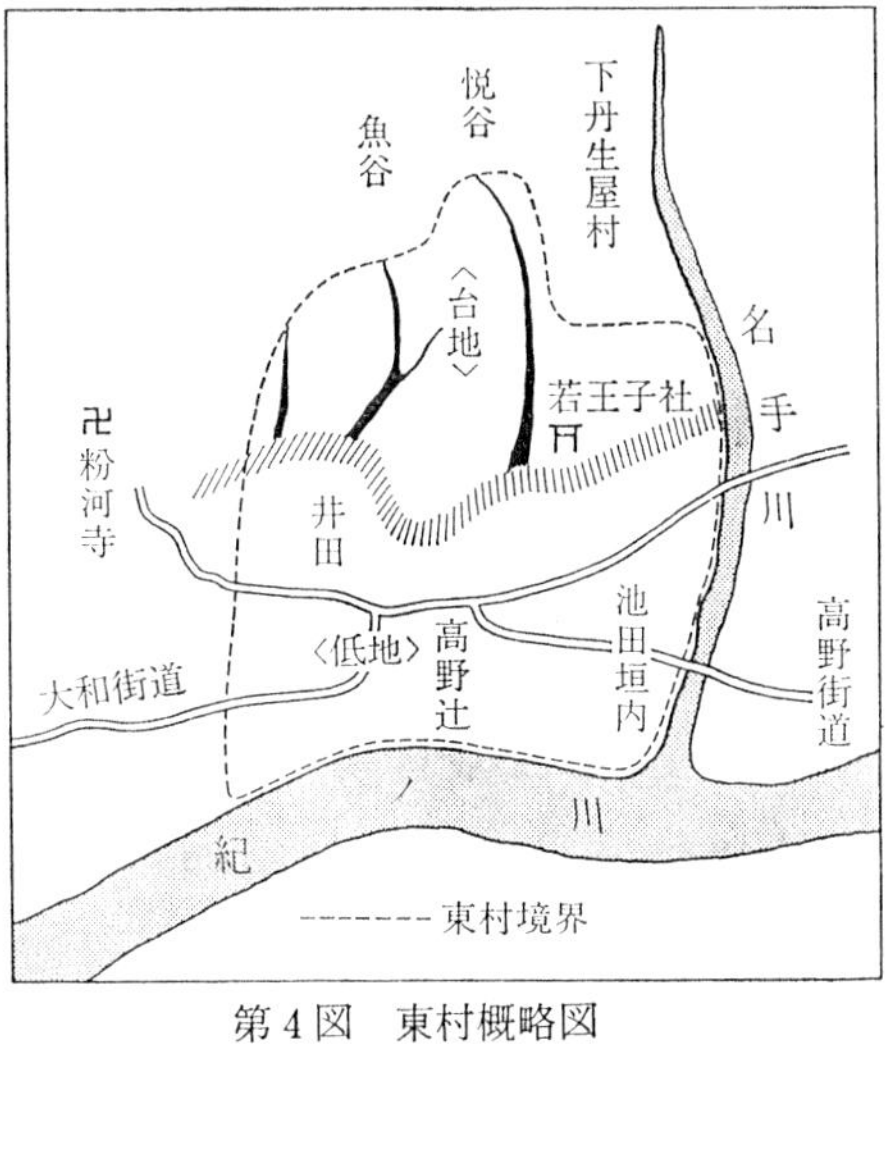

第4図　東村概略図

第一節　十五世紀前半の東村

1　永享の検注帳

東村の田地をめぐる状況は、永享二年（一四三〇）に粉河寺が実施した大検注の際の検注帳(5)によって明らかとなる。検注帳は原則として田の面積、地主職所有者名(6)、「さく人」として作職所有者名を記載しているが、残念なことに田地の字の記載を欠いている。検注帳は二冊あり、これをA・Bとすると、Aは八枚の冊子、表題なし、合計七十一筆で最後には六町三反大四十歩の集計と年号が記入されている。これに対してBは二十七枚と多く、田筆も三百九十三筆、「東村見ちうてう」の表題はあるが後欠である。おおよそ二十四町九反ほどになる。このほかに『和歌山県史』ではBに接続するものとして位置づけられた二枚の遊離部分がある。これをCとする。東村全体を明らかにするにはこれらの検注帳の性格、なかんずく後欠であるB「東村見ちうてう」が東村全体を把握するに足るものであるのかどうかを確定する必要がある。

　まずAの検注帳についてみてみたい。Aは最後の集計が六町三反大四十歩とあるが、七十一筆を集計すると四町五反百歩＋α（虫くい二筆）で、一町八反余のひらきがある。当然欠落部分が予想される。そこで遊離部分Cに注目したい。Cは全部で二十八筆、一町九反二百八十歩である。Aの不足分一町八反余と大略一致することに気がつく。ではCはA冊子の一部ではあるまいか。この推定を確かめるためにAとCの地主職所有者を集計し比較してみた。第7表である（順序は地主職所有高に従った）。これによるとCにある地主名は「なて殿」一筆を除き二十七筆すべてAに一致する。後

第7表

	A		C	
	地主職所有者名	筆数	地主職所有者名	筆数
1	ほたい房	29	ほたい房	7
2	丹生屋殿	14	丹生屋殿	7
3	来迎堂	9	来迎堂	3
4	志んかうの御房	8	志んかうの御房	3
5	いん上院	4	いん上院	3
6	けんたんし	3	けんたんし	1
7	れん上院	1	れん上院	3
8	ほんせん房	2		
9	なての上郎	1		
10			なて殿	1
計		71		28

第8表

	地主職所有者名	A 筆数	A 面積	C 筆数	C 面積	A+C 筆数	A+C 面積	B 筆数	B 面積	一致数	不一致数
			町反　歩		町反　歩		町反　歩		町反　歩		
1	ほたい房	29	1 6 30	7	4 160	36	2 0 190	34	1 9 190	34	2
2	丹生屋殿	14	1 0 340	7	5 230	21	1 6 210	20	1 5 250	20	1
3	来迎堂	9	5 80	3	1 110	12	6 190	11	5 250	10	3
4	志んからの御房	8	4 90	3	2 20	11	6 110	12	6 230	11	1
5	いん上院	4	3 180	3	2 0	7	5 180	7	5 180	7	0
6	けんたんし	3	3 180	1	1 0	4	4 180	4	4 180	4	0
7	れん上院	1	1 0	3	2 120	4	3 120	5	4 120	3	3
8	ほんせん房	2	2 0	0	0	2	2 0	2	2 0	2	0
9	なての上部	1	1 0	0	0	1	1 0	1	1 0	1	0
合計		71	4 7 180	27	1 8 280	98	6 8 100	96	6 4 320	92	10

述するようにBには百六にものぼる地主職所有者が存在することから、AとCの地主職所有者名の一致を偶然とみるのは無理である。CはAの遊離部分と考えられよう。『和歌山県史』がCをBに続けたのは改められる必要がある（ここからはAといえばCを含む）。次に問題となるのはAとBとの関連であるが、AとBの地主職所有者の田積・作人名を一筆ごとに比較した結果、第8表をえた。これによると、Aを基準にした場合、九十八筆中九十二筆が、Bを基準にした場合、九十六筆中九十二筆が一致する。九割三分から五分と高い一致率である。A・Bの不一致をたしても十筆で一致分のおよそ一割である。このことはまず第一に、AがBと同一地域の検注帳であり、地主職を基準にBから抜き出されたことを意味している。第二にCがAの欠落部分という先の証明はさらに裏付けされる。第三におよそ一割の不一致からBは完全なものではなく、なお一割ほどの欠落部分の存在が想定しうる。そして第四に一割ほどであるならBはほぼ東村全域の検注帳とみなしてよいであろう。

なお、菩提坊・来迎堂などの粉河寺内子院、志んからの御房・還丹寺[7]などの寺庵層、丹生屋殿などの在地小領主等々の村外勢力である九人の地主職所有者のみを抜き出してAを作った理由については明らかでないが、『粉河寺旧記扣』(8)によると、粉河寺一山内は御池坊、大伴家、誓度院（寺）、寺家中に知行所が配分されていたとあり、また正長元年（一四二八）より寺内でおこった寺側と誓度院の争いが誓度院が寺を出て誓度寺になることで落着したのが(9)、大検注の実施されたちょうど永享二年であることなどを考え合せると、Aはあるいは誓度寺の配分部分であるという推定も全く可能性がないとはいえない。大検注実施の理由もAの作製、すなわち右の事件を契機としたということも考えられる。

2　地主職所有者

検注帳Bを基本にし、Aで補い（例えば菩提坊などはBでは一町九反百九十歩であるが欠落部分二筆があることがAでわかり、これを加えて二町一反百九十歩がほぼ全地主職となる）、東村全体の状況、階層構成をみてみたい。全体はおよそ二十八町八反ほどで、Bの欠落部分を考慮するとおおよそ三十町近くの村といえよう。

まず地主職所有者をとりあげたい。第一にその所有田積の大小について第9表を参照

第9表

	人数	面　積
		町 反 歩
2 町 以 上	1	2 1 190
1 町～2 町	4	6 0 280
5 反～1 町	11	7 3 140
3 反～5 反	12	4 8 20
2 反～3 反	13	3 1 55
1 反～2 反	25	3 3 50
1 反 未 満	40	1 9 300
合　　計	106	28 7 315

第10表

		筆数	面　積	合計筆数	合計面積
			町 反 歩		町 反 歩
粉河寺①	坊	2	3 5 140	37	12 9 280
	院	8	3 3 40		
	堂	1	6 190		
	室	2	3 80		
	蔵	1	8 170		
	諸費用田	23	4 3 20		
寺庵層②	寺	1	4 180	29	7 6 115
	庵	6	2 4 100		
	房	22	4 7 195		
東 村 ③	寺社	2	150	22	2 2 180
	農民	14	1 6 290		
	諸費用田	6	5 100		
村 外 ④	小領主・農民	6	4 0 230	6	4 0 230
その他（不明）⑤		15	（略）	15	（略）

すると、地主職所有者の数は百六にものぼるが、二反未満が六割近くも占めているのにその所有田積は二割弱にすぎない。それに対して一町以上をもつわずか五名が全体の三割近い地主職を集積している。大小較差が歴然としている。平均は約二反二百二十歩である。

第二に地主職所有者の性格を大別したのが第10表である。まず①は菩提坊をはじめ御池＝御池坊（粉河寺内の学頭坊である）、無量寿院、東室、来迎堂などの粉河寺子院と、粉河寺の諸行事の諸経費のためにあてられた田地、例えば田楽分、六月会のための六月田あるいは本尊千手観音のためのせんしゆくてん＝千手供田等々である。これらを粉河寺諸費用田としておくが、この数がきわめて多く、また性格のはっきりしないものが多い。千手供田を除きそのほとんどが極小規模である。②はこうそうあん＝幸蔵庵、しやうけんあん＝正眼庵、しちとう房＝実道房などのいわば寺庵層ともいうべき存在で、例えばあかい房が「年預卿阿闍梨あかい房」[10]とあるように、粉河寺権力を構成するか、それに準ずる僧侶集団がそのほとんどと考える。[11]③は東村内の地主職所有者である。寺社は若王子社と勝福寺である。農民の方は、多くの作職所有者にしてかつ地主職を多少なりともつ者と、一〜二筆の地・作同の零細なものとに分けられる。しかし前者にしても最高は四反八十歩にすぎず全体として小規模である。④は村外勢力で数は少ない。この表から明らかなのは、東村内の農民等のもつ地主職はわずか八パーセントときわめて少なく、地主職のほとんどが村外勢力、特に粉河寺子院や寺庵層（七割）に集中していることである。

第三に、④で注目される地主職所有第二位と第三位の河原殿と丹生屋殿についてみてみたい。丹生屋殿については『粉河寺旧記扣』[12]に「此下丹生屋ニ古へ丹生屋殿と云在、于今屋敷跡又陣家垣上ケ之旧跡あり」とあり、また寛正元年（一四六〇）の根来勢との合戦の際には「于時当山之大将丹生屋殿、遠江殿を初軍勢籠城ス」とあり、また行人夫役停止の書状の宛先に「丹生屋民部卿律師御房」(13)とある。これらの記述と東村の地主職を一町六反余も集積していることを考え合わせると、東村に隣接する下丹生屋村を拠点とし、粉河寺権力を構成する在地小領主といえるだろう。河原殿もその名前から推して丹生屋村の北に隣接する河原村の小領主と考えて大過あるまい。

3　作職所有者

第一に作職所有者＝作人の所有田積の規模をみる。第11表によれば作人は地主職所有者より少なく全部で九十五名。一町以上はわずか四人で全田地の二割強を占め、五反以上の上層作職所有者ともいうべき層は十九人で、合計すると十七町一反余、全田地の六割近くも占めている。二反未満が五十五人、これは作人の五十七パーセントにあたるが、田地は十七パーセントしか所有していない。較差は地主職ほどではなく、平均はおおよそ三反である。第二に作職所有者の性格であるが、地主職のような諸階層はなく、ほとんどが農民である。房のつくのは八例で大空房を除けばきわめて小規模である。またか志わや、たけや、きしやなどの屋号をもつ商工業者の存在もみられるが、これも小規模である。作職は地主職の場合と異なり、そのほとんどが東村農民の手にあるといえる。

第11表

面積別	人数	面積（町 反 歩）
1町～2町	4	6 0 50
5反～1町	15	11 1 95
2反～5反	22	6 6 260
2反未満	54	4 9 270
合計	95	28 7 315

4　屋伏について

大検注の四日前、「東村屋地注文」(14)が作られた。これは二十八カ所の屋地の面積、本屋・新屋の区別、地字、所有者が記載されたものである。端裏書には「屋フセ検注日記」とあるからこの二十八カ所分が「屋フセ」＝屋伏分であることは明らかである。伏せるということは、検注の際、検注帳にはのせずに免租地の扱いをする（代償として伏料＝勘料が支払われる）ことであるから、[15] 屋伏というのは屋地検注の際、公事賦課の対象外におかれた屋地をさすことは明らかである。となると、東村の大検注が田地ばかりではなく屋地も対象としたこと、屋地検注にあたって屋伏分がリスト・アップされたことがわかる。

ところで史料上一般にみられるのは伏田や伏畠である。[16] 東村でこれに相当するものは伏地である。それは応永三年（一三九六）の「フセレウノタシ日記」[17] や応永十六年（一四〇九）の「検注本屋・新屋・伏地日記」[18] にみられ、その対象地目が「田白」[19] である点が特徴的である。「白」は畠の意味であるから、[20] 田畠、畠田と称されるものと同一であろう。この畠田はその年々の条件によって畠地とも田地ともなりうる地目であるが、[21] 東村の場合、某池の池がかりの田十一町余に対し、[22] 七町もが池はずれとなってしまう年があることから、[23] 用水不足が大きく「田白」の存在を規定していたといえる。粉河寺がこのような「田白」に限って伏地扱いの恩恵を与えたことも、右のような理由があってのことであろう。

屋伏についての事例はあまりみあたらない。東村においても屋伏分を書きあげたものは永享二年のものと応永十六年の「検注本屋・新屋・伏地日記」[24] があるのみである。ここではこの二史料（年代順にａ・ｂとする）の比較検討によって屋伏がどういう意味をもっていたのかを追求したい。そこでａ・ｂを屋地所有者毎に集計し、その面積の順序に従って第12表を作製した。なおｂの地主職所有高のわかるものは付記した。この表からａ・ｂに顕著な違いがあることがわかる。ａの場合、粉河寺子院三、寺庵層八、村外領主二、農民五、東村諸費用田四、不明二（合計二十四）で、農

第12表

	a　応永16年(1409)10月					b　永享2年(1430)4月18日				永享2年
	名前	合計面積	本屋	新屋		名前	合計面積	本屋	新屋	地主職面積
		町 反 歩	町 反 歩	町 反 歩			町 反 歩	町 反 歩	町 反 歩	町 反 歩
1	幸蔵庵下地	2 60	120	300	1	菩提坊下地	3 280	90		2 1 190
			1 0					1 0		
2	丹生屋殿下地	2 0	1 0	1 0				1 0		
3	河原殿	1 300	300	1 0				120		
4	聖眼庵下地	1 180	1 180					130		
5	北室下地	1 180	1 0	180				120		
6	タタミ田	1 160	1 160					180		
7	真珠房下地	1 0		1 0	2	幸蔵庵下地	2 180	1 0	300	6 160
8	順長下地	1 0	180	180					240	
9	法泉房	1 0	1 0		3	瓦原殿下地	2 0	1 0	1 0	1 9 140
10	蓮花寺	1 0	1 0		4	引接院下地	1 180	1 0		5 180
11	二郎	1 0	1 0					180		
12	御池下地	300	300		5	来迎堂下地	1 120	120		6 190
13	菩提房	240		120				1 0		
				120	6	安庵下地	1 60		240	— — —
14	常灯井房	180	180						180	
15	行円坊丹生屋殿	180	180		7	無量寿院	1 0	1 0		7 180
16	平内二郎作	180	180		8	小林坊下地	1 0		1 0	7 140
17	村油田	180	180		9	真珠坊下地	1 0		1 0	1 0
18	実道坊下地	180	180		10	猪田西	1 0	1 0		— — —
19	ソワノ下地	180		180	11	南室下地	180	180		— — —
20	四十八巻田	120	120		12	実道坊下地	160	160		5 30
21	王子田	90	90		13	陀羅尼田	150		150	160
22	次郎法師下地	90	90		14	あんせツ(安室)	120	120		— — —
23	衛門大夫下地	90	90		15	大かわノ垣内	120	120		— — —
24	左衛門太郎垣内	60	60		16	四十八巻田クレ橋田	120	120		120
	合計	2 1 70	1 5 70	6 0		合計	1 8 230	1 2 200	6 30	

民が五人いて一割近くが屋伏地となっているのに対し、bは粉河寺子院五、寺庵層六、村外領主一、諸費用田三、農民の可能性がある大かわノ垣内一（合計十六）となり、農民の屋地がほとんど屋伏の対象からはずされると同時に、粉河寺子院が八反百六十歩で全屋伏地の四割五分を占めるようになり、その中でも菩提坊にはその半分の四反四十歩、七カ所の屋伏が集中している。またbの屋伏所有者の地主職所有高をみると、該当する子院・寺庵層は真珠房を除きいずれも上層の地主職所有者であり、特に菩提坊は屋伏分も地主職分もともに最大である。

ではこのようなaからbへの変化、すなわち屋伏分が上層地主職所有者である粉河寺子院の許に集中する傾向はどう理解したらよいであろうか。屋地といえば居住家屋と菜園などの付属地をさすものである。粉河寺子院などは西隣にあるので高野山のような避寒地としての里坊とは考えにくい。いわんや農業経営の拠点として大経営をしていたとも考え難い。そこで屋地を記載する際、「〇〇垣内」や「××田（諸費用田）」を除けば他は必ず「菩提坊下地」のごとく「下地」と記されていることに注目したい。この下地とはどういう意味か。用例をみてみると検注帳や田地の坪付記載に二類型みられる。一例は「ひこ二郎下地」[25]とのみあって作人名のない記載、これは彦二郎が地主・作職を併有している時で、もう一例は「三郎下地、乍源四郎」[26]のように作人名がある場合である。両者の最大公約数をとると下地はその土地に対する地主的土地所有権をさし示した用語といえる。「ひこ二郎下地」とあれば、その土地に対しては彦二郎が地主職を所持していることを示している。

では屋地の場合「菩提坊下地」とだけあって作職所有者の記載がないことをどう理解するか。屋地は周知のごとく私的土地所有の出発点であり、最も所有権の強い所であるから職の分化を考えにくいが、aに一筆だけ「平本　湯屋敷平内二郎作」とあって、屋地にも田地同様職の分化が一定程度進行していたことがわかる。そこで南北朝期の例ではあるが、夫役をさして「付下地所役」(27)と規定している点に注目したい。一般的には、公事も年貢同様作人が負担責任者であるといわれている。しかし東村のこの規定をみる限り、夫役は下地＝地主職所有者に賦課されるという。事実、勝福寺の反銭・夫役免除坪付(28)には「半卅歩　橘池　随守名宮大夫」とあり、橘池の半三十歩にかかる反銭と夫役は地主職所有者である宮大夫が責任者となっている。であるなら公事賦課の対象である屋地の記載に際しても、その屋地の責任者＝地主職所有者のみを記載すればよかったわけである。すなわち作職分も併有していたから書かなかったわけではなく、田地検注と違って責任のない作職所有者は記載する必要がなかったと解釈すべきである。「菩提坊下地」の下には当然作職を所有し、居住していた農民がいたのである。

　では彼ら農民はなぜ屋地の地主職まで手放したのか、屋地にまで職の分化が進行してくるのは何故か。有力子院への屋伏の集中という事実が解明の手がかりを与えてくれるだろう。屋地に賦課される公事は種々の夫役労働を含む繁雑なもので、小経営農民には大きな桎梏であったと考えられる。それ故、煩しい公事を一定の銭納＝伏料(29)で免除される屋伏は、農民にとって大きな魅力であったことは疑いない。そのような時、有力子院の地位を利用しての屋伏集中という事態が進行すれば、農民は屋伏対象となることを期して自らの屋地を、作職分を留保して地主分を有力子院に委ねることは当然考えられ、また有力子院もそれを餌に屋地の集積に乗り出したものといえる。

　それにしても所有権の最も強い、私的土地所有の出発点でもある居住地の所有権を手放した場合、たとえ作職分という形で一定の居住権を保持したとしても、例えば菩提坊などのその農民に対する支配権は、田地に対するものより強力になることはないのだろうか。

第二節　番水権と勧頭・田徒衆

1　番　水　帳

ここでは池水灌漑関係史料中、最も重要なものの一つである永享八年（一四三六）作製の「悦谷・魚谷両池水注文(30)」を検討したい。この長帳の悦谷の部分を紹介しておく。

一番 来迎堂 勧頭ハカリ 「代二郎九郎」「五郎 イケタカキウチ」「八十」「衛門三郎」「法師丸」（中略）」

「彦五郎殿 樽屋」「兵衛次郎」 左衛門左部郎」

正眼庵湯屋前付

幸 達蔵庵古垣内上付

「右馬太郎」「谷」「楠松」 マコ」

「正眼庵」クレハシ田付「神長坊」

「行幸」「ホリ田付」「河原殿」 寿速比丘尼」

蓮浄院

「西殿 彼方」「尊忍房」

二番

（中略）

九番

（中略）

惣都合八十三人

一入勧頭分

勧頭斗　「衛門大夫」「入松」「左衛門九郎《井ケタカ井ト》」二郎左衛門」

勧頭斗　「多門　堀」「孫次郎《井タ》」「妙光」亀松丸《ホリノ子息》

「文明十一年日己未正月十一日ヨリ付」　永正十四年正月十一日ナヲル」

勧頭斗　「兵衛二郎」「左衛門左部郎」

已上三人

長帳の特色は、第一に両池とも一番から九番よりなり、各番は勧頭一人を筆頭に八〜十三人の粉河寺子院・寺庵層や農民によって編成され、最後の番外に入勧頭分三〜四人が記載されている。第二に各番の各人は次々と書き継がれており、名前に墨囲のない最後の人物が当時の権利所有者となる。最終は永正十四年（一五一七）まで確認でき、この長帳が少なくとも八十年間は有効であったことが知られる。

喜多村俊夫氏の『日本灌漑水利慣行の史的研究』によれば、佐渡国長江川筋下横山には近世初期までさかのぼりうる明治十八年作の『水落番定書』がある。それは東西六番よりなり、各番は四人（最後の六番のみ五人）の番水株所有者によって編成され、番水株はそれぞれ市郎右衛門水あるいは辻道水のごとき固有名があり、その下に株所有者の名を記して回覧したという。(31)また私の調査でも、今なお溜池灌漑の粉河町馬宿には『大地月差番水取調御帳』(32)があり、各池は上下九番に編成され、各番は「四反水」よりなり「一反水」(33)の受益権保持者の名前が記されている。その受益者の交代は付箋であらわし、付箋が多くまぎらわしくなると新しい帳面を作るという形態で順次書き継がれ、現在は戦後初期の帳面を使用しているが、その一つ前の明治三十七年のものも保存されている。これらは寶月氏(34)が明らかにされた時間によるものと、灌漑施設への適宜な装置の施行にするものとの用水分配の二形態のうち、前者すなわち用水に対する種々の権利を基礎に、一定の時間と一定の順序によって引水する番水に相当する。東村の長帳もまさしくこの番水のための長帳といえるので、この後出てくる池分水本帳と区別する意味でもこれを悦谷・魚谷両池番水帳、略して番水帳と称することにする。

次に各番の勧頭以外の八〜十三人の性格を検討するために、番水帳の次の記載に注目したい。

九番　勧頭斗　「衛門四郎」「林楠ツル」「左衛門九郎」「七郎殿」「林之又二郎」林之左衛門九郎」

（中略）

「平内次郎」「亀同」　平内ノ乙童」

一「入田戸二分楠松　井タ」「二分左衛門六郎」　三フ」

已上十二人

惣都合八十三人

一入勧頭分

（下略）

悦谷の第九番目のものであるが、平内次郎の次に追筆された「一、入田戸二分」によって、番内の平内次郎らが

「田戸」と称されていることが明らかとなる。「入田戸」は「入勧頭」に対応するもので、楠松は新たに「田戸」入りを許され、最後の九番のそのまた最後に加えられたといえる。この「田戸」は、南北朝期、東村池のすぐ北に池代を購入した勧頭・田徒衆の田徒にあたる。[35]したがってこの番水帳に記載されているのは勧頭・田徒衆なのである。また彼らの権利が「分」であらわされていたこともわかる。これはあさのくほ池水配分注文[36]にも田徒の権利が「一分」、「二分」とあらわされていることでも明らかである。

番水帳における勧頭・田徒衆の権利は、番水にあたっての用水権（これを番水権とする）を中心的なものとするが、それに付随する職掌などを考慮してこれを勧頭職・田徒職と概念づけたい。

2　勧　頭

番水帳における各番筆頭の勧頭の職掌を示すものとして、まず第一に「勧頭斗」、あるいは「ハカリ」とある点に注目したい。これは番内の田徒らの配分水量に従って何かを計るのだが、この場合の配分が、時間によるか、施設によるかのいずれかといえば、時間による場合、番内が八人、九人あるいは十三人とあって分けにくいこと、また南北朝期に田徒の権利は用水溝幅の分配を意味している「筋」を単位としていること、[37]更に前述した東村近辺の馬宿では番内の受益者の持分に従ってそれを溝幅の何等分のいくつと計算し、その幅の分だけ配水されるという例（これを「科分け」といい、現在も長い草を利用してこれを計る「草折り」というのを行なっている）があることなどから、溝幅による分配とするのが妥当であろう。すなわち勧頭は番水の際、番水権に従って溝幅を「斗」ル＝計算する重要な役割をもっており、番水の管理責任者といえる。

第二に次の史料[38]をみてみたい。

池役ヲ永享八年四月十八日ニ□□（勧頭）被沙汰間、此田分ぉ除申

一反　経田　作兵衛次郎

一反　兵衛次郎下地

三反　料田　作衛門四郎

一反　御池下地　作彦次郎

い上六段、勧頭衆、仍定所、如件

永享八年五月十八日　悦谷勧頭衆

これは右の六反分に賦課される池役の免除を悦谷勧頭衆が定めたものである。悦谷勧頭衆とあるところをみると、この六反は悦谷の池がかりの田といえる。池役とは池の修理や波瀬入りに対する砂泥の除去などの夫役をいうのであろう。

このように地主職所有者と作職所有者を連記するということは、池役が地主職並びに作職所有者の双方に賦課されることを意味していよう。領主への用水使用料である井料が中世も後期になると地主だけの責任から地主半分・作人半分になってくるが[39]、東村の池役も同じ原則に立っていたといえる。

右の史料は勧頭衆の池役賦課・徴収権を示すものであるが、池役を果たさなかった場合の一例として、こ屋の谷の例ではあるが、池がかりの一カ所東右衛門九郎の傍註に「ライカウ地池ヤク（役）セサルニ仍、ミツ（水）ワスタリ申候」とある[40]。右衛門九郎の土地にかかる水は、元はライカウ地にかかったものであったが、池役をしなかったので「スタル」すな

わち他の者に変えて用いなくなったの意味である。このことは池役不履行の場合、用水を断ち切られる処罰が行なわれたことを示し、この処罰の責任も当然池役徴収権をもつ勧頭にあったと思われる。またこのような勧頭衆の池役に付随する仕事は、とりもなおさず池の管理・修築という重大な責任を負っていたことを示すものである。

ところで右の六反の作人である兵衛次郎、衛門四郎、彦次郎の三人は、番水帳によれば、勧頭職所有者、すなわち悦谷勧頭衆の十二人の中の三人である。三人が勧頭としての沙汰（四月とあるところをみると、番水に備えての池役徴収とその労働監督にあたったことをさすのであろう）を理由に、作職所有分の一部を自ら免除したことになる。これは勧頭の名のもとに池役を免除されるといういわば役得ともいえようか。

第三に、東村においては溜池灌漑の村にふさわしく池祭が行なわれたが、この池祭と勧頭の関連を追求したい。池祭に関する史料は文安四年（一四四七）の池祭頭結番日記(41)のみであるが、これによれば頭人は一番から四番に編成され、一番は七人、二・三・四番は六人、計二十五人が池祭を主催した。ところでこの頭人の数二十五人は、番水帳の悦谷と魚谷の二十五名の勧頭の数と全く一致する。そこで両者を照合してみたのが第13表である。番水帳作製より十一年後の文安四年においても同一人物が勧頭職を有する場合、勧頭職継承者（↓で表わす）の二代目ないし三代目が有する場合、これらと一致するものは○、全部で十七人（一致率七割弱）である。代人は違っても幸蔵庵のように勧頭職所有者が一致する場合は△にしたが、これも一致するものとみなしてよい。全く一致しないものは六人あるが、村外の丹生屋殿は勧頭職二を有しても東村の池祭の世話役となることは考えられず、幸蔵庵が代人を立てたように村内農民に権利を代行させたと考えられ、これは正眼庵についてもいえるだろう。こうなると全く一致しないものは三となり、一致率は九割近くなる。したがって、池祭の主催者は勧頭衆であったといえるだろう。また明応十年（一五〇一）の池

第13表

文安4年(1447)池祭頭日記		永享8年(1436)番水帳の勧頭名		一致・不一致
一番（7人）	幸蔵庵代彦五郎殿	悦谷 8 番	幸蔵庵代林楠ツル→クス千代	△
	大空	悦谷 2 番	三部大空之	○
	彦五郎大夫田ハ田	悦谷 3 番	彦五郎田ハタ	○
	亀同	悦谷 4 番	平内二郎→亀同	○
	千代光			×
	左衛門六郎	魚谷入の4		○
	彦五郎殿			×
二番（6人）	大郎大夫	魚谷 7 番	次郎大郎→大郎大夫	○
	彦次郎	魚谷入の1	次郎法師彦二郎え	○
	兵衛次郎	悦谷入の3	兵衛二郎	○
	ホリ源次郎	悦谷入の2	多門堀	△
	南三郎次郎	魚谷 4 番	彦二郎→わかとら女→南三郎二郎	○
	ライカウトウノ 次郎九郎 五郎殿	悦谷 1 番	来迎堂代二郎九郎→イケタカキ内五郎	○
三番（6人）	次郎四郎トノ	魚谷入の2	次郎四郎	○
	二郎大夫	悦谷 5 番	次郎大夫	○
	九郎大郎	悦谷 6 番	彦二郎→九郎大夫	○
	衛門五郎	魚谷 6 番	衛門三郎→衛五郎	○
	谷楠松	魚谷 8 番	右馬太郎→谷楠松	○
	亀同			×
四番（6人）	次郎九郎			×
	イケタカキ内三部郎二郎			×
	兵衛三郎	魚谷 1 番	兵衛三郎	○
	千代光			×
	彦九郎	悦谷 7 番	彦次郎→彦九郎	○
	兵衛五郎殿	魚谷 9 番	丹生屋殿借物兵衛五郎	○
		悦谷 9 番	衛門四郎→林楠ツル	
		悦谷入の1	衛門大夫→入松	
		魚谷 2 番	丹生屋殿	
		魚谷 3 番	丹生屋殿	
		魚谷 5 番	惣経田代岡田兵衛門三郎→左衛門二郎	
		魚谷入の3	正眼庵南→千松→太郎五郎	

注 ○は一致，△は一致の可能性大，×は不一致，入＝入勧頭

築酒手日記[42]に一番衆、二番衆、三番衆、四番衆が各々酒手を出していることがみられるが、これは池築造にあたっても結番して任務を遂行していたことを示すものであり、この結番は池祭の結番と同じであると考えられる。

第四に、以上の三点は勧頭の職掌であるが、彼らの特権は何か。両谷池の九番の外に入勧頭分三〜四人が付け加えられていることをみても、勧頭職の所有が農民にとって競望の的であったことは疑いない。そこで農民の分水配分量を書きあげた悦谷・魚谷両池分水本帳書抜[43]の中に時々「勧頭水渡」、「此内くわんとうの水渡」といった記載があるのに注目したい。この勧頭水が番内の田徒らの番水権に対応する勧頭の番水権であることは疑いない。用例は全部で十あるが、その中で分水量の正確なものは七あり、それらはすべて五を単位としてやりとりされている。このことは田徒職の番水権が一ッ一分であるのに対し、勧頭職は一ッ五分の番水権を有していることを示すものである。

このような特権的用水の存在は興福寺領大和国能登・岩井川用水の分配にもみられる。この用水がかりとなる荘園は六荘あるが、順次各荘に切替え給水される間に、どの荘園にも給与されぬ水が一日宛あり、それを「間水」と称して、直接用水の管理・分配にあたった興福寺の公文目代の得分と定められていたという[44]。また馬宿の場合にも上下九番の最後に「殿水」の記載があるが、これは一〜九番までの「地の水」に対応するもので、「地の水」に対し一・八分と多く、「地の水」配分を何日かするとその間に「殿水」が入るという番水形態をとっている。東村の場合は、勧頭水がこれら二例のように間に入るのではなく、溝筋の段階で、例えば八人の田徒のいる番では、その十三分の五を勧頭が引くことができるという具合に計られるのである。

3　勧頭・田徒衆

勧頭・田徒衆と称された勧頭・田徒職所有者の性格、土地所有との関連、村内に占める地位などを検討したい。まず第一に両職の分布状況を示したものが第14表である。勧頭職二十五は三を有する卓越したもの二人を除けば、他の十九人はすべて一のみである。これに対して田徒職の場合は隔差が大きい。二十というずばぬけた所有者が一人、十〜十九が二人で二十一分、五〜九が六人で四十四分、合計九人の田徒職五以上の所有者が、全田徒職の五割近くも所有している。それに対して二分以下は五十二人（全田徒職所有者の四分の三に

第14表

職数	所有者数	合計職数
勧頭職		
3	2	6
1	19	19
合計	21	25
田徒職		
20	1	20
11	1	11
10	1	10
9	2	18
8	1	8
6	1	6
5	2	10
4	6	24
3	3	9
2	12	24
1	40	40
合計	70	180

第15表

		人数	番水権	合計人数	合計番水権
①粉河寺	子院	8	27	26(35%)	60(20%)
	諸費用田	18	33		
①寺庵層	寺	2	4	14(19%)	44(14%)
	庵	5	30		
	房	7	10		
③東村	農民	30	173	32(43%)	175(57%)
	寺	1	1		
	諸費用田	1	1		
④村外	小領主等	2	26	2(3%)	26(9%)
		74	305	74(100%)	305(100%)

あたる）と多いにもかかわらず、田徒職の方は全体の約三割五分にしかならないという状況である。

第二に勧頭・田徒衆の性格を第15表によってみる。勧頭・田徒衆は全部で七十四人、番水権は三百五ある。(45) ここにも田地同様に粉河寺子院・寺庵層・村外小領主の進出が一目瞭然である。しかし、地主職の場合と決定的に異なる点は、東村農民が三十名ほどいて全番水権の五十七パーセントを掌握している点である。なお東村農民の中に若童女、千代女などの女性が計六分の田徒職を有している点は検注帳農民と異なり、注目される。

第三に勧頭・田徒衆の土地所有との関連は、幸い番水帳と検注帳が六年のひらきしかないことから追求可能である。両者を照合すると（表省略）、七十四人の勧頭・田徒衆中、一片の地主職も作職も特たないものが四十五人（六割）もおり、そのほとんどが番水権二以下の粉河寺子院・諸費用田・寺庵層に集中している。これに対して地主職や作職を持つ者は、傾向として番水権の多い者ほど地主職や作職を多く持っている。例えば番水権二十六でトップの彦次郎は勧頭職も三もち、作職も最大であり、二十三をもつ丹生屋殿も勧頭職を三もち、地主職も第三位という具合である。しかしながら例外はある。その最もよい例は菩提坊で、地主職は最大でありながら番水権は皆無である。これらの諸特徴は番水権が基本的には土地所有とは切り離された権利であることを示すといえよう。

第四に、第三の点を東村農民にしぼって階層構成をみてみたい。東村の上層部分と考えられる五反以上の作職所有者の勧頭・田徒職の大小と文安四年の池祭頭役の経験を第16表に作製した。この表から勧頭・田徒職が六反以上の作職所有者に集中していることがいえる。表の下の部分に検注帳に該当者のいない勧頭職所有者八人をのせておいたが、例えば次郎四郎は6の大空の子息、(46) 林楠ツルが10の衛門四郎の子息、(47) 次郎大夫は15の二郎の可能性あり、というように多くは上層作職所有者といえる。しかしながら第三の諸特徴の一つとして述べたように、土地所有で卓越していな

第16表

順位	作職所有者名	面積 町	反	歩	勧頭職	田徒職	池祭頭人
1	彦次郎	1	7	50	3	11	○
2	孫五郎	1	5	200		後に1	
3	九郎大郎	1	5	120	後に1	後に2	○
4	衛門三郎	1	2	40	1	—	
5	馬太郎		9	210	1	5	
6	大空（房）		9	205		1	○
7	源四郎		9	200		1	
8	兵衛三郎		9	110	1	20	○
9	タハタ彦五郎		8	350	1	5	○
10	さ衛門四郎		8	0	1	4	
11	兵衛五郎殿		7	180	(1)		○
12	彦五郎（殿）		7	80		3	○（2度）
13	次郎大郎		6	260	1	1	
14	平内次郎		6	70	1	10	
15	二郎		6	70			
16	源二郎		5	270			
17	くすほうし		5	240			
18	九郎二郎		5	40			
19	とうゐん（房）		5	30			
20	一くす		2	300		1	
番水帳より	二郎九郎				(1)		○
	次郎大夫				1		○
	林楠ツル				(1)		
	兵衛次郎				1	6＋後に4	○
	岡田兵衛門三郎				(1)		
	次郎法師殿				1	1	
	次郎四郎殿				1	1＋後に2	○
	左衛門六郎				1	後に9	○

注 （ ）は代人

がら番水権のない、あるいは少ししかもたない者がいる。第二位の孫五郎、第三位の九郎大郎、七位の源四郎である。九郎大郎の場合は後に勧頭職一、田徒職二を入手するが、孫五郎の場合は田徒職一を入手するのみである。これらの事例は彼らの番水権掌握の努力を示すと共に、これまでのように土地所有の規模のみを基準として階層構成をみる分析方法の不十分性・危険性を示している。

この点を更に明確化するのが作職所有者名十一位、十二位の兵衛五郎と彦五郎の殿呼称である。彼らはけっして卓越した土地所有者とはいえない。しかし、まず番水帳でも丹生屋殿を除く唯一の殿付記載者である彦五郎は、勧頭職をもたないにもかかわらず池祭頭役を二度もつとめている点が注目され、殿呼称されるだけの実力をここに示している。彼は樽屋[48]とも称されているので商業活動でも財をなしたのであろう。彼はその後、田徒職三をすべて表の作職所有者名欄外の兵衛次郎に譲っているが、兵衛次郎はといえば勧頭職一、田徒職六をもちながら検注帳に該当者がいない。したがって彦五郎の後継者という可能性が大きい。兵衛次郎はその後も田徒職一を入手し、合計十をすべて左衛門左部郎に譲っているが、この左衛門左部郎は十六世紀頃も大量の引水権を有していることから[49]、彦五郎家は代々村内の最有力層の一人といえよう。兵衛五郎も田徒職は皆無、勧頭職も「丹生屋殿借物[50]」にもかかわらず、検注帳にも池祭結番日記にも殿呼称されている。この秘密は勧頭職の中味にあると思われる。魚谷の九番勧頭は明らかに追筆部分で、魚谷は本来八番編成であったといえる。しかもこの九番には勧頭一人のみで田徒の記載は全くない。ということは、勧頭職一つで一日の全番水量を自由にできるのであり、これは勧頭職三つ分の番水権にも相当する。この九番勧頭職の強引な付加は、丹生屋殿の威力を考慮してもなお兵衛五郎の殿呼称されるだけの実力を示すといえる。

田徒職集積者として注目されるのは八位の兵衛三郎と欄外の左衛門六郎である。兵衛三郎の場合、田徒職の卓越性の故か、彼が一度、子息千代光が二度も頭役を務めている。彼は蔵元と称され高利貸活動によって作職を集積していたことが知られるので、[51]二十という大量の田徒職集積の背景にも同様な高利貸活動があったとみられる。左衛門六郎は番水帳作製当初は勧頭職一のみで、その後、田徒職九を入手する。入手の仕方は特定個人からの譲与ではなく、九人の者からのかき集めで集積の努力をみることができる。それらはすべて子息三フに譲与されたが、その三フの代になってはじめて宮座入りを許されたのをみると、[52]彼は彦五郎家などとは違って新興勢力といえよう。

以上の諸例は、東村農民の階層・動向が、土地所有の規模だけではなく用水の観点を導入することによってより正確に把握できることを示すものといえる。

4 平内の追放

ところでこの番水帳の終りの部分、ちょうど魚谷の八番勧頭のあたりに次のような裏書[53]があるのが注目される。

定おく東村地下之人集一同状、茶家平内二郎村ニワつらい、公方ニうしろくらきニよりて、長かの物お地下ニおくへからす、もしひいき《贔屓》の物あらハ、同罪におこなうへし、そのこ共同失地あるへく候、定状如件、

東村百姓等連書

これは茶家平内二郎の追放を定めた東村百姓等の定状である。平内二郎といえば六反七十歩の作職と一反二百七十歩の地主職をもち、番水帳では勧頭職一と田徒職十分をもつ上層農民である。追放理由は、村に迷惑をかけ、公方に対しても不隠な行動をしたとのみあって具体的な行動は知りえないが、このように番水帳の裏に書いているところをみると、平内の罪状が池用水ないしは番水にかかわるものであった可能性は大きい。

ところで番水帳は番水権の移動にあたっては墨囲によってその人物の権利消滅を表わし、その下に新たな所有者名を書くという形をとっているが、この形態でなく所有者を棒線で抹消する形をとっている例が四例だけある。

1悦谷四番勧頭　平内次郎　亀同　ムコ丸　馬三郎子大夫ほう

2悦谷九番　彦二郎　千松　上ノカイト九郎三郎

3右同　平内次郎　亀同　平内ノ乙童

4魚谷五番　平内次郎　彦次郎　千松　上ノカイト九郎三郎

この四例の抹消形態は、2の彦二郎以下の全部を消すもの（aとする）と、1、3の平内のみ消すもの（b）との二形態を含んでいる、4も平内の抹消線と彦次郎以下の抹消線とは明確に区別される。すなわち4の場合、aは彦二郎から九郎三郎への移動した田徒職そのものの消滅であり、bは平内個人の職の消滅である。aの抹消の時期は最後の九郎三郎への継承以後（おそらく十六世紀初頭）であることは当然だが、bの場合、子息亀同に譲った後に消しても何の意味ももたないことから、譲渡以前、すなわち亀同が勧頭職を継承して池祭頭人となった文安四年[54]（一四四七）以前と考えられる。となるとこの平内の抹消はきわめて例外的なものとなり、この抹消が裏書と深いかかわりをもつこと、すなわち平内追放と関連があると推定するのはけっして不当ではない。その関連であるが、平内の勧頭職一と田徒職二の抹消は全田徒職ではなくその一部であること（勧頭職消失の意味は大きいが）、また消失後権利の回復がみられ（墨囲をしたことはその後その権利が復活され、亀同に譲られたことを意味する）、亀同や彦二郎に譲っていることを考え合わせると、平内の追放は永久的なものではなく、おそらくは平内が村に詫を入れ、番水権の一部剥奪を代償に村内還住が許されたものと考えられる。三ヵ所の平内抹消の意味を以上のように考えたい。

また平内の罪状が池用水とかかわりがあるとすると、用水に関する罪が追放処分に匹敵するということになり、そうでないとしても追放処分が番水権剥奪に相応することがわかり、いずれにしても番水権の重みを示す事件といえる。

第三節　引水権と池水配分の実態

1　分水帳

東村の池水分配に関するもう一つの史料は「池分水本帳書抜」(55)である。これは各人の悦谷・魚谷における池分水の量を記したものであるが、番水帳がその記載様式に特徴をもつように、これもまた独特の形態をとっている。すなわち配分数を示すのに細かい横線を用い（例「三郎大夫―――――――――――合十」）、その後の増減の変動をこの横線の加筆と墨囲あるいは抹消線であらわし、その側に「〇〇より渡」といった注記を加えている。これを分水帳と呼ぶことにする。

分水帳は五つ現存する。文明七年（一四七五）六月のものが最初で二つ、共に悦谷のものである。(56)その二十九年後の永正元年（一五〇四）七月四日のものは悦谷・魚谷両池がある。(57)残る一つは前欠・年未詳である。(58)これらの分水帳を使う前に簡単にその特徴を述べておきたい。

まず文明の分水帳は、史料番号順にａ・ｂとすると、ｂは四十八名の農民とその分水量の記載はあるが、その後の加筆が全くない。ａの方は加筆・修正があり、六十三名と農民数も多くなっている。両者を照合してみると記載順序は一致しないが、bの農民名はすべてaと一致し、更にそれら農民の当初の配分数も一致すること、また不一致部分はaの行間に加筆された農民と最後に加筆されていった十数名であることから、aが基礎台帳として使用され、bは控えとして保存されたものといえる。しかしbの存在は貴重である。他の分水帳は最後の時点は何とかわかっても当初の持数は確定しえず、従って増減のしかたがわかりにくいのに対し、a・bの照合によって文明七年当時の農民とその配分数が確定できる。

永正の分水帳は両池が揃っているため、各人の全配分数がわかるという利点がある。両池を照合してみると、両池の池水分配を受ける者が圧倒的で片方だけというのは少ない。また悦谷に多くもつ者は魚谷にも多くもつという傾向があり、文明の時のように悦谷の分しか残ってなかったとしても、その持数の多少が全配分数をおしはかる指標となりうることを示してくれる。

最後に前欠・年未詳の分水帳は、四十一名の農民が載っているが、このうち三十五名がaの農民と一致すること、更に不一致六名の中には文明十年（一四七八）の宮座構成員と一致するものが二名いること等々から文明七年頃作られたと考えられる。またどの谷かといえば、第一に文明の場合は悦谷の分しかないこと、第二に配分数の照合の結果aの引き継ぎ帳とは考えられないこと、第三にaの農民名と一致する点については、永正の分水帳で同一人が両池に配分を受けている場合が圧倒的であることから一致しても不思議はないこと等々から、この分水帳は魚谷のものと推定しうる。となるとaと合わせることによって各人の全配分数量がでるはずであるが、前欠であるためおよそ十四人ほど（ちょうど池田垣内と南の部分にあたる）が欠けているという欠点をもつ。

ところでこれら分水帳の有効期限であるが、悦谷の場合は永正元年に分水帳が作られるまで二十九年間、文明七年の分水帳が基礎台帳となっていたといえる。また永正の分水帳には正海入道のところに「享禄五年より先ノ水ハ悉渡申候、相残分也」とあって、享禄五年（一五三二）以後も台帳になっていたことがわかる。有効期限は最低およそ三十年を単位としたといえる。

2　番水帳と分水帳

池水配分＝番水のために番水権を記した番水帳が作られているのに、なぜ分水帳を作る必要があったのか。近世の場合は番水株の所有者が自己の田に引水するのであるから、番水帳があれば事足りたわけである。ところが東村の場合、分水帳の存在は池水配分がそんな単純なものでないことを示している。番水帳と分水帳はいかなる関係にあるのだろうか。実際に池水配分がなされる場合、番水帳と分水帳と各々どのような役割を果していたのか、番水の実態はいかなるものか、本論の核心部分ともいうべきこれらの問題を解明したい。

そこでまず文明の分水帳に焦点をあてて分水帳の特色を明らかにしておくことにする。文明の分水帳にしぼったのは、第一に十六世紀初頭まで有効であった番水帳と時期的に一致すること、第二に控え＝bの残存によって文明七年の時点の分水量の確定が可能であること、第三に文明十年の名付帳[59]と通称される宮座構成員の記録があって、分水帳記載者の性格を知る手がかりがあること、以上の理由による。文明の分水帳はaの最後に「合三百五六歟」と集計があるため、全分水量が三百五とわかる。[60]これを文明七年当時は四十八名が分割していたのであるが、この状況を第17表にしてみた。これによると二十以上がわずか二人で全分水量の一割五分を占め、更に十以上は十五人（三割）で七割近くの分水量をもつ。また二以下の少量をもつ者は四割近くもいる。一人平均六半。次にこれら農民と名付帳（東村の宮座構成員が、誕生した子息を翌年正月に帳付けしたもの）とを照合してみると（表省略）、分水帳農民とほとんど一致する。その一致具合は、分水量二以上の者に集中し、一しか持たないものは宮座からはずされるという傾向にあるが、いずれにせよ分水帳農民が東村農民である点は確認でき、この点が番水帳との最大の差異であり、特色でもある。

　このように同一用水池に勧頭・田徒衆と東村農民が各々番水帳と分水帳に記載されるということは、同一用水池に対して両者の重層的な権利が成立していたことを示すものである。勧頭・田徒衆の権利＝番水権は、第二節3で明らかにしたように、土地所有とは切り離された得分であり、売買される用水権である(61)。それは勧頭・田徒職が農業経営とは遊離した粉河寺子院・寺庵層の手にあることによっても明らかである。

第17表

分水所有規模	人　数	分水量	%
20以上	2	46	15
10〜20	13	164	52
5〜10	9	61	19
3〜 5	5	18	6
1〜 2	19	25	8
合　　計	48	314	100

彼らにとって番水権は用水としてではなく得分として認識されていたであろう。それに対して実際に水田耕作にあたる農民にとって用水は不可欠であり、番水権を有さない、あるいは十分にもっていない場合、粉河寺子院や寺庵層に対して一定の得分を負担して自己の田に水を引かなければならなかった。その彼らの引水量を示したものが分水帳といえるだろう。したがって分水帳の農民の権利は、実際の水田耕作と結びついた用水をひく権利、引水権(62)と規定しておく。東村の池用水には番水権と引水権が重層的に存在していたといえる。

　次に番水権と引水権の関連を、配水の実態を通して具体的にみてみたい。

3　番水の実態

東村の池用水分配の方法は番水である。前述したごとく悦谷・魚谷両池共に九番に編成されている。一番は一昼夜流す用水量をさすから、[63]九番ということは九日間で一巡ということになるが、番外に入勧頭分があり、これも一番にあたると考えられるから十日で一巡ということになる。各番には勧頭職一と田徒職八～十三があるが、前述したごとく、勧頭職の番水権は田徒職一つ一分に対し、五分の特権を有するので、例えば八分の田徒職のあるところは、田徒職一つは十三分の一、勧頭職は十三分の五の権利を有することになる。これらが溝筋で計られ分配されるのである。悦谷の番水を図式化しておく（第5図）。

第5図

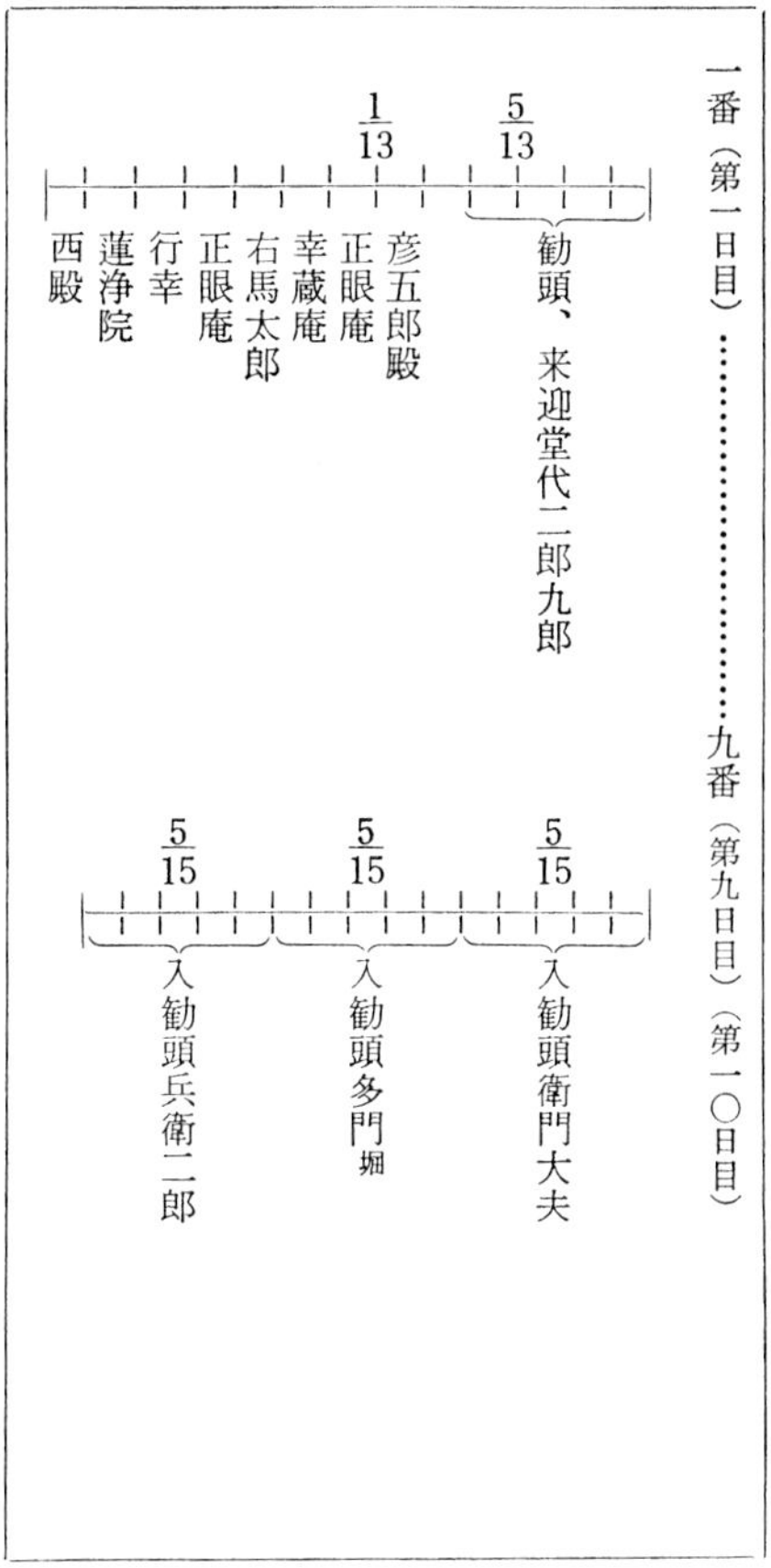

しかし実際に配分を受けるのは勧頭・田徒職所有者ではなく、彼らから引水権を得た農民である。[64]彼らの番水の実態はどのようなものであったのだろうか。農民の用水利用の手がかりを伝えると思われる次の史料に注目したい。

出来水三スチ（筋）

○廿一日三郎大夫	五	○廿一日二郎三郎方	五	○廿一日右馬太郎	五
廿二日 ○次六郎三郎	四	廿二日 ○次同人	五	廿二日 ○次同人	七
○次孫法師	三	廿三日 ○次兵衛二郎	二	廿三日 ○次道願	七
廿三日 ○次同人	四	○次同人	四	廿四日 ○次同人	二
○次三郎大夫	三	○次二郎五郎	三	○次さ衛門二郎	五
廿四日同人□□ ○次同人源方〻〻	五	廿四日 ○次二郎三郎方	七	廿五日 ○次同人	二
○次岡田	二	廿五日 ○次同人	二		
廿五日 ○同人	二				

第二度目

廿五日 五郎二郎	五	廿五日 三郎四郎	二	廿五日 さ衛門次郎	五
廿六日 次同人		次三フ	三	廿六日 次同人	
		廿六日 次同人			

いつごろかといえば、登場する十三人中十二人が文明七年の分水帳農民と一致するところから文明七年前後のものといえよう。「出来水三スチ（筋）」は用水溝が三本ということであろう。分水帳農民名との一致といい、用水溝といい、また二十一日から二十六日にわたる記載といい、これらはすべてこの史料が用水の、勧頭・田徒職所有者のレベルではなく、引水権をもつ農民の分配を記録したものであることを示している。各農民の五、三といった数字は、分水帳

が細かい横線で表わした引水量を示したものであろう。ではこの分配は、どの池のどのような分配を示したものであろうか。

分配の方式については、二十五日の途中に「第二度目」とあることから、二十一日から二十五日までが第一度目にあたることはまちがいない。とすると分配の一巡が五日間で終る番水形態をとっていることがいえる。

次にこの史料の読み方であるが、用水溝が三本あること、また各々が三段にわたって記されていることに着目し、各段が各々用水溝の分配を示しているのではないかと考えた。そこで上・中・下段を用水路㋑・㋺・㋩として各溝の配分状況を図式化してみると（第6図、農民名は省略）、次のような注目すべき事実が浮かびあがった。第6図によると、㋑、㋺、㋩の三筋共に初日は引水量五、二・三・四日目は七、最後の日は二で終っており、各溝の第一度目の引水量の合計は二十八となる。

第6図

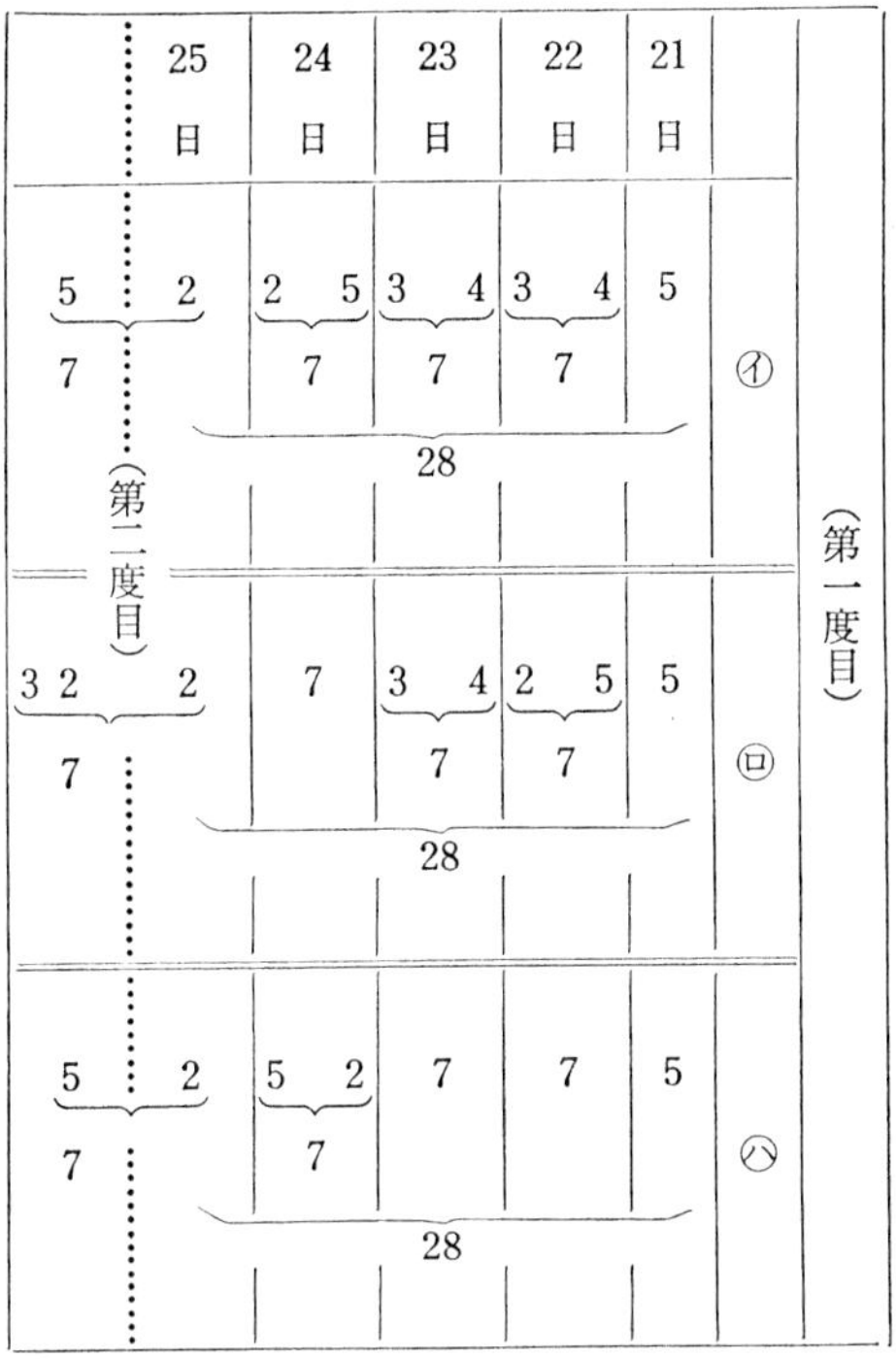

このことは、この用水池には溝数にかかわらず、二十八という固定した権利が存在していることを示している。すなわちこの池は、二十八分の番水権のある池である。となると、田徒職だけでも八、九十分ある悦谷・魚谷よ

りもはるかに小規模な池といえるだろう。

室町期の東村には悦谷・魚谷の池々が大規模な水系とすると、そのほかにこやの谷の池[65]、あさのくほ池[66]があり、永享十一年（一四三九）のあさのくほ池には二十六分の田徒職の存在が確認できる。二十八分あるこの池があさのくほ池である可能性はきわめて高い。悦谷の番水帳にあったように「入田戸」が二分あったとしても不思議はないからである。またこの池があさのくほ池であるなら勧頭はいない。南北朝期の例ではあるが、七分の田徒職のある上の池に勧頭がいなかったように[67]、小規模な池の場合ありうることである。

次に、二十八分の田徒職が五番編成されて番水されている点をみてみたい。ごく普通に考えれば、一番を七分の田徒職にして四番編成にすればすっきりする。これは番水帳段階で四番編成のものが、農民の番水の段階でこのようになったのかとも考えられる。すなわち、初日は用水路も乾いていて水がしみこみやすく不利なため、本来なら七分の一の溝幅を五分の一にしたのであろうか、このへんの慣行については解明しがたい。

第7図

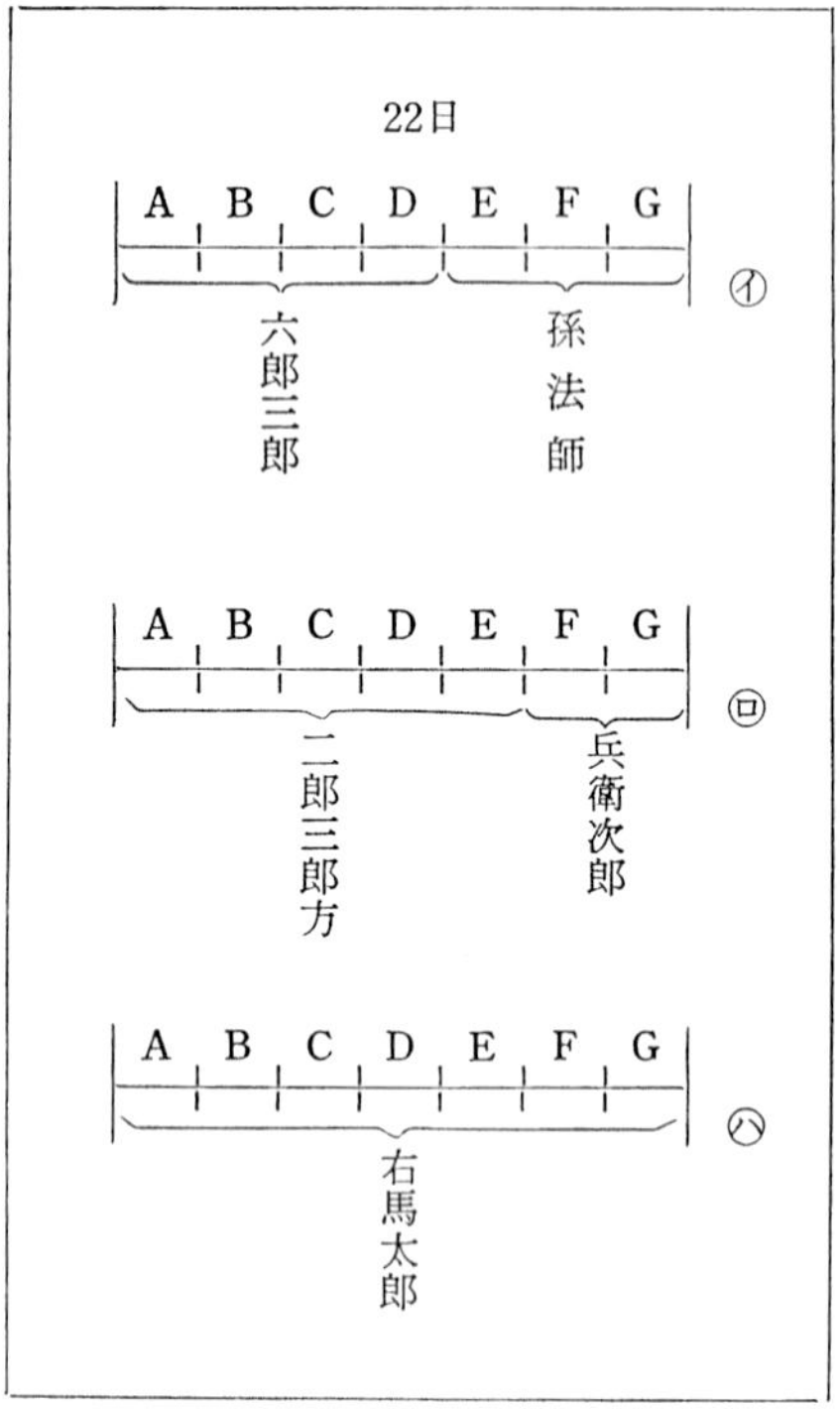

ところで番水権と引水権の関係については、右の史料は明快な答えを示してくれる。番水

権二十八に対し引水権が八十四とふえるのは、この池用水が三本の用水溝によって配水されているからである。(68) 例えば二十二日を例にとってみると、七分に七人の田徒がいるとしてこれをABCDEFと仮定すると、Aは㋑にも㋺にも㋩にも七分の一の権利を有するのである（第7図参照）。

この場合㋑では六郎三郎に、㋺では二郎三郎方に、㋩では右馬太郎に引水権を与えることになる、また㋑の水路から灌漑する六郎三郎は、四分を得るためにABCD四人の田徒と関係を結ぶことになる。

悦谷は十二の勧頭職と八十六分の田徒職があり、分水帳には引水権三百五とある。番水権は勧頭職が五分にあたるから一二×五＋八六＝一四六分となり、引水権はそのほぼ二倍にあたる。これは悦谷池から引く幹線用水路が二本あることを意味しているのではないだろうか。文明の分水帳が「ツル石一 一一一一一合七」とあるように左右二列に書いたことも、二本の用水路の引水権をこのように書き分けたということも考えられる。

以上、東村の池用水分配が、番水帳を元にして勧頭・田徒職所有者から引水権を得た分水帳記載農民による番水であることをみてきたが、引水権を得た農民が勧頭・田徒職所有者にどの程度の代償を支払ったのか、については手がかりとなる史料は得られない。しかし例えば先ほどの六郎三郎を例にとって、六郎三郎がA〜Gの一分の田徒職も有していなかったとすれば、彼は領主への年貢、地主への片子に加えてA〜Dの田徒にそれ相応の水年貢に相当する代償を支払うという三重の負担を負わなければならなかったことは確かである。

4 引水権と惣村

ではなぜ池用水に番水権と引水権の二重の権利が生じたのだろうか。この問題は、集中的に池築造が行なわれた鎌倉後期・南北朝初期の用水池築造期にまでさかのぼって考えなければならない。

まず勧頭・田徒職の成立については、開発地同様、最も功力を加えることのできた者に分与された用水所有権[69]といえるが、東村の溜池は第一章で明らかにしたようにほとんどが東村村落共同体を推進主体として造られたもので、池築造には東村のすべての農民が参加したと考えられるから、それに必要な諸経費出資の額が両職獲得の決め手になったのであろう。池築造にかかる諸経費のうち最も大きな比重を占めるのは労働力への功賃等であるが[70]、これは一部有力農民を除いては、無償労働力の提供という形でたてかえられたと思われる。南北朝期の田徒の階層がわかる上の池の場合、有力農民五割に対し一般農民も五割ほどを占めているから[71]、この当時は東村農民のかなりの部分が職数の大小はあれ、勧頭・田徒職を所有していたことがわかり、粉河寺子院・寺庵層の進出以前は、両職は農業経営に結びついた性質のものであったといえる。

これに対して引水権は、基本的には勧頭・田徒職の職の分化、すなわち職を所有する農民が粉河寺子院などへの職の売却等の際、手元に引水の権利を留保するとき成立するといえる。その点を端的に示すのは次の文書である。貞和三年（一三四七）、紛失状[72]の紙背に書きとめられた「勝福寺寄進池水十分一弥五郎分也、（中略）東村人」の記載は、弥五郎が勝福寺に寄進した某池の田徒職一分に対して、彼が今なお「弥五郎分」と主張するような権利を「東村人」＝東村村落共同体が保証したもので、このことから田徒職の寄進が全くの権利の移動ではなく、寄進にともなって田徒職が分化し、彼のもとに一定の権利が留保されたことがわかる。この権利こそ引水権に相当するものであろう。かかる勧頭・田徒職の分化は、一般的に把握されているように剰余の成立による得分化といえるが、その分化の端初として築造後の池に成立した田徒職の一部に限定付用水権＝引水権を想定してみたい。大量の有償労働を必要としなければならない池築造に、労働力を提供しても職獲得には至らなかった他の一般農民や弱小農民への報酬が考えられなければならないからである。あるいは惣は、彼らに一部の大量職所有者の用水を貸与し、引水権として認めたことも一つの端緒になったのではあるまいか。いずれにしても職の分化によって個別的に成立した引水権が、分水帳という形で「ムラハコ」＝黒箱[73]に保管され、惣村によって保証された点は注目される。

このことは池用水に対する惣規制ともいえるが、それにもまして池用水に対する惣規制を強く感ずるのは次の事実である。文明四年（一四七二）六月に、悦谷・魚谷いずれの池かは不明だが、池がかり分と池はずれ分の田地の史料[74]がある。池がかり分十一町一反余、池はずれ分七町二反余。文明四年がたとえ日照りであったにせよ、東村の全田地が三十町ほどであることを思う時、七町二反もが池はずれとなるところに池用水の絶対的不足を感じないわけにはいかない。それにもまして驚くべきことは、池はずれの中に四反、五反といったかなりの面積を池はずれとされた馬大夫（四反）、左衛門大夫（五反半）、左衛門三郎（五反）の存在である。彼らの池がかりはそれぞれ二反大、四反、七反大であり、馬大夫などは池はずれの方が多い。このうち左衛門三郎を例にとると、彼はここだけでも一町二反大の田地をもち、文明の分水帳では引水権二十四の最高所持者であり、番水帳によれば、勧頭職一、田徒職十も持っている紛れもない有力農民である。その彼でさえ一町二反大のうち五反も池がかりからはずされてしまう。彼のような者でさえ、その年々の池はずれ分の割当を受けねばならないということは、そこに惣規制が大きく働いていることを想定することなくしては理解できないことである。

第四節　十六世紀前半の引水権の動向

永正元年（一五〇四）の分水帳は控えがないため当初の持数・増減の具合が追求できないことは前述した。しかしこの分水帳が享禄五年（一五三二）以後何年ぐらいまで有効であったかは確定できないが、その最終時点、おそらくは享禄五年よりほど遠くない時期の持数は、正確とはいえないが大体のところ明らかにしうる。ここでは十六世紀前半の引水権を文明七年の引水権との比較によってみていくことにする。

永正元年分水帳作製時はおよそ四十一人ほどの農民が引水権を得ていたようである。そのうち死亡あるいは引水権を喪失して抹消された者と引水権がゼロになった者が二十九名おり、追筆部分で最後まで残った者が二十二名いることから、最終時点では四一－二九＋二二＝三四人となる。この三十四名の悦谷の分の引水権数と文明との比較をしたのが第18表で、これによれば永正の分水帳の場合、三十以上を持つわずか四人が引水権百六十八すなわち全引水権の五十七パーセントをもっており、少数者に大量の引水権が集中している。と同時に文明の時の十から二十の上層安定所有者層ともいうべき部分がおちこみ、五以下（五以下とはいっても一、二が圧倒的）の少量所有者も大きく後退している。これはひとえに少数者への大量の引水権

第18表

分水所有規模	永正の分水帳		文明の分水帳	
	所有者数	分水量	所有者数	分水量
50～60	1人	54		
40～50	1	43		
30～40	2	71		
20～30	0	0	2人	46
10～20	3	41	13	164
5～10	11	74.5	9	61
5以下	16	11	24	43
合　計	34	294.5	48	314

の集中の結果であろう。十六世紀前半の引水権にみられる第一の特徴である。

第二にいえることは、文明の分水帳（十五世紀後半）にもまた永正元年分水帳作製当初にも共通するのだが、引水権所有者が東村農民であったという事実に大きな変化があらわれたことである。それは永正の分水帳の追筆部分にみられる粉河寺子院・寺庵層の進出である。例えば正蔵院、弥勒院、窪坊、泉宅房等々でその数は九に及び、引水権は両谷あわせて三十四に達するという次第である。

そして第三に、第二の特徴の裏返しとして農民の所有者が二十五人と大きく後退したことである。文明の時は五十名近い引水権所有者がみられ、三十年後の永正になって四十余名と少し後退するが、同じくその三十年後に二十五名となることは急激なおちこみといえよう。

これらの事実は何を意味するだろうか。本来引水権は、実際の耕作農民が勧頭・田徒職所有者から番水権を借りて自己の田地に水を引く権利である。その引水権を農業経営から遊離した子院・寺庵層が集積する。最も水を必要とする農民は二十五名と減少する。東村の田地を耕作する農民がわずか二十五名とは考えられない。このことは引水権の本質、すなわち実際の水田耕作と不可分であるという属性が変質したことを示すにほかならない。引水権が権利得分として、田地への灌漑という事実と離れて認識されてきたことを意味していよう。

かかる引水権の変質は、あたかも加地子名主職の下の耕作権を有する農民が、自己の権利の一部を作職（得分と下級職への進止権を内包する）として売却・寄進によって生ずる作職の成立のごとくである。作職は本来的には実際の耕作農民に付随する権利であり、それ故耕作農民の土地売買・寄進などでその農民から離れる時はじめて作職と表現されたのである。その時作職のもつ実際の耕作権という属性は失われ、職として得分として認識されるようになる。右の引水権の変質は、引水権もまたかかる中世社会の職の属性から逃れることができなかったことを示している。すなわち、名主職などの上級の職が、得分未進がない限り作職などの下級の職を改易できないように、引水権は勧頭・田徒職所有者から相対的に独立していたのであり（惣村による引水権の保障体制がその独立性に大きく影響していることはけっして忘れてはならないが）、それ故引水権所有者が自己の権利を有力農民や粉河寺子院に売却しえたのであろう。それにしても引水権を手放した農民は水なしではいられないから、やはり新たな引水権所有者の下で（あるいは別の引水権所有者から）そのまた下の引水権を借り受けねばならず、その場合彼は引水権所有者とそのまた上の勧頭・田徒職所有者に二重のいわば引水権借り受け料を支払わなければならないことになる。

むすび

本章の要約と残された課題を述べたい。

十五世紀前半の粉河寺領東村は田地ほぼ三十町弱規模の村である。職の分化は進行し、作職の大部分は東村農民の手にあったが、地主職のほとんどは粉河寺子院とそれに付随する諸費用田、寺庵層、村外在地小領主などの手にあり、東村農民は上層農民のうちの数人が少量の地主職を確保しているにすぎなかった。東村に隣接する下丹生屋村の丹生屋殿や河原村の河原殿の進出も見落せないが、圧倒的部分は粉河寺子院・寺庵層である。

以上が永享十二年（一四三〇）の検注帳から明らかになったことであるが、特徴的なのは、これら子院・寺庵層の進出が屋地にも及びはじめ、永享頃、有力子院への屋地集中が急速に進むことである。私的所有権の強固な屋地にまで職の分化が進行する契機の一つは、粉河寺が屋地に賦課する種々の夫役公事を一定の伏料のもとに免除する屋伏の実施にあった。屋伏扱いされるために有力子院の権威をいだくことが有利となったのである。

永享八年（一四三六）の番水帳は谷々にある溜池の番水（時間を基準とする）による配水順序を示すと同時に、勧頭・田徒衆と称された用水所有者たちの、番水順序に直結した所有権＝番水権を示している。当時、勧頭・田徒衆は七十四人いたが、その半数近くが、粉河寺子院・寺庵層で占められ、東村農民はおもに六反以上の上層作職所有者が勧頭・田徒職を所有していた。土地所有との比較によれば一筆の地主職・作職も有しない者が半数以上もおり、勧頭・田徒職の農業経営からの遊離＝得分化が明らかである。このうち勧頭職所有者は田徒職一つ一分の番水権に対して五分有するだけでなく、池の管理や番水の監督等をして池水灌漑の惣責任者となり、また池祭の主権者ともなって村内に特権的地位を占めていた。

これに対して文明七年（一四七五）の分水帳は、東村農民が各自の田に引水するにあたっての用水権＝引水権の数量とその増減を記したもので、その引水権はこの当時はすべて東村農民が所有し、まだ水田耕作と直接に結びついたものであった。引水権は、鎌倉後期・南北朝初期の集中的な池築造にあたって最も功力を加えた農民たちに分与された勧頭・田徒職の分化によって成立したものであり、その分化は南北朝初期よりみられ、分化の際、農民側に留保された引水権は惣村による保証を受け、分水帳に記されて村箱に保管された。

中世後期の池水灌漑の特質は、用水が勧頭・田徒衆によって分割所有されていたのみではなく、勧頭・田徒衆らの番水権の下に、惣村によって保証された引水権が成立していたこと、すなわち用水権の重層性があげられなければならない。この特質に規定されて、東村の池水配分は、番水帳を基礎としながら分水帳に記された引水量を溝筋で何分のいくつと計り、引水権所有者の田に灌水するのである。引水権を得た農民が勧頭・田徒職所有者に一定の代償を支払わねばならないことはいうまでもない。

農業経営と不可分であった引水権は十六世紀前半になると勧頭・田徒職同様得分化し、有力農民への引水権の集中、粉河寺子院・寺庵層の集積がみられるようになる。土地所有でみられた職の重層化の動向がここにも貫徹していたといえよう。

以上が要約である。本章は検注帳、番水帳、分水帳などの帳簿類を分析対象とし、特に今日まで扱われたことのなかった用水関係の番水帳、分水帳の分析と、両者の併存の意味を追求することを主要目的としたため、村落構造との関連については触れえなかった。例えば文明期の宮座との関連、十六世紀における引水権の有力農民への集中の背後にある村落構造の変質などは今後究明する課題である。

〔付記〕 現地調査にあたっては亀井孔宥氏、辻内寿雄氏、林亮一氏、野田氏の御教示を得た。記して謝意をあらわしたい。特に亀井孔宥氏の御援助なくしては本稿の作成はおぼつかなかったであろう。

注

(1)『中世灌漑史の研究』(一九五〇年)。
(2)「日本中世の労働編成」(『日本史研究』五六、一九六一年)、開発に付随した灌漑についての研究は戦国時代にはいくつかあるが、今回は触れない。
(3) 黒川直則氏「十五・十六世紀の農民問題」(『日本史研究』七一、一九六四年)、他省略。
(4) 藤岡謙二郎氏編『河谷の歴史地理』(一九五八年)。
(5)『和歌山県史』中世史料一「王子神社文書」一一八・一一九　東村検注帳、なお原本写真版によって以下を訂正する。一

一八、四六〇頁（ひこ五郎↓ひこ五郎トノ）、四六一頁（ひこ五郎↓ひこ五郎殿、ひやうへ□↓ひやうへ三郎、兵衛五郎↓兵衛五郎トノ、ひやう四郎↓ひやうへ三郎）、四六二頁（兵衛五郎↓兵衛五郎トノ、兵へ大夫↓をく大夫、にうのやとのゝ川田↓御田、あしき↓あらき殿）、一一九、四六三頁（せんしゅつてん↓せんしゅくてん、なおこれは別の所ではせんしゅくてんと読んでいる。統一すべきである。さく林明とくけん↓衛門五とうけん、きたくう↓きたくら、きたハラ↓きたくら）、四六四頁（タキ↓ノソキ、むまの二郎↓むまの二郎トノ）、四六五頁（とうきん↓とうけん、タキ↓ノソキ、ひこ五郎↓ひこ五郎トノ、ひこ五郎↓ひこ五郎トノ、おくた↓おかた）、四六六頁（かわ大郎とのゝ↓かわはらとのの、むまの二郎↓むまの二郎トノ）、四六七頁（相ちかい殿↓於ちかた殿、タキ↓ノソキ、兵へ大夫↓をく大夫、クキ↓クテン）、四六八頁（とうね↓とうゐん）、四六九頁（兵衛五郎↓兵衛五郎トノ）、四七〇頁（ライカウヒワ↓ライカウトウ）、四七一頁（すいもん↓すいうん）、四七二頁（とくち↓うとくち、定大夫↓をく大夫）、四七三頁（定大夫↓をく大夫）。

（6）「地主」の記載はないが、「王子神社文書」一一七の検注下用帳に「一反別ニ米三升代廿八文、地ぬしより出され候」とあり、地主と称されていたことが明らかである。なお「米三升」が「三斗」と誤読・誤植してある。

（7）「けんたんし」に「検断使」の字をあてているが、番水帳にある還丹寺をあてるべきであろう。

（8）『和歌山県史』中世史料一「粉河寺文書」。

（9）注（8）、高野山文書刊行会編『高野山文書』九、興国寺文書第二の一四五号。

（10）「王子神社文書」六四　大検注日記。

（11）②③は階層的には明確に区別できないが、権力の中枢ともいうべき粉河寺子院と区別する意味で分けてみた。

（12）注（8）に同じ。

（13）『和歌山県史』中世史料一「粉河寺文書」二一の八。

（14）「王子神社文書」一一六　東村屋地注文。

（15）寶月圭吾氏「中世検注における一・二の問題」（『信濃』一〇―四、一九五九年）。

（16）関連論文、注（15）、福留照尚氏、体系日本史叢書10『産業史』1第四章第二節「耕地の発展」（一九六一年）、吉沢秀子氏「阿氏河荘における農民闘争」（『歴史評論』三二六、一九七七年）。

(17)「王子神社文書」一〇〇　本屋出伏料日記。
(18) 同一一〇　検注伏地日記。
(19) 同一〇〇では「田白」と読んでいるのに一一〇では「畠」としている。「田白」の誤読である（七カ所）。なお「并〻」は「井坊」（三筆）の誤読・誤植、三十六筆目は「一反」の下「田白」の脱あり。
(20) 木村茂光氏「中世成立期における畠作の性格と領有関係」（『日本史研究』一八〇、一九七七年）。
(21) 丸山幸彦氏「得珍保野方郷における農業生産のあり方」（『赤松俊秀教授退官記念国史論集』、一九七二年）、峰岸純夫氏「一五世紀後半の土地制度」（『土地制度史』一九七三年）。
(22)「王子神社文書」一三一　某池掛り田注文。
(23) 同一三五　某池はずれ注文。但しこれは通常ではなく、この年は特に日照りがひどかったのであろう。
(24) 注(18)に同じ。
(25) 注(6)の一一九。
(26)「王子神社文書」一二〇　東村負物米納入注文案。
(27) 同六二　粉河寺下知状案。
(28) 同六三　東村勝福寺段銭等免除坪付。
(29) 同一〇〇によれば伏料は本屋不定、新屋四百文、田白一反二百文である。
(30) 同一二四　東村悦谷・魚谷両池水配分注文、誤読・誤植訂正、四八〇頁（為願九郎二郎→道願）、四八六頁（ほり跡子→ほり殿子）。
(31) 詳細は同書の各論編にある。
(32) 現在の番水責任者である辻内寿雄氏所蔵、以下は辻内氏の御教示による。
(33) この「一反水」の権利は「半水」（二分の一反水）や「大水」（三分の二）、「小水」（三分の一）に分割されているものが多い。
(34) 注(1)に同じ。
(35)「王子神社文書」五四　熊若女池代売渡状。

(36) 同一二八　あさのくぼ池水配分注文。
(37) 同五七　仙恵池代売渡状案、同八〇　カミノ池水注文、注(1)の二五〇頁。
(38) 同一二三　悦谷勧頭衆定文。
(39) 注(1)の第四章。
(40) 「王子神社文書」一七四　こやの谷の池水掛り注文。
(41) 同一三〇　池祭頭結番日記。
(42) 同一七六　悦谷池築酒手日記。
(43) 同一三八・一三九、一八二・一八三、二四一。
(44) 注(1)に同じ。
(45) 田徒職は一つ一分、勧頭職は一つ五分で計算したものである。なお番水帳では田徒の人数の集計が多少違っている場合が多い。
(46) 「王子神社文書」一二三七　東村勝福寺免田坪付注文や注(30)より推定。
(47) 注(30)より推定。
(48) 注(30)悦谷一番「彦《従己未》五郎殿」は「彦《樽屋》五郎殿」ではないだろうか。他の二筆はすべて「彦《タルヤ》五郎殿」とあることもそれを裏付ける。
(49) 「王子神社文書」一三八・一三九　悦谷池分水本帳書抜。
(50) 注(30)に同じ。
(51) 「王子神社文書」一二二　左衛門四郎田地質入状。なお「三イモシロ（花押）」を左衛門次郎としているが、大検注と同時期で花押をもつのに該当者がいないことから、これは左衛門四郎としたい。
(52) 同一二六　王子神社名附帳、東座三六番目。
(53) 注(30)の紙背。
(54) 注(41)に同じ。

(55) 注(43)に同じ。
(56) 注(49)に同じ。
(57) 「王子神社文書」一八二一　悦谷分水本帳書抜。同一八三　魚谷池分水本帳書抜。
(58) 同二四一　某池分水注文（前後欠）。
(59) 注(52)に同じ。
(60) 私の集計ではこれより少し多くなる。第17表は私の集計にもとづいた。
(61) 「王子神社文書」五七　仙恵池代売渡状案。
(62) 河川などの引水権とまぎらわしいが、一応このように概念づけたい。
(63) 喜多村俊夫氏前掲著書や金沢夏樹氏『稲作の経済構造』（一九五四年）や馬宿の諸例による。
(64) 「王子神社文書」二四二　某池分水注文。
(65) 注(40)に同じ。
(66) 注(36)に同じ。
(67) 「王子神社文書」八〇　カミノ池水注文。
(68) なお二度目になると一度目と異なる農民が書かれ、また二度目が未完かつ曖昧であり、このへんのところは十分に分析しえない。
(69) 注(59)に同じ。
(70) 注(60)に同じ。
(71) 注(67)に同じ。
(72) 「王子神社文書」一二一　日熊国宗・紀友恒連署田券紛失状。
(73) 注(67)に同じ、黒箱については宇野脩平氏「若一王子の黒箱」（『宇野脩平先生追悼録』、一九七一年）。
(74) 注(22)・(23)に同じ。なお「王子神社文書」一三二の「文明二年」は「四年」の誤植である。

第三章　中世後期の池水灌漑再論

はじめに

本章は、第二章「中世後期における池水灌漑と惣村[1]」によせられた小山靖憲氏の批判にたいする反批判である。

小山氏の批判の特徴は、私としては以下述べるように納得しえない論拠によって、「とうてい従える見解ではない」と拙稿を全面否定している点もさることながら、それを『那賀町史[2]』（本文編第三章中世「惣村における用水の分配」）といった地域史の叙述の中で行なっている点にある。

『那賀町史』においてこの批判を受けた拙稿は、那賀町の西隣の粉河町、中世においては東村（粉河寺領）と称された地域の池水灌漑に関するものである。

東村には二百数十点にもおよぶ中世文書（『和歌山県史』中世史料一「王子神社文書」）が残っているが、その「王子神社文書」を最も特色あるものにしているのは、池水灌漑に関する豊富な史料の存在といえよう。そのなかでも、A永享八年（一四三六）から少なくとも八十年間にわたって書き継がれた「東村悦谷・魚谷両池水配分注文[3]」と、B文明七年（一四七五）から享禄五年（一五三二）までは機能していた悦谷と魚谷の五通の「分水本帳書抜[4]」の二種類の史料は、他に類例をみないものといえよう（A・Bの記号は小山氏が拙稿批判の際使用されたものであり、当面これに従う）。第二章はこのA・

B二種類の史料の分析を中心としたものであるが、行論上その要旨をかんたんに述べておきたい。

まず第一に、Aを番水帳と名づけ、ここに記載された人名等が溜池用水の所有者である勧頭・田徒衆であることを明らかにした上で、Aは、池用水の番水による配水順序を示すと同時に、勧頭・田徒衆らの番水順序に直結した用水権＝番水権を示したものとみた。七十名余の勧頭・田徒衆の六割ほどは粉河寺子院・寺庵層等であり、残り四割近くは東村農民である。農民の番水権と土地所有（同時期の検注帳による）は必ずしも対応しないが、多くは上層の作職所有者といえる。勧頭は池水分配の管理責任者であり、池祭を主催し、番水権においても田徒に優越する特権的存在である。

第二に、B＝分水帳は、東村農民が各自の田に引水するにあたっての引水権の数量とその増減を記録したものである。この引水権は、十六世紀に入ると漸次少数者への集中、農民数の減少、寺庵層の集積がみられるようになる。

そして第三に、中世後期における東村の、多数に分割された池用水権には、一筆一筆の土地に成立する地主職と作職のように、勧頭・田徒衆らの番水権と、農民の引水権とが重層的に成立していたとみた。

これに対する小山氏の批判は次のようなものである。すなわちAの人名等は黒田のいうような勧頭・田徒衆などではなく、地主であり、Bの農民が田徒である。勧頭は特権を有していないし、田徒も灌漑用水の取水者であるから職ではない。そしてAは「水わけ」のローテーション、Bは農民の引水権を「筋」で表示したもので、両者は相互補完関係にある。

右にみられる小山氏の見解を一言でいえば、A＝地主説、B＝田徒説となる。小山氏がこのような見解をもつに至った理由はAの史料解釈にあり、これは、氏が唯一、具体的な論拠をかかげて批判しているところである。このAについての私の史料解釈、なかでもAの記載人名（粉河寺子院等を含むが、便宜上、人名に統一する）＝勧頭・田徒衆説は、拙稿の出発点であり、かつ拙論の核心部分を構成するものである。

したがって、私の反批判もここに集中することになる。前掲拙稿では枚数制限のために省略せざるをえなかったAの史料解釈の過程、小山氏の唯一の論拠と密接不可分な『和歌山県史』のAの活字化の際の問題点、Aに記された用水権の継承コース等々、さまざまな角度から小山氏の論拠に反証を加え、さらにA＝地主説がなりたたないことも同時期の検注帳から明らかにしたい。次にA・Bの関連については私見と小山氏の見解とを対比させ、最後に、拙稿で十分展開しえなかった用水権と職の問題についても少しふれることにしたい。

まず争点のAの史料から検討していくことにする。

第一節　番水帳と勧頭・田徒衆

1　番水帳の史料的性格

Aの検討に入る前に、その概略を紹介したい。Aは、少なくとも十数枚の紙を貼り合わせて作ったもので、端裏書が長帳と記しているように非常に長い。おおよその形態は下のようなものである。

悦谷池
一番
〜
九番
入勧頭
魚谷池
一番
〜
九番
入勧頭

このように悦谷・魚谷両池共に九番からなり、最後に入勧頭分がついている。各番内は次のようになっている。

何番勧頭斗人名(イ)（人名の書き継ぎ）

人名(ロ)（人名の書き継ぎ）

人名㋩（人名の書き継ぎ）

人名㋥（人名の書き継ぎ）

已上何人

すなわち、番数の下に「勧頭斗」とあってその下に人名㋑があり、そのあとに㋺㋩㋥というように数人の名前が記され、㋑㋺㋩㋥の各々の下には数人の人名の書き継ぎがある。書き継ぎの方法は、人名を長丸や長四角で囲み、その下に新たに人名を書くというやり方が何度かくり返されたものであり、少なくとも八十年にわたって書き継がれている。

寶月圭吾氏は『中世灌漑史の研究』(5)において次のように述べておられる。

中世に於ける用水分配の方法としては、（中略）時間を基準として用水を分配する方法と、用水路其他の灌漑施設に、適宜な装置を施して、用水を分配する方法との二種となすことができる。時間に依る分配法とは、所謂番水と称する方法であって、それは同一水源より数箇所の土地が引水する場合、各地のその用水に対する種々の権利を基礎とし、一定の時間と一定の順序によって、秩序正しく引水することである。かくの如き方法は、中世のみならず近世に於ても盛に採用され、将亦現代にても広く各地にみられる。

すなわち寶月氏は用水分配の方法を二つに大別され、その一つが時間を基準にした番水と称される方法であり、それは用水に対する種々の権利を基礎とし、一定の時間と順序に従って引水するものであるとされた。「池水配分」という題名が記され、番編成されているAが、この番水という用水分配を示していることはまちがいない。

このような形態の用水分配として、喜多村俊夫氏の『日本灌漑水利慣行の史的研究』は、佐渡長江川流域の番水の実態を示すものとして「大門江」の明治十八年作「水藩番定書」を紹介している。(6)左に記す。

西初番落

一　市郎右衛門水　何某（一番）
（又は惣右衛門水ともいったことがある）

一　利右衛門水　何某

一　治右衛門水　何某

一　仁左衛門水　何某

東二番落

一　将下田水　何某

一　百合田水　何某

一　辻道水　何某

一　荊尾水　何某

西三番落

（中略）

東四番落

（中略）

西五番落

（中略）

東六番落

（中略）

右ノ通リ協議之上相定メ候（後略）

このように「大門江」の番水は六番に編成されている。番内には「市郎右衛門水」といった固有名詞のついた用水が四ずつ（東六番だけ五、合計二十五）あり、その下に「何某」すなわち、帳簿の作られた明治十八年段階のその用水を使用する人名が記されている。喜多村氏は、固有名詞のついたこの合計二十五は、番水株（番水所有権）であり、これは慶長年間以来固定していたと推定されている。それと同時に喜多村氏は、番水株所有高と田地所有高が必ずしも対応していないこと、またその株が実際には一番の二分の一＝「片番」、あるいは四分の一＝「二分五厘株」と分割売買されていること等も明らかにされている。

これと同様の事例は、粉河町馬宿の明治三十七年作成の「大池月差番水取調御帳」(7)にもみられる。

大池番水上之部

上壱

一　半水　　北田楠松

一　小水　　野田健之助

一　壱反水　野田鉄男（附箋）「野田留松」

一　大水　　田中民之助

一　壱反半水

内
二合半　宇野常太郎
七合半　田中亀吉
半　園田保松「向井健三」(附箋)
計四反水
下壱番
一　弐反水　辻内藤吉
一　壱反水　小池光之介
一　壱反水　城山定六
計四反水
この大池の「番水取調御帳」は九番（各番は上下ある）まであり、最後に「大池初日殿水」と「大池后日殿水」がある。(8)
この帳簿の特色は、各種の合計がすべて「四反水」なっていることである。「半」、「小」、「大」等の単位から、本来は「一反水」を基礎単位としたのであろう。(9) 何反水といった用水量の下に人名が記されており、たとえば上一番の場合、最初の行の「半水」の所有者は北田楠松氏ということになる。
ここでの用水分配は「草折り」と称されている。用水の権利数は、用水路における幅の広狭となって具体化されるのであるが、この幅の測定に長い草が用いられたのである。たしかにこれを用いれば、割り算などすることなく各々の幅を測定することが容易である。そしてその用水幅は粘土等で固定され、一定の水量が流れるという配分方法である。

この帳簿で注目したいのは、上一番内「壱反水　野田鉄男」と「半　園田保松」の下にある「野田留松」と「向井健三」の附箋である。この附箋は実際は各々、「野田鉄男」、「園田保松」の名前の上に貼りつけられたもので、この上壱番以外にも沢山みられ、なかには二枚、三枚と貼りつけられているものもある。この附箋が何を示すかといえば、それは各番の最後の記録によって明らかとなる。前掲史料大池上一番をみてみよう。

一大池上ノ壱番半水

昭和七年五月二十六日、園田信太郎氏ヨリ上名手村切畑向井健蔵氏エ売却ス

これによると、大池上一番半水が園田信太郎氏（保松の子と推定）[10]から向井健蔵氏へ売却されたことがわかり、二人の名前が附箋名と附箋の下の人名と一致する。したがって附箋は用水権の移動を示すことが明らかとなる。これが何枚も付けられた場合、一番上の附箋が最新の所有者となり、附箋をめくれば所有者の変遷がわかるというしくみになっている。これらの例から、東村のAにおいても、各番内の人名が用水権の所有者であり、その用水権は固定し、墨囲による書き継ぎはこの所有者の変遷を示すものとみてよいと思う。墨囲された人名の用水権は消滅し、その下に新たに記された者が権利継承者となるのである。

拙稿では以上のような先学・諸例に導かれ、Aを番水帳、その用水権を番水権と定義づけたので、以下これを用いたい。Bについても、これを「分水本帳」とはじめにあることから分水帳とし、その用水権については、当地域で使用されている「水引き」[11]の語から引水権を当ててみた。AとBという性格の異なる史料を扱うにあたって、史料の性格を端的に示すことは論を進める上での前提と考えたからである。

2　勧頭の数について

番水帳についての小山氏の批判は次のようなものである。

> とくに（Ａ）の解釈については多くの疑問が生じ、とうてい従える見解ではない。たとえば、（Ａ）には各番ごとに勧頭と田徒が記載されているといわれるが、魚谷池の例でいえば、「一番頭斗『兵衛三郎　千代満……』のうち、『　』でくくった人名はすべて追筆であって、これは勧頭ではないであろう。この点は、番外の「入勧頭分」の場合も同様である。前者の場合の追筆は、次々と追筆が行われる関係上、書ききれなくなった者をこの個所に記入したにすぎないのではないか。また各番ごとに勧頭がおり、一つの池に九人もの勧頭がいるという解釈も理解に苦しむ。（中略）二、三人もいればじゅうぶんではなかろうか。（傍点黒田）

これによると、勧頭・田徒衆説を否定された氏の根拠は、第一に、「勧頭斗」の下に記された人名はどこかの追筆の部分で、書ききれなくなったためにこの個所に記されたにすぎないから、この人名は「勧頭斗」とは何らかかわりがない、すなわちこの人名を勧頭とは見なしがたい、第二は各番ごとに勧頭がいるのもおかしい、第三は一つの池に九人もの勧頭がいるはずがない、という三点にある。

第二と第三は推測によるものであり、氏の唯一の論拠は第一点だけであろう。しかし第一について検討する前に、第二、第三についてもかんたんにふれてみたい。

第二は第一の反証によって消えさるものであるが、しかし各番ごとに勧頭がいるのはそれほど「理解に苦しむ」ことなのだろうか、私も理解に苦しむところである。小山氏は、旧名手荘江川村切畑における、現在も続いている用水慣行を紹介しているが、それによれば番水は五昼夜で一周するという。このように番水は夜も続行されるケースが多くみられる。東村は九番に編成され、「入勧頭分」が付加されていることから、私は十昼夜で一周すると推定している。いずれにしろ番水は昼夜にわたって数日間かかって一周し、それを何周かくり返して行なわれる。そしてその番水によって取水された水量は大きく収穫を左右するのである。ある農民は、持ち田のいくつかを放棄せざるをえない場合も当然あるだろう。

中世史料のなかで用水相論にかかわるものを探すのはそう困難なことではない。東村の最も身近な例としては、鎌倉期以来何度となくくりかえされる名手川をめぐる丹生屋村と名手荘との相論をあげることができるだろう。また「水盗人」(12)などの言葉もみられるし、狂言や『地蔵菩薩霊験記』等には用水の重要性と共に深刻な水争いの話がいくつも語られている。(13)したがって番水にあたって、用水溝において正しく配分が行なわれ、それが一昼夜誰にも妨げられることなく続行されるために、管理責任者として各番に一人の勧頭がいたとしても（勧頭自身が実際管理にあたるかどうかは別として）、なんら不思議はないと思われる。いずれにしても我々は史料事実から出発すべきである。

第三の推測は誤った事実認識の上にたったものである。氏は「ひとつの池」と言われるが、これはA・B共に記された「悦谷・魚谷両池」から判断されたと思われるが、南北朝期の「王子神社文書」をひもとけば、悦谷内の池が一つでないことは明らかである。詳細は第一章に譲るが、(14)悦谷内には現在も残っている谷口池と高野辻池（南北朝期の史料上の「上の池」）以外に、悦谷池と悦谷中の池(15)（小田井用水成立後潰された）が東村村落共同体によって造られており、少なくとも三つの池の存在はほぼ確かと思われる。

これは、当時の池築造の技術的制約によって池の規模が制限され、池の数によってできるだけ多くの貯水量を確保せざるをえなかったためと考えられる。しかし灌漑にあたっては、池築造主体が同一であることから、串だんごのように連なる池々をそれぞれ別個に扱うことは考えにくいし、また、なによりも、悦谷内に複数の池があるにもかかわらず、番水帳・分水帳共に「悦谷池」と記し、これが数十年にもわたって書き継がれていったことをみれば、「悦谷池」を一つの池とみるのではなく、悦谷内にある池々の総称と考えるのが自然であろう。「魚谷池」についても同様で、これまた魚谷の支谷、中五谷にある中五谷池をも含めた用水系と考えるべきであろう。「悦谷・魚谷両池」は、段丘下の東村田地のかなりの部分を灌漑する池とみるべきである。

3 『和歌山県史』の検討

いよいよ第一の論拠、追筆云々の検討に入るが、それに不可欠なのは、『和歌山県史』中世史料一「王子神社文書」(以下『県史』と略す)の番水帳の活字のおこし方の検討である。なぜなら、氏は拙稿批判にあたって『県史』を利用しておられ、後述するごとく、『県史』の活字化の際の誤りを気づかずに、その上にのって拙稿を批判されているからである。『県史』は番水帳の最後に次のような注記をしている。

この文書は永享八年閏五月八日に当初作成され、以後順次書き継いでいったもので、最終年紀は永正十四年である。最上段が当初の人名で、墨囲(まれに塗消)で囲んでその下段に人名を書き、さらに同様に抹消して書き継いでいったと考えられる。従って各種の追筆からなっているが、煩をさけて追筆の部分に「　」を付し、当初の部分と区別するにとどめた。また人名の抹消の仕方も、長方形、楕円形など数種にわたるが、これも一々の区別はせず、すべて〻点とした。

これによると、Ⅰ最上段の人名を当初のものとし、その下に記された人名は墨囲をされながら次々と書き継がれた追筆とみて、それを「　」で示し、Ⅱ人名を囲む長四角や長丸をゝ点で表記するというのである。

しかし第一に、Ⅱの方法はあまり適切とは思われない。墨囲にゝ点を使用してしまうと、棒線等による抹消を示すために、『県史』のようにいちいちその旨を文章で注記せねばならず、また抹消とまぎらわしいせいか、注記を落したり、墨囲と混同したりしているからである。例えば次の場合（魚谷五番内）である。

(イ)平内次郎「彦次郎　千松　上ノカキト　九郎三郎」

原文書の写真によれば、これには平内次郎以下四人の名前すべてに棒線抹消がある。『県史』はその注記を落しているが、この場合の抹消は番水権そのものの消滅を意味するので不可欠である。また『県史』の注に従えば、この四人にはすべてゝ点がついていて墨囲されているようにみえるが、写真をみれば最後の九郎三郎にはそれがない。墨囲がないということは最後の権利継承者を示すので大切な点である（後述）。同様の誤りは悦谷九番内彦二郎のところにもみられ（但し抹消の注記はある）[16]、おそらく墨囲と抹消を混同したのではなかろうか。

私は、墨囲は原文書通りに長四角で人名を囲むことによって表わし、棒線抹消は従来の用法通りゝ点を使用することを提案したい。この表記法で前掲(イ)を表わせば次のようになり、いちいち注記することなく墨囲と抹消が一目瞭然となる。

(イ′)　平内次郎　「彦次郎　千松　上ノカキト　九郎三郎」

また長四角の使用は次のような利点もある。

(ロ)兵衛三郎「千代石　千代鶴　次郎九郎ノ
クス千代」

(ロ)は『県史』の表記によると千代鶴、次郎九郎ノ、クス千代の三者の関連が明確でない。これを長四角を用いて原文書通りにおこすと次のようになる。

(ロ′)［兵衛三郎］「［千代石］［千代鶴　次郎九郎ノ］
クス千代」

これによって小書きの「次郎九郎ノ」は千代鶴についた記載ということがはっきりし、千代鶴は次郎九郎の子の千代鶴であることが明らかとなる（「〇〇ノ子」の「子」の省略例は多い）。

第二に、核心となるⅠの追筆表記については、二番目以下の人名を「　」によって表記する方法には異論がないが、しかしかんじんの史料をみてみると次のような問題がみられる。小山氏が拙稿批判の際、具体例としてあげられた魚谷一番の場合をみてみよう。

(ハ)

兵衛門三郎
一番勧頭斗「兵衛三郎　千代満　松千代　新二郎
新二郎」
幸蔵庵蔵垣内付

「　　　　　　　　　兵衛門三郎
兵衛三郎　千代満　千代松　左衛門次郎　三位殿」
　　　　「左衛門三郎之
土屋法師[17]　千代松　左衛門次郎　ヒコ三郎　」
（後略）

右も『県史』の引用だが、その追筆表記をみてみると、「一番勧頭斗」と次行以後の「兵衛三郎」・「土屋法師」（幸蔵庵に追筆がないことは4で後述）との間には明瞭な違いがみられる。すなわち兵衛三郎以後は『県史』のIの表記通り、最上段を当初の人とし、二番目以下に追筆表記をしている。ところが勧頭の下の人名に限っては最上段から「　」でくくっており（これは悦谷・魚谷すべての勧頭に共通している）[18]、明らかに『県史』の注記とも矛盾しているのである。

この矛盾は写真をみることによって氷解する。すなわち史料(ハ)に関しては、番内の最上段の三名すなわち「幸蔵庵」・「兵衛三郎」・「土屋法師」の筆跡と、「一番勧頭斗」の下の「兵衛三郎」の筆跡とは同一なのである。これは悦谷・魚谷の他のすべての勧頭についてもいえる。したがって「勧頭斗」の下の最初の人名は、番水帳作成の当初に同一人物によって記されていたのであって、その後に追筆されたものではないといえる。[19] 勧頭に関する『県史』の「　」の追筆表記は明らかに誤りといわねばならない。追筆表記は二番目以下にすべきであった。[20] 小山氏は『県史』のこの誤りに依拠して自説を展開されているのであるから、氏の所論はなりたたないといえよう。

第三に、活字化にあたっては、異筆表記もすべきではないだろうか。例えば魚谷の「九番勧頭」の記載は、当初の人名を記した手とは異なっているだけでなく、前後の文字の配列具合からみて、番水帳作成の後（直後か何年か後かは不明だが）、せまい余白にわりこんで記された形跡がある。魚谷入勧頭の第四番目の左衛門六郎もその可能性がある(21)（両者は同筆と思われる）。これは新たな番水権の成立を意味するものであり、軽視できない点である。

さまざまな異筆のある番水帳であるから、表記は困難であるが、少なくとも、①永享八年作成の当初の手、②番水帳作成後、当初の手以外によって挿入された新たな番水権の成立となるもの、③当初の最上段の人名（①と②の両方含む）の下に次々と書き継がれたさまざまな筆跡（これは「　」で表記）の三種類に分類できるのではないだろうか。

4　どこの追筆か

以上、『県史』史料の検討によって、小山氏の追筆云々の論拠そのものがなりたたないことを明らかにしたが、しかし小山氏も編纂委員の一人である『県史』のこの程度の不十分さは、史料の分析によっていくらでもカバーできるのではないかと思う。したがってここでは、具体的に番水帳の分析をし、小山氏の「書ききれなくなった者をこの個所に記入したにすぎない」という説がなりたつかどうかを検討したい。

番水帳には次のような特徴がある。第一に書き継ぎについてであるが、粉河寺子院や庵・房号等の名称の場合にはそれがなく(22)、人名のうち、特に東村農民に限って必ず一〜七人の書き継ぎがある（平均数は二〜三人、勧頭の場合若干多い）。第二は、各農民の名称にはそれぞれ墨囲があるが、しかし各行の最下段の最終人名にはそれがない(23)。墨囲のない者が最後の権利継承者となる。

右の二つの特徴を念頭にして番水帳の「勧頭斗」の前後をみてみると、前後の書き継ぎはそれなりに完結していて、どこかの追筆ではないことがわかるが、ここでは、紙数の関係上、小山氏が拙稿を批判された際、具体例としてあげられた魚谷一番勧頭に限ってみてみたい。なお史料は3で述べた私の表記に従って紹介する。

(ハ′)

　已上三人

一魚谷池水注文事　　「　兵衛門三郎

　一番勧頭斗　兵衛三郎　千代満　松千代　新二郎ゝゝゝ新二郎」

幸蔵庵蔵垣内付　「　兵衛門三郎

兵衛三郎　千代満　千代松　左衛門次郎　三位殿」

土屋法師　「左衛門三郎之千代松　左衛門次郎　ヒコ三郎」

楠松イタ　「左衛門六郎　三フ」

(中略)

　已上十一人

小山氏はこの一番勧頭の下の人名がどこの部分の追筆なのかを指摘されていないので、その可能性のある前後をみてみる。しかしそれの前の行は「一魚谷池水注文事」とあって余白も十分あるから、その前のものの追筆でないことは確かである。ではその後はどうだろう。すぐ後は幸蔵庵であるが、これはこのほかに八回記載されているが[24]、そのすべてに書き継ぎはないから、この幸蔵庵の追筆でもない。

次の兵衛三郎は、兵衛三郎→千代満→千代松→左衛門次郎まで明瞭だが、最後の二名がわかりにくい。しかし第二の特徴から三位殿が最後とわかるので、その後は兵衛門三郎→三位殿の順で書き継がれたことがわかる。当該史料の写真をみれば、兵衛門三郎は、左衛門次郎の下の余白が少ないためその右下脇に書かれ、そののち三位殿に権利が移ったので、三位殿が比較的小さな字で左衛門次郎下の余白に記されたことが推定できる。次の土屋法師も墨囲のないヒコ三郎が最後である。同じく写真を見れば、左衛門次郎の下の余白が少ししかないことがわかり、そのためヒコ三郎は右下脇に比較的小さな字で書かれたことがわかる。次の楠松のところは問題なく三フで完結している。

以上のように、勧頭の下に記された人名が前後の人名の追筆である可能性はなくなった。一体、小山氏はどこの追筆と考えて記述されたのであろうか。

5　番水権継承コースの諸形態

次に番水権所有者の変遷、すなわち番水権の継承コースをみてみたい。第19表は左段のⅠの人名を基準とし、その番水権の移動を、番水権所有高に従って作成したものである（但し、勧頭の番水権は小山氏の批判点なので除外した）。Ⅰ、Ⅱの番号は継承順位である。権利の移動が激しいと番号も多くなる。番水帳には人名の脇に継承時期を示すと思われる年月日記載の例が六例ある[25]（例えば文明十一年己亥「太郎五郎」）。このうち四例までが三度目の継承者に文明九年正月十一日付（一例）と文明十一年（三例）の年号を付記しているので、おおよそ三度目の継承者あたりが、当初の永享八年（一四三六）より四十年

第19表　番水権所有者継承コース表（○内の数字は番水権数量）

	Ⅰ	Ⅱ	Ⅲ	Ⅳ	Ⅴ	Ⅵ	Ⅶ
a	⑳兵衛三郎	→⑭千代満 →⑥千代石	→⑬松千代 →①兵衛次郎 →⑥千代鶴次郎九郎ノ	→⑧兵衛門三郎 →③左衛門次郎 →②堀ノ次郎九郎 →①左衛門左部郎 →④クス千代 →②クス石	→①彦三郎 →①ヒコ三郎 →①兵衛門三郎 →①兵衛門三郎 →①松千代	→①兵衛三郎 →①三位殿 ①兵衛門三郎	→新二郎
b	⑪彦次(二)郎	→⑥彦九郎 →⑤千松	→②左衛門大郎の女アコウセ →①ホリトノ彦九郎 →①谷二郎三郎ノ千代若 →①谷二郎九郎 →①道金ノムコ丸 →②太郎五郎 →①堀方 →①彦次郎 →①[redacted]	→②ほり殿(方)二郎三郎 →①谷二郎九郎 →①ムコ丸ホリトノ →①上ノカキト[redacted]	→②谷二郎九郎		
c	⑩平内次郎	→⑥亀同 →①亀同・畜生次郎 →①犬二郎 →①彦二郎 〻〻〻 →①孫五郎	→③平内ノ子乙童 →②平内ノ子ムコ →①平内ノ子ムコ →①亀同 →①千松 〻〻 →①左衛門六郎	→①兵衛門三郎 →①兵衛門三郎 →①平内ノ子ムコ →①上ノカキト九郎二郎 〻〻〻〻 ①三フ	→①上蔵院 →①上蔵院		
d	⑥兵衛次郎	→⑥左衛門左部郎					
e	⑤右馬太郎	→④谷楠松 →①伏楠谷	→②マコ →②かめ楠 →①かめ楠女	→①谷左衛門二郎 →①衛門五郎			
f	⑤彦五郎田ハター	→③二郎九郎ノ千代法師 →①左衛門六郎 →①祐心	→①三フ →①八郎丸				

g	④衛門四郎	④林楠ツル	②九郎太郎 ①千代石 ①林兵衛門九郎	②ムコ左衛門三郎ノ ①千代つる次郎九郎ノ		
h	④多門	②八郎五郎子二郎三郎方 ①次郎南 ①南次郎ノムコ	①南五郎二郎 ①小坊	①小坊		
i	③西殿	③尊忍房				
j	③彦五郎殿	③兵衛次郎	③左衛門左部郎			
k	②行幸	②河原殿	②寿速(台)比丘尼			
l	②千代(女) ②若童女	②童松女 ②妙法	①イケタカキ内左衛門六郎 ①南ノ彦九郎 ②ミナミ三郎次郎	①三ワ ①ホリトノ彦九郎 ②つる石	②千代若	
m	②土屋法師	①千代ツル二郎九郎ノ ①左衛門三郎ノ千代松	①クス千代 ①左衛門次郎	①ヒコ三郎		

ほどたった時期の者といえよう。二十年一世代とすると、三代目にあたる。Ⅰ、Ⅱの番号は必ずしも世代を表わしていないが、ひとつの目安にはなる。

第19表から判断できることは、第一に、a兵衛三郎の番水権二十が千代満に十四、千代石に六、b彦次郎の番水権十一が彦九郎に六、千松に五、c平内次郎は十のうち六を亀同に継承させており、これらの継承形態をみてみると、番水権の継承は、少なくともⅡ・Ⅲの段階ぐらいまでは父子関係を契機にしたとみてよいだろう。

例外として左衛門六郎のような場合もある。彼はこの表では、cのⅢ、fのⅡ、lのⅢにみられるが、このほかにも次郎太郎[26]、正仏[27]、筆夜叉女の各人[28]から一、楠松から三[29]、小計六を得ており、合計九の番水権所有者となっている。

三を得た楠松との関係については不明だが、他の六は全くバラバラであり、これは明らかに買得等による集積といえるだろう。しかし彼はこれをすべて三フに継承させており、左衛門六郎と三フが父子関係にあることを推定させる。この点は幸いなことに、文明十年（一四七八）の王子神社名附帳[30]の東座三十六番目に「三フ 池田カキト さ衛門六郎ノ子」とあって、父子という推定の裏付けが可能である。

第二に、Ⅲ・Ⅳ・Ⅴと進むにつれて番水権の分散化傾向が指摘できる。この理由としては庶子への分割、あるいは血縁関係以外の契機（例えばcのⅣには、aⅣの兵衛門三郎の名がみられる）によるもの等が考えられよう。

このような傾向の中でd兵衛次郎の場合は例外である。彼は番水権六をすべて左衛門左部郎に継承し、その後は書き継ぎがない。兵衛次郎はこのほかにもj彦五郎殿から三を受け継ぎ、同じく左衛門左部郎に継承している。この彦五郎は永享八年の番水帳作成当初、唯一、殿の尊称のある農民である。彼は番水帳に樽屋と記されているから商工業にも従事していたのであろう。また文安四年（一四四七）の池祭では二度も頭役を勤めており[31]、村内でかなりの位置を占めたにちがいない。

彦五郎殿→兵衛次郎から合計九の番水権を得た左衛門三郎は、文明七年（一四七五）の分水帳で、引水権所有高第一位の池田垣内左衛門三郎と同一人物と思われる。また永正元年（一五〇四）の分水帳でも高位に左衛門三郎がおり、さらに文明十年（一四七八）から現代に至るまで書き継がれた王子神社名附帳[32]によれば、彼は宮座の東座九番に位置し、その後近世に至るまで、左衛門三郎家に生まれた子供が次々と名付されている。左衛門三郎に書き継ぎなかったのは、左衛門三郎がその後代々この名を世襲したためといえよう。これは明らかに番水権の嫡子単独相続である。番水権と引水権の両方に優越した左衛門三郎家の農業経営は、きわめて安定した条件にあったとみてよいであろう。

以上、番水権の継承コースの特徴をみてきたが、ここで小山氏が批判の具体例として出された魚谷一番勧頭の人名をみてみたい（史料（八）を参照）。後半の人名の順序がわかりにくいが、最後の継承者に墨囲がないという特徴を念頭にすると、兵衛三郎→千代満→松千代→兵衛門三郎→新二郎というコースになろう（写真によると松千代の下は余白が少なく、そのため次の兵衛門三郎は右下脇に書かれ、次の新二郎は名前も短いため、松千代の下に書かれたといえよう）。

するとこのコースは、第19表の番水権所有高でトップのa兵衛三郎のコース、その中でも一番上のコースにきわめて類似していることがわかる。兵衛三郎の番水権移動の最も多い兵衛三郎→千代満→松千代→兵衛門三郎までは全く同じである。またaには兵衛門三郎→新二郎というコースもある。したがって魚谷一番勧頭のコースは番水権継承コース表のなかのa兵衛三郎のコースということができる。

くり返すまでもなく、勧頭の下の人名、兵衛三郎以下がどこかの追筆部分である可能性はさらになくなった。

6　勧頭・田徒衆

史料の性格は史料自身に語ってもらうことが第一前提である。以上みてきたように、各番に必ず「勧頭斗」とあり、その下に、各番内の人名同様に人名が記されているのをみれば、「勧頭斗」とその下の人名の関連を否定するのは無理である。小書きの「斗」、「ハカリ」は測定を意味し、勧頭の性格・職掌の説明であろうから、その下の人名が勧頭ということになる。この点は「勧頭斗」下の人名が多人数でまぎらわしくなると、わざわざその人名の肩に「勧頭」と注記して勧頭であることを明示している例[33]からも明らかである。

さらにこの推定を確実してくれるのは、東村の池用水権所有者が既に南北朝期の史料等で明らかなように、「勧頭・

田徒衆」と呼称されていたという事実である。(34) 同じく用水分配と用水権（番水権）を示す番水帳に「勧頭」の語があるのをみれば、これが池用水権所有者である「勧頭・田徒衆」のうちの「勧頭」であることはまちがいなかろう。

次に番内の勧頭以外の番水帳所有者については、「勧頭・田徒衆」と一括された呼称からみて、田徒と推定されるが、これを裏付けるのは拙稿で既に指摘したように、番水帳にたまたま記された「一、入田戸二分楠松キタ」(35)の記載である。これは楠松が新たに「田戸」入りしたことを示すものであるが、これによって彼らが田徒（戸）衆であることは明白といえよう。

以上、番水帳記載人名が勧頭・田徒衆と称される用水権所有者であることが再度確認できた。

小山氏は分水帳記載農民が田徒であるとされるが、それは分水帳に記載された「兵衛大夫一一一一一一一一一一合十」の横線が、南北朝期の田徒の用水権の表示「一スチ（筋）」に相応するものと考えられたらしい。しかし室町期の田徒の用水権は「分」を単位として表示されているし、(36) 分水帳の用水権を「筋」で表示した史料も見あたらない。(37) さらに分水帳には「入田戸」のような手がかりもない。それでも分水帳＝田徒衆説はありうるのだろうか。

第二節　番水帳＝地主説の検討

そんなにたくさんの勧頭がいるはずがないとして、番水帳に記された多くの「勧頭斗」の語を無視し、さらに「入田戸」にも注目されることなく勧頭・田徒衆説を否定された小山氏は、さらに次のように論を進めている。

このように考えると、(A)にみえる名前は何かということが問題となるが、寺庵・諸費用田あるいは殿原の名が

第20表　番水権所有者表

	農民的名称			殿呼称			寺庵関係			諸費用田その他		
1	3	11	彦次郎	3	7	丹生屋殿	1	9	幸蔵庵		9	一切経田
2	1	20	兵衛三郎		3	西殿	1	4	多門院	1		惣経田
3	1	10	平内次郎		3	彦五郎殿	1	4	正眼庵		2	千日籠
4	1	6	兵衛次郎				1	4	来迎堂		2	千手会田
5	1	5	右馬太郎					4	上庵		2	学生田
6	1	5	彦五郎田ハタ					4	御池坊		1	上座
7	1	4	衛門四郎					2	真殊房		1	大地蔵講衆
8	1	2	次郎法師					2	真密房		1	豊白軒
9	1	1	三部大空之					2	用善房		1	岡田
10	1	1	次郎四郎					2	還丹寺		1	細川田
11	1	1	次郎太郎					2	誓度寺		1	蓮華田
12	1		衛門大夫					2	継聖庵		1	経田
13	1		次郎大夫					1	無量寿院		1	地蔵講田
14	1		衛門三郎					1	法華院		1	釜下地蔵講田
15	1		左衛門六郎					1	引請院		1	法華会
16		3	楠松イタ					1	蓮浄院		1	熱首座
17		2	土屋法師					1	庵室		1	村地
18		2	千代女					1	南堂		1	太田
19		2	若童(女)					1	尊教御房		1	堂田
20		1	三郎五郎					1	深善御房		2	行幸
21		1	大空					1	真道房		1	正仏
22		1	源四郎					1	極楽寺			
23		1	一楠					1	順長房			
24		1	千菊									
25		1	筆夜叉女									
26		1	夜叉女									
27		1	乙童									
割合	36.5%			4.0%			31.1%			28.4%		

注　人名等の前の数字は番水権の数量（左側数字は勧頭職所有数，右側は田徒職所有数。）

第21表　土地所有と番水権（勧頭職・田徒職）比較表

		作職所有高			地主職所有高		勧頭数	田徒数
		町	反	歩	反	歩		
1	彦二郎	1	7	50	2	300	3	11
2	孫五郎	1	5	200		120	0	0
3	九郎太郎	1	5	120	2	20	0	0
4	衛門三郎	1	2	40		0	1	0
5	馬太郎		9	210		0	1	5
6	大空(房)		9	205	2	205	0	1
7	けん四郎		9	200	1	0	0	1
8	兵衛三郎		9	110		0	1	20
9	タハタ彦五郎		8	350		0	1	5
10	さ衛もん四郎(殿)		8	0		0	1	4
11	兵衛五郎トノ		7	180		0	(1)	0
12	彦五郎(殿)		7	80		0	0	3
13	二郎大郎		6	260	4	80	1	1
14	へい内二郎		6	70	1	270	1	10
15	二郎		6	70		20	—	—
16	けん二郎		5	270		0	—	—
17	くすほうし		5	240	1	60	—	—
18	九郎二郎		5	40		0	—	—
19	とうゐん(房)		5	30		(90)	—	—

注　棒線は該当人名のないことを示す。（　）は代人。

多くみられ、農民的な名前は比較的少ないので、田地の所在を示す必要上、地主の名を列挙しているのではなかろうか。

と論じる。すなわち彼らは地主であり、その理由は農民的名前が少なく、寺庵・諸費用田・殿原等の名前が多いから、というのである。

まず第一に、氏の論拠を検討したい。第20表は永享八年当初[38]の番水権所有者の性格を分類し、番水権所有高[39]に従って記したものである。これによれば、寺・院・坊・堂・庵・房号等（これを寺庵関係として一括）と一切経田等の諸費用田等が六割近くを占めている。しかし殿原と思われる者と農民的名前をみてみると[40]、殿の尊称あるもの三名に対し農民は二十七人で、この数値は氏の論拠と全く相反する。わずか三名の殿原が多く、全体の四割近くもいる農民がどうして少ないといえるのだろうか。これらの事実は、氏の論拠自体がなりたたないことを示すものである。

ところで論を進める上で確認しておきたいのは、氏のいわれる地主概念である。中世史では、村落内の土豪層を地主としてとらえる見解[41]があるが、氏のいう地主がそのような地主概念でないことは、氏の前掲引用文中の「田地の所在を示す必要上、地主の名を列挙」という表現や、あるいは同じ『那賀町史』で同時期の高野山領名手帳検注帳（これは地主―作を基本としている）を分析していることからも明らかである。[42]すなわち地主職所有者をさしているといえる。

したがって第二に、氏の地主説の可否は、ほぼ同時期の東村検注帳[43]との照合によっても明らかにしうる。第21表は作職所有者を基準にして地主職と番水権の所有規模を表わしたものである（地主職は作職五反以上に集中しているので、作職所有者は五反以上に限った）。表からは作職所有の高い者ほど地主職や番水権を多く所有する傾向を指摘できるが、ここでは地主職と番水権の照合のみにとどめたい。

作職所有高八番目の兵衛三郎をみてみよう。彼は勧頭職一、田徒職は二十も所有し、東村農民の中では第二位の番水権所有者である。しかし地主職は全くもっていない。五番目の右馬太郎も同様である。高位の番水権所有者でありながら、地主職は皆無である。その他、衛門三郎、彦五郎田ハタ、左衛門四郎、彦五郎殿も同様である（番水帳作成の時期は検注帳の六年後であるが、これらすべての者がその間に地主職を入手したと考えるのは無理である）。番水帳が地主名を記したものとするなら、当然、地主職をもたない彼らは番水帳に記載されないはずである。その逆もみることができる。孫五郎は作職所有では第二位にあり、わずかながら地主職ももっているにもかかわらず、番水帳の永享八年当初の人名にその姿を見出すことはできない。[44]

同様のことは東村の地主職を所有している寺庵層等についてもいえるが（表は省略）、この点を端的に示すのは菩提坊である。菩提坊は地主職所有高でトップに立つが、しかし番水帳のどこを探してもその名前はみあたらない。地主名を記載したのであれば、最高位の地主職所有者を書きもらすということはとうてい考えられない。

以上の氏の番水帳＝地主説についての第一と第二の反証は、氏の説がなりたたないことを示すだけではない。第一についていえば、番水帳記載人名の数量把握をされていない点、第二については、地主名の記された検注帳の定量分析すらされていないことが、同時に明らかとなったといえよう。

第三節　番水帳と分水帳の関連

小山氏は最後に次のように結論づけられた。

要するに、(A)は番に編成した「水分け」のローテーションを記載したものであり、(B)は現実の耕作者である各農民の引水権を「筋」で表わしたもので、この二種類の台帳は相互補完的な関係にあったと考える。

Aの番水帳については、これを単なるローテーションを記したものとはいえないことは既に記した通りである。それは番水帳に記された最上段の人名を基準にし、次々と書き継ぎがなされていったことをみただけでもいえることである。番水帳は、番水という池水分配を記しただけではなく、番水順序と不可分にある番水権所有者の権利が記されたものとみるべきである。

ところで最大の問題は、この二種題の用水帳簿がどのような関係にあったのか、さらに具体的にいうなら、番水は両帳簿をもとにしてどのように行なわれたのか、という点である。

そもそも「王子神社文書」の中に分水帳がなかったらことはかんたんである。番水帳のみであれば、寶月圭吾氏・喜多村俊夫氏等の先学や、現在の用水慣行から、番水の実態は何の問題もなくスッキリと理解できる。しかし分水帳の存在は、番水の方法も、用水権のあり方も、単純なものでないことを示している。分水帳の存在の意味を解くことが、キー・ポイントといえるだろう。

小山氏は「相互補完的な関係にあった」とされたが、番水帳が永享八年（一四三六）から少なくとも永正十四年（一五一七）まで機能していたこと、また分水帳の方は、文明七年（一四七五）から享禄五年（一五三二）までは使用されていたこと、すなわち両者を重ねれば少なくとも四十二年間は重複することから、片方のみが機能したのではなく、用水分配にあたっては両帳簿が使用されたと考えざるをえない。したがって、両者が小山氏のいわれる「相互補完的な関係」にあったことまでは誰でも考えつくことである。相対立するものが同、一、池、に、同時期に作られるはずがないからである。

しかし「相互補完的」ということではあまりに具体性に欠ける。問題は、これがどのように「相互補完的」な関係にあるのか、その内容の追求にあるだろう。中世の東村では、この二つの帳簿をどのように使って用水を分配したのか、番水の実態が明らかにされねばならない。

前掲拙稿（第二章）では、引水権所有者のレベルで番水を行なったと推定しえた一史料によって、番水は、番水帳を基本とし、番水帳の番の順序に従いながら、実際の用水路における用水分配は、番内の勧頭・田徒等と関係を結んだ農民の引水権の数量――これは分水帳によって確定しながら――に従って測られ、配分された、とみたのである。そしてこのように番水の実態を想定することは、番水帳と分水帳の各々の用水権が、重層的に成立していたという、中世後期の池水灌漑の特質を導き出す一つの根拠（もう一つの根拠は第四節の2で述べる）にもなったのである。

第四節　用水権の重層性

1　勧頭の特権

私は前掲拙稿（第二章）で、勧頭・田徒衆のもつ権利を表わすために職の用語を用いて勧頭職・田徒職と概念付けしてみたが、これに対する小山氏の批判は次のようなものである。

要するに、勧頭の役割は用水を正確に配分することであり、村落の有力者がその地位についたであろうことは容易に想像できるが、それほど特権を有したものとはみなしがたい。したがって勧頭は「職」ではないと思う。次に、田徒であるが、これまた職ではなかろう。田徒（田人）とは「同一の水源から灌漑用の水をとり入れる者」（『日本国語大辞典』の意味であり（後略）

小山氏が職をどのようなものと考えて批判されているのか不明であるが、これによると、職でない理由としては、勧頭は用水分配の役割があるだけで特権的でない、田徒は用水の取水者（私も国語辞典を軽視するわけではないが、中世史料上の用語は、まず史料上から導き出すべきであろう）である、という点にある。氏が番水帳を単なるローテションとみていることからみても、おそらく勧頭・田徒衆を用水権（番水権）所有者とする私の説を否定されたものといえよう。しかしこの点は第一節で述べたので、ここでは氏が否定的にみられた勧頭の特権についてふれてみたい。

勧頭の性格は、田徒のように番水権所有者とするだけでは十分でない。氏のように用水の分配責任者とみるだけでも不十分である。まず史料的に確認できるのは既に述べたように、勧頭が池祭の主催者である、ということである。農業用水のほとんどを溜池に依存する東村にとって、池祭の重要性は述べるまでもなかろう。勧頭のみが、このような祭の頭人になれるということは、やはり田徒との大きな違いである。

次に指摘できるのは番水権の中味である。分水帳には、「勧頭水渡」、「此内くわんとうの水渡」といった記載が十一例みられ、そのうち引水量のわかるものは十例ある。二、三の例をあげてみる。(45)

㊁南五郎次郎 一 合三 一一一一一一勧頭之水九郎二郎より渡
　　　　　　一一 一一 左衛門五郎より渡

㊅左衛門九郎 一一一衛門大夫より渡 一一一一林よりクワントウニツイテワタル
殿かいト　　　源大夫渡 一自平内渡 一九郎二郎ワタル
　　　　　　　　　　　一一一一二郎五郎より渡

㊄谷左衛門四郎 一一一一クワントウノ水正海より渡

㊦ | 平内ノ勧頭水一一一一辻坊渡 |

このように分水帳の特色は農民の引水権を短い横線の数で表わしていることにある。そしてその引水権が誰から渡ったものかを注記している場合が多い。個々に検討してみると、まず㊁五郎次郎は、当初「合三」あった。そのうち左の一は消滅、「合三」の下に一あるようだが、これも消滅、その右下に横線五本があって、この下に「勧頭之水九郎二郎より渡」とある。しかしこの五本も棒線によって抹消され、権利が消滅している。㊅左衛門九郎には抹消が全くなく、衛門大夫以下六人から渡ってきた引水権(合計十六)が記されている。このうち横線五本の下に「林よりクワソトウニツイテワタル」と注記されている。㋬の左衛門四郎の引水権は横線五本だけであるが、これには「クワントウノ水」が正海より渡ってきたことが記されている。㋣は平内所有の「勧頭水」横線五本が辻坊へ渡ると記され、墨囲があって、平内の権利が消滅したことが示されている。

分水帳の引水権は、㋥、㋭をみればわかるように、一般の引水権には「勧頭水」等といった固有名詞もなく、その数量も一定していない。それに対し、「勧頭水」等の注記があるものはすべて横線五本を単位としている。番水の中には、一般の用水権以外に特権的な用水分配が存在する例があることから（第二章、一七〇頁）この五を単位とする「勧頭水」は、田徒の番水権一に対して、勧頭が五の番水権を有していたことを示すものとみたい。

これらの点は既に拙稿（第二章）で指摘しており（但し分水帳の勧頭水の史料は紙数の制約で省略）、小山氏の勧頭特権否定論は、この証明を否定された上でのものなのであろうか、それとも無視されてのことなのであろうか。

常識的に考えても、用水分配の管理という、いわば仕事のみで報酬のない役職があるだろうか。第一節の3で述べたように番水帳における魚谷九番は、勧頭のみで田徒の記載がなく、新たにここにわりこんで設定された番といえるが、この勧頭は東村の地主職を大量に集積している丹生屋殿である。丹生屋氏がわざわざ用水分配の責任者となるためだけに勧頭になったなどとは誰も思わないだろう。

2　用水権の重層性

ここでは小山氏の職の批判とは関係なく、用水権の重層性を導きだした理由（これは勧頭・田徒職の語を用いた理由にもつながるが）を述べ、前掲拙稿の不十分なところを補いたい。

用水権の重層性の指摘は、まず何よりも同一池に、二つの異なった性格の用水権が存在していたことをどう解くか、ということから出発し、二つの用水権の性格や関連等が中世後期の土地に重層的に成立する地主職（中世後期の名主職にあたると思うが、当地域では「地主」とあるので、以後これを用いる）と作職の性格・関係にきわめて類似していることによっている。

第一に両方の用水権所有者を較べてみよう。前述したように、番水権所有者の方は、直接農業に従事しない粉河寺子院・寺庵層等が六割ほども占めており、明らかに番水権が得分化していることを示しているが、これはちょうど、東村の地主職が寺庵層等に所有されているのと同様である。

これにたいし引水権所有者は、十五世紀後半頃をみる限りすべて東村農民である。引水権が農業経営に直接従事する農民ににぎられていたことは、あたかも検注帳の作人名のほとんどが農民であるのと似ていよう。

第二に引水権の動向である。十五世紀後半の段階ではすべて東村農民であった引水権所有者に変化がおきてくる。十六世紀に入ると、農民数の減少、少数農民への引水権の集中、粉河寺子院等の進出がみられるようになってくるのである。これは明らかに、それまでの引水権にあった農業従事者に密着した属性がうすれ、得分化したことを示しており、あたかも作職が分化して下作職を成立させ、作職が得分化する現象のごとくである。

以上が、用水権の重層性を述べた理由であるが、ではなぜ、どのようにして用水権は重層的に成立したのだろうか、職の用語はこの点を解くために用いたのであるが、以下その点を述べてみたい。

3　用水権と職

職の用語を使用する以上、職をどのように考えているかを述べなければならない。周知のように、職についてはさまざまな学説があり、[46]職のとらえ方によっては、用水権に職の語を用いるのは不適当とされる方がおられるのは当然である。しかし現在の私には中世の職をどうみるかといった体系だった把握は不可能なので、当面、中世後期にみられる地主職や農民的職といわれる作職のみを念頭にしていることをあらかじめ述べておきたい。しかしこれらの中世後期の職についても、本来の職ではないとする見解や、中世前期の職と同一視する見解があるが、一応、ここでは、職を中世的所有の表現とみておきたい。それは、常にそれ自身として完結せず、上級の職によって支配される不完全な所有であり、したがって属性として、所有から生ずる得分と、上級職による支配＝補任とがつきまとうのである。

用水権に以上のような内容の職を用いた理由は以下のごとくである。

第一に、第一章で明らかにしたように、溜池が次々と造られた鎌倉末・南北朝初期の番水権所有者の多くは、粉河寺子院等ではなく、東村農民であったと推定できる点である。このことは番水権が、いまだ得分的性質が弱く、農業経営に密着していたことを示すものである。第二に、前述の引水権の得分化動向である。第一と第二の現象を合わせて考えると、室町期以後にみられた番水権と引水権の重層的関係は、必ずしも池築造当初からあったのではなく、用水権が分化した結果だととらえるべきであろう。

第三に、このような用水権の分化を示すと推測されるものとして次の史料をあげておきたい。

勝福寺寄進池水十分一弥五郎分也

貞和三年丁亥六月　日　　東村人

これは紛失状(47)の裏文書であるが、表の記載との関連がみられないことから、たまたまここに書きとめられたものと判断したい。用水権は土地の場合と違って売券等が作られることは少なかったようである（東村以外で田地に付されて売却される史料がいくつかみられるが、用水独自の売券は寶月氏によれば一例のみである）(48)。その所有者の移動は、東村の場合、番水帳や分水帳に記録されることによって公的に認められたためと考えられる。したがってこの史料は、東村では用水権の移動（この場合は寄進による）を示す唯一のものといえるだろう。

史料解釈に入る前に少し説明しておきたい。勝福寺というのは東村内にある二つの寺の一つで、東村村落共同体の紐帯の一つといえる寺である。「東村人」というのは東村村落共同体をさすが、二人の法名をなのる農民が常に代表として現われ、彼らが惣にかかわる田地売買や定書等に署判を加えている（第一章）。

本文は短く、内容もつかみにくいが、池水の寄進主体は誰だろうか。勝福寺についてみれば、ここにはいくつかの田畠寄進状があることからみても、寄進される側と考えるべきであろう。すなわち「勝福寺寄進」は、勝福寺へ寄進した、とよみたい。また「東村人」についても、前述のような公認の役割を果たす性格や、また「東村人」＝村落共同体が村の寺に寄進する例がないことからみて無理である。かといってここに記されない全くの第三者を想定することはあまりに不自然である。私は寄進主体はここに記された弥五郎と考えたい。したがってこの史料は、弥五郎が勝福寺に寄進した「池水十分一」(49)については弥五郎に権利があるということを、東村が公認したと解釈できるだろう。

このように解釈できると、池水を寄進したにもかかわらず、寄進者である弥五郎は、東村が公認するような一定の権利をそこに留保していることが明らかとなる。これは、農民が寺社等へ田畠を寄進する際、作職を留保するのときわめて類似しているといえないだろうか。この場合寄進を受けた寺社は地主となるが、寄進した農民は耕作権を留保し、作人となる。同様に用水寄進の場合も、用水の所有権は勝福寺に移るが、弥五郎には実際に田に水を入れる権利が残る。この弥五郎の用水用益権は引水権にあたり、勝福寺のは番水権であると考えたい。

以上のように、中世後期の池用水権は、農民の土地所有権(50)が地主職と作職に分化したように、分化することによって番水権と引水権の二つの権利が重層的に成立したといえるが、ではなぜ、農民の所有は、田畠ばかりでなく(東村では「屋地」までも)、用水権までもが分化するのだろうか、中世農民の所有権はなぜ独自に完結せず、分化して重層的になるのだろうか。職の語を用いた真意は、こうした中世的所有にかかわる疑問を提示したかったためである。

むすびにかえて

以上が小山氏への反批判であるが、それは氏の私に対する批判の性格上、拙稿(第二章)が紙数制限のために省略した番水帳の定義づけや勧頭の番水権等の論証部分を述べ、重層論を補うという形となった。また新たなものとしては、『和歌山県史』の活字化の際の問題、番水権の継承コース、あるいは職についてもふれてみた。

最後に批判を通じて気づいたことを二、三あげて結びにかえたい。

第一に、私は、反批判のためには不可欠なものとして『県史』の誤りを指摘したが、しかしここで述べておきたいのは、ほんの一部の誤りを指摘して、小山氏も編纂委員として努力された『県史』の非をあげつらうつもりは毛頭ない、という点である。それどころか、入手きわめて困難な「王子神社文書」をはじめとする諸史料の刊行の意義は、はかりしれないものがあると思っている。現に、拙稿も『県史』の刊行なくしてはありえなかった。ただ、ここでできることなら、番水帳や分水帳のような活字化の困難な史料の場合、写真版と読みの両方が掲載されたらベストと思われる。小山氏のような誤解も生じなかったかもしれない。

第二に述べたいのは、『県史』のこの程度の不十分さは史料分析によっていくらでもカバーできるものであるが、小山氏の場合、「王子神社文書」の用水関係の史料はもちろん、論拠をあげて私の解釈を否定された番水帳についても、ほとんど史料の分析をされた形跡がない点である。

番水帳の追筆云々の論拠についてみれば、それがどの部分の追筆かを指摘していないところに端的に示されていよう。さらに追筆の是非は、番水帳の記載の特色を把握したり、番水権の継承コースを集計したりしさえすれば、おのずと明らかになることである。また番水帳=地主説を主張されるなら、やはり同時期の検注帳の分析は欠かせないであろう。

第三は、地域史のなかでも重要な位置を占める自治体史叙述のあり方である。近年、地域史への関心はとみに高まってきている。全国各地で府・県・市・町・村史の編纂が盛んに行なわれ、そこで蒐集された史料の刊行や、各分野のすぐれた研究者による史料分析が、歴史研究の発展におおいに寄与しているだけでなく、それはまた「歴史研究者のかなりの部分をおおっているとみられる一種の閉塞状況(51)」を打開するための方法としても注目されはじめている。地域史の方法・叙述についても大胆な提案がなされているが、ここでは一般的な叙述のあり方のみ考えてみたい。

『那賀町史』の「惣村における用水の分配」における小山氏の叙述は、前半は、現在の用水慣行の紹介とその歴史的位置づけ、後半は拙稿の紹介と、拙稿の否定を通しての同氏の見解、といった構成である。

前半はさておき、後半についていえば、他説を否定することを通じて自説を述べるという手法は、はたして地域史叙述として適切であろうか。ましてや否定の論拠が、追筆云々といった史料解釈ではなおさらである。なぜなら住民のほとんどは専門の歴史研究者ではないのだから。

地域史に要求されるのは、現段階で到達した歴史理論と実証によって明らかにされた地域の歴史が、わかりやすく叙述されることである。相対立する見解がある場合、平明・的確に紹介されるべきであろう（小山氏は御自身の見解を出されるべきであった）。地域史叙述は、研究者が専門誌で行なうような論文批判の場ではない。それは研究者の便宜にあるのではなく、地域住民の立場に立つという原則をふまえるべきであろう。

最後に述べたいのは批判のあり方である。批判や反批判が歴史研究の上で果す役割は述べるまでもない。しかしこのように史料分析もされずに他説を全面否定し（否定されたからいうのではない。十分な実証のもとに納得のいくものであれば甘受するにやぶさかではない）、それを町史等に、いきなり掲載するやり方はいかがなものであろうか。

注

（1）津田秀夫氏編『解体期の農村社会と支配』（一九七八年九月）所収、本書第二部第二章。
（2）和歌山県那賀郡那賀町、一九八一年八月刊行。
（3）『和歌山県史』中世史料一「王子神社文書」一二四。
（4）「王子神社文書」一三八　悦谷池分水本帳書抜、同一三九　喜谷池分水本帳書抜、同一八二　悦谷池分水本帳書抜、同一八三　魚谷池分水本帳書抜、同二四一　某池分水注文。
（5）第五章　灌漑用水の分配、第二節　時間的分配、一七五頁。
（6）各論篇第十一章　佐渡長江川流域における耕地と分離した用水権「番水株」（一九七三年）。
（7）一九七七年の番水責任者である辻内寿雄氏所蔵。

(8)「大池番水上之部」に対し、その下に「月差池番水下之部」の記載があるが、省略する。

(9)鎌倉時代の官省符荘では池水が「壱段水」を単位として売却されている(『高野山文書』三―六三五、民則門池水売券、五―五五六　藤原守時田地売券)。

(10)大池下参番の後に付けられた記録による。なおこの記録は原則として親子の継承などは記さず、売買中心に記録しているようである。野田鉄男から野田留松への移動の記録がないのもそのためであろう。

(11)東村で現在でも残っている陽山水利組合では用水の権利を「水引き」と称している。

(12)『鎌倉遺文』六二五四。

(13)西岡虎之助氏『民衆生活史研究』「水田耕作上の農民生活」二五六〜二六四頁。

(14)本書第二部第一章「鎌倉後期における池築造と惣村の成立」(津田秀夫氏編『近世国家の成立過程』、一九八二年)。

(15)これらの池名称は『地方の聞書』所載名。

(16)長四角や長丸等の形も、権利の移動の時期を示す貴重な手がかりの一つと思う。例えば最上段のほとんどは長四角の墨囲であるが、二、三長丸がある。この長丸はおそらく他と書き継ぎの時期が異なり、別人の記入のゆえであろう。また終りの方の権利継承者に四例ほど墨囲でなく、合点のような墨があるが、本稿ではすべて長四角で統一した。

(17)乙屋法師とあるが、土屋法師の誤植であろう。

(18)但し魚谷二・三番勧頭丹生屋殿には追筆表記がない。

(19)しかし同筆であるからその時点で記されたとは必ずしもいえない。また異筆ではあっても同一時点で別人が書いたということも考えられる。筆跡は決定的なものでなく、要は用水権所有者であり、かつ用水分配責任者としての勧頭名が記されたと判断するかどうかであるが、しかし史料を活字化する場合は、筆跡の異同は重要である。同筆と判定するなら、追筆表記をする理由はなくなるからである。

(20)但し、注意したいのは、悦谷一番勧頭来迎堂、八番勧頭幸蔵庵、魚谷五番勧頭惣経田の三例(農民名でない勧頭)は、すべて当初の手であるが、その下に記された代人の農民名はこれらの手と異なる点である。このうち八番勧頭幸蔵庵「代林楠ツル」は、衛門四郎の番水権(勧頭職一と田徒職四)をすべて継承している二代目の林楠ツルと同筆であることから、幸蔵庵の代人になったのは、当初の永享八年よりかなり後のことと推定される。残る二人も当初の人名にはみえないし、惣経田「代兵衛三郎」も「衛」のくずしの特徴からみて、やはり後の記入と思う（この三人の代人記入の手は同筆の可能性もある）。したがってこれらの追筆表記は、「代某」からとなる（魚谷九番勧頭丹生屋殿「借物兵衛五郎」も同様と思われる）。

(21) 左衛門六郎は永享八年当初は一つの番水権も持っていない。第一節の4で述べるように、すべて二代目以後にその名がみられ、永享八年の番水帳作成以後に田徒職を入手している。魚谷入勧頭の記入の時期は、彼が文安四年（一四四七）、勧頭として池祭頭役をつとめているので、それ以前であることはたしかである。

(22) 例外としては多門、真殊房、上座、大地蔵講衆、正眼庵（一部）があるが、全体の一割ほどである。

(23) 一目瞭然なのは七割ほど、そのほかもよくみれば必ず各番水権継承者の最終人名には墨囲がない（但しどこの最終かが確定しえないものも二、三ある）。例外として悦谷四番勧頭の一例のみ不明であるが、しかし継承記入百二十数例のうちの一例にすぎない。

(24) 悦谷一番、五番、七番、八番（二度）、九番内、魚谷の二番内（二度）、合計八。

(25) 悦谷四番内彦次郎、入勧頭多門、魚谷二番内右馬太郎、三番内筆夜叉女、六番内彦二郎、八番内彦二郎の各コースにある。

(26) 魚谷七番内。

(27) 魚谷五番内。

(28) 魚谷三番内。

(29) 悦谷九番内二、魚谷一番内一。

(30) 「王子神社文書」二二六　王子神社名附帳。

(31) 「王子神社文書」一三〇　池祭頭結番日記。

(32) 「王子神社文書」二二六、但し近世初頭以後は未検討。

(33) 魚谷四番勧頭のコースに「勧頭　南ノ／礪石」とあり、九番勧頭のコースに「勧頭次郎左衛門殿」とある。

(34) 「王子神社文書」五四　熊若女池代売渡状によれば、康正元年（一三四二）、「東村悦谷池之勧頭・田徒衆」が「池代」を買得している。これによって「勧頭・田徒衆」が池にかかわる集団であることが判明する。彼らは「東村池」のすぐ上方にもう一つ池を造るためにこの土地を買得したと推定される（第一章）が、さらに同文書の八〇 カミノ池注文によって、「一スチ《(筋)》」、「二スチ《(筋)》」と表記される池用水権の所有者が「タト」と称され、また池には原則として「クワントウ」がいたこともわかる（寳月圭吾氏「中世における用水池築造について」『白山史学』一七、第一章注(16)）。この「クワントウ」、「タト」は池代を買得した「勧頭・田徒」と一致する。また分水帳(注(4))にみられる「勧頭水」は勧頭の番水権を表示したものといえる。したがって「勧頭・田徒衆」は池用水権所有者に対する当時の呼称といえよう。

(35) 悦谷九番内。

(36) 注(3)の「入田戸二分」、また「王子神社文書」一二八のあさのくぼ池水配分注文には、「アサノクホノ池タト人衆」とあり、ここでも用水権が「一分」、「二分」と表記されている。この点は第二章（一六六頁）で既に述べたことである。

(37) 表記の記入がないが、「合二ケン」（一三九）、「五ツワタス」（「王子神社文書」一八二）という表現が二例だけみられた。

(38) ここでは魚谷九番勧頭丹生屋殿と入勧頭左衛門六郎も当初に入れた。

(39) 番水権の数量は勧頭職一ッ五、田徒職一ッ一で計算している。

(40) 大空（房）は僧侶名であるが、作職所有高六位であり、東村農民と判断した。

(41) 峰岸純夫氏・藤木久志氏等の見解。

(42) 「名手庄の大検注」一四六～一五四頁。

(43) 「王子神社文書」一一八・一一九 東村検注帳。

(44) 孫五郎はその後、魚谷五番内の平内二郎から田徒職一を得ているが、これのみである。

(45) ㋥「王子神社文書」一三八、㋭同一八二、㋬同一八三、㋣同一八三、そのほかに同一八二内、左衛門三郎、兵衛三郎、同一八三内、左衛門九郎、谷二郎九郎、キタ三郎二郎、ナテ二郎九郎がある。

(46) 恣意的な把握になると思うが、職については、第一に職の公権的性格＝非封建的性格を重視する立場（永原慶二氏等）、第二にこれを封建的土地所有とみる立場（黒田俊雄氏・戸田芳実氏等）、そして第三に職を中世的所有の基本的形式とみる立場（網野善彦氏）に分けられると思う。また中世後期の農民的職については前二者は本来的なものではないとし、第三の立場は中世前期も後期も一貫してとらえる見解にたっていると思う。なお職の理解については以下のものを参照させていただいた。

村田修三氏「中世後期の階級構成」(『日本史研究』七七、一九六四年)。

網野善彦氏「職の特質をめぐって」(『史学雑誌』七六―二、一九六七年)。

永原慶二氏「荘園制における職の特質」(『日本社会経済史研究』、一九六七年)。

島田次郎氏「荘園制的〝職〟体制の解体」(『土地制度史』1、一九七三年)。

峰岸純夫氏「一五世紀後半の土地制度」(右同)・『シンポジウム日本歴史6　荘園制』(一九七三年)。

(47)「王子神社文書」一二一　日熊国宗・紀友恒連署田地紛失状。

(48)「中世売券よりみた池灌漑について」(『風俗』一七―二・三、一九七九年)

(49)これは寄進した池水の十分の一、寄進した池水が十分の一、と二通り考えられる。どうとるべきか解決できないが、前者だとすると、寄進した池水の十分の一のみがなぜ弥五郎の分なのか、解釈困難となる。一応、寄進したのは某池水の十筋のうちの一筋分というようにとっておきたい。

(50)農民の土地所有権は名主職という形で法的に認められたものだけではないと思う。少なくとも高野山領においては、耕作権の強化による一定の所有権を想定しないと、一筆一筆に地主―作の関係が生ずる事態を説明できない。

(51)黒田俊雄氏「あたらしい地域史のために」(『日本史研究』一八三、一九七七年)

〔付記〕　本稿作成にあたっては竹内理三先生の御教示を得た。記して謝意を表したい。

第三部　宮座と惣村

第一章　鞆淵八幡宮宮遷大祭と能

はじめに

遷宮というのは、周知のように、神殿の造営あるいは改修の際、神座を移すことやその祭儀をいう。したがって神社があれば当然遷宮は行なわれたであろう。またそれはおおよそ二十年ぐらいに一度のわりで行なわれており、年毎の祭礼等にくらべ、はるかに大きな祭儀であったといえる。

しかし遷宮の研究といえば伊勢神宮のものがほとんどで、地方の神社の遷宮についての関心は多いとはいえないようである。しかしながら遷宮は大祭であり、鞆淵八幡宮のような荘の鎮守神の遷宮であればなおのこと、その具体的内容を明らかにすることは、宮座研究にとっても、ひいては村落史研究にとっても重要な意味をもつと思う。

鞆淵荘の遷宮史料の初見は、弘安二年（一二七九）(1)であるが、その後、寛正三年（一四六二）(2)、永正六・七年（一五〇九・

一〇)(3)に遷宮が行なわれたことは、「鞆淵八幡神社文書」(『和歌山県史』中世史料一)によって明らかである。しかし刊行された史料以外に本書に掲載したような遷宮史料が現存しており、これらから、中世では天文十九年(一五五〇)と天正七年(一五七九)に遷宮が行なわれたことが確認され、また近世のものとしては、慶長十六・十七年(一六一一・一二)、寛永十六年(一六三九)、明暦二年(一六八七)、貞享二年(一六八五)、元禄十五・十六年(一七〇二・〇三)、享保二年(一七一七)等々の遷宮史料がある。これらの史料は、「鞆淵八幡神社文書」で紹介された永正七年までのものにくらべ、その内容がかなり詳細になっているのが大きな特徴である。例えば、どのような種類の餅がどのくらい各社に供えられるかといった記述などもあり、それらをもとにさまざまな角度から分析がなしうるであろうが、本章ではとりあえず、鞆淵荘のような地方村落の遷宮というのはどのようなものなのか、遷宮儀礼の特徴とそのおおよその内容を把握し、今後の遷宮史料分析の前提としたい。

第一節　上葺記録と宮遷記録

遷宮には仮遷宮(下遷宮)と正遷宮(上遷宮)がある。仮遷宮は、仮殿に神座を移すことであり、正遷宮は、建物が完成した後、新宮に神座を移すことである。この間に地鎮祭や上棟祭なども行なわれたが、遷宮は、この正遷宮をもって終了するのがふつうである。

ところが鞆淵八幡宮の遷宮は、このような一般的形態では説明しきれない。遷宮史料に次のような特徴がみられるからである。

A
（端裏書）
「御宮フキ事」
御宮フキ（葺）事
天正七年ツチトノ（マヽ）ウノトシ　三月廿四日ニ
テウナ（手斧）ハシメ（初）ニ析足壱貫文
下センク（遷宮）ニ五ク（御供）アリ　五斗五升
（中略）
上センク（遷宮）ニ米五斗五升ナリ　子キサエ（禰宜座）
同
大日エ五斗五升ナリ
カクシヨ（楽所）エ二斗七升五合ナリ
同
士公ノフセ（布施）ハ五斗ニサタマリ申ソロ
（下略）

B
（端裏書）
「ヲン宮ウツリ引付　永正」
御宮ウツリ（遷）ノ事
八幡へ御コ供有　仏供大日へ
同カクラ（神楽）有
次サルカク（猿楽）ノ　之タウ有　壱貫文

同モチ《(餅)》有　次サンマイ《(散米)》米有
サルカクニワタルロクスコウノコト
米五石　析足五貫文　タル《(樽)》ハ三ケ
ヲキナヲモテ《(翁面)》　馬三疋　丁ヨリ《フタイエ》
ノウ《(能)》ノ時ハ　一番《両シャウクワン》ニ　下司殿
二番ウチ《(氏)》人　次ハ丁ヨリ

永正七年《カノエムマ》　九月十一日

Aは天正七年の遷宮記録（本書掲載史料四　鞆淵八幡宮上葺記録、以下本書掲載史料は、史料番号のみを記す）、Bは永正七年の宮遷引付で(4)、いずれも遷宮に関する史料であるが、Aには「御宮フキ事」、Bには「御宮ウツリノ事」という書き出しがあり、各々の記載内容も異なっている。Aの方は、まず手斧初について記し、次に下遷宮、最後に上遷宮の式次第とそれに必要な供物等が記されている。これに対してBの宮遷の方の式次第は、まず八幡宮と大日堂の荘厳、神楽奉納、餅や散米、そして能の上演とその時の下司を一番とする儀式といったもので、能の演じ手である猿楽への禄物の明細が書きあげられているのが目につく。

このように同じ遷宮関係の史料でありながら、AとBは異なった遷宮祭儀を伝えている。そして、こうした差異は、永正七年以後の史料に一貫してみられるのである。それらを順次列挙してみよう。

永正　七年　「御宮ウツリノ事」（前掲史料B）
天文十九年　「宮ウツリ」（一の⑽、二の⑴）

天正　七年「御宮フキ事」（前掲史料Ａ）
慶長十七年「ミヤウツシ」（七の⒇）
寛永十六年「八幡宮上葺」（八）
明暦　二年「ヲンミヤウツシ」（一〇の⑴）
貞享　二年「宮遷」（一一の⑴）
元禄十五年「八幡宮御上葺」（一二）
元禄十六年「宮遷」（一三の⑴）
享保　三年「八幡宮御上葺」（一四）

これらのうちＡと同類なのは、寛永十六年、[5] 元禄十五年、[6] 享保三年の三つで、いずれも「上葺」と記している。Ａには「宮フキ《（葺）》」とあるが、これらは上葺記録として統一しておこう。またＢと同内容なのは、天文十九年、慶長十七年、明暦二年、貞享二年、元禄十六年のものであり、「宮ウツリ」、「宮ウツシ」、「宮遷」と記されている。これらは宮遷記録と名付けたい。

このように遷宮関係の史料には、上葺記録と宮遷記録という二つの形態がみられる。宮遷記録の方は、貞享二年の記録以後、その様式が一定になるので、両者を更に比較するため、享保三年の上葺記録（Ａ′）と、元禄十六年の宮遷記録（Ｂ′）の概略を紹介し、前掲史料ＡＢと共に検討していくことにする。

Ａ′　上葺記録

⑴手斧初

(2)下遷宮の次第、土公神の次第
(3)上遷宮の次第
大宮や若宮などへの棟の入物（幣や餅や樽等）、大宮や若宮等の棟の樽の配分、大工へのふるまい、餅の次第
(4)幣の次第
(5)棟札文言

B′　宮遷記録

(1)荘中談合による猿楽の任定
(2)能上演日の出仕の衣装について
(3)神前荘厳御供の次第
(4)御樽銭覚（荘外からの祝儀銭のメモ）
(5)諸経費の明細（能大夫への渡しもの等）
(6)折紙の次第（折紙銭奉納の順序）
(7)折樽の次第
(8)神前や大御堂などへの小餅の次第
(9)長桟座の次第
(10)桟敷の次第

(11)芝者の次第(かわたへの米銭等の明細)
(12)寄合衆の署名(庄屋・番頭・年寄中)

上葺記録のAやA′によると、遷宮次第は、まず大工がはじめて建築にとりかかるときの手斧初の儀式があり、次に神座を仮殿に移す下遷宮を行なう。そのとき、陰陽道にいう土をつかさどる神、すなわち土公神に対する儀式も行なわれる。(7)建物ができあがると上遷宮となるが、これは下遷宮より大規模に行なわれたようで、大宮や若宮などへ、幣や餅や樽がそなえられ、大工へのふるまいもあった。A′には、上遷宮の次第の次に幣の次第の記載があるが、これはA(四の(3))にも記載されており(一番は下司殿、二番公文殿、三番番頭、四番氏人衆、五番大工)、天正七年以後幣振の順序には変化がみられない。その順序が厳格に守られたことがわかる。また、鞆淵八幡宮座配絵図(本書二六一頁)にも御幣振所が記されており、これらから、幣振が上遷宮の重要な祭儀の一つであったことが知られる。

このようにみてみると、上葺記録に記されている遷宮祭儀が、一般的にいわれる遷宮であることがわかる。しかも注目すべきは、その用語もまた「遷宮」とあることである。前掲史料Aには「下せンク」、「上せンク」とあり、享保三年の上葺記録(一四)も「下遷宮」、「上遷宮」と記している。さらに「八幡宮御上葺有」と記した元禄十五年のもの(一二)にも「遷宮」とあり、「宮遷《ミヤウツシ》」とは明確に区別されて使用されているのである。

上葺記録=遷宮記録となると、ではBやB′の宮遷記録とはどういうものなのか、両者はどのように関連しているのだろうか。

第二節　宮遷大祭

宮遷の方に目を転じ、BやB′、その他の宮遷記録もみながら内容をみると、まず第一に、能の上演があることに気がつく。能大夫への禄物なども詳細に記されている。第二に、折紙の次第の記載がある。これは折紙銭奉納の順序を記したものと思うが、慶長十七年（七の(15)(16)）、明暦二年（九の(6)(7)）、貞享二年（一一の(6)）、元禄十六年（一三の(7)）のすべての宮遷記録にみられ（本書八九頁第2表）、この儀式が宮遷のなかで重視されていたことがわかる。第三には、樽銭や折樽の明細がある。樽銭は荘外からの祝儀銭であるが、高野山諸院をはじめ、荒川荘や粉河等の者からもよせられ、宮遷の規模の大きさを知ることができる。折樽は荘中からのふるまいであるが、高野山諸院をはじめ、大工や賤民にまで与えられている。第四は、長桟座や桟敷の座配が記されている点である。長桟座の方は荘中の座配であるが、桟敷の方をみてみると、興山寺や氏人衆をはじめ、庄司氏や林氏や番頭衆の女房たちの座もあり、宮遷のにぎやかさを伝えている。

このように宮遷の方は、上・下遷宮の方がどちらかというと神事的色彩が濃いのに対し、祭的な雰囲気を伝えている。それは宮遷の行なわれる季節からも感じとれる。上葺記録等によると遷宮の方は、永正六年[8]と享保三年（一四）の場合以外は、元禄十五年の上遷宮が三月十二日（一二）、貞享は二月二十八日[9]、寛永は三月二十日[10]、天正は三月二十四日（前掲史料A）、寛正三年は三月七日[11]というように、農耕の本格化する以前の晩春が多いのに対し、宮遷の方は、永正七年が九月十一日（前掲史料B）、天文は九月十日（一の(10)）、慶長は閏十月十七日（七の(20)）、明暦は九月二十六日（一〇の

(1)、貞享は九月二十一・二十二日（一一の(1)）、元禄は十一月二日（一三の(1)）、寛保二年は九月吉日とあり[12]、すべて秋の苅り入れ後である。それは、収穫も終って一段落した農民らが祭を祝うにふさわしい季節といえる。したがってこの宮遷については、今後、遷宮と区別する意味でも、宮遷大祭を呼ぶことにしたい。

では上葺（下遷宮・上遷宮）と宮遷大祭はどのような関係にあり、宮遷大祭はいつ行なわれるのだろうか。この点を示すものとして、元禄十五年の上葺覚と翌年の宮遷記録とをくらべてみよう。上葺覚の方は次のように記している。

覚

一八幡宮御上葺者

元禄十五壬午年

釿始者正月十九日

下遷宮者二月十日

上遷宮者三月十二日

上葺覚（一二）によれば、手斧初が元禄十五年正月十九日に、下遷宮が二月十日に、そして上遷宮は三月十二日に行なわれたことが明瞭である。これに対して宮遷記録は一三の(1)にみるように、翌元禄十六年霜月二日とある。すなわち宮遷大祭は、遷宮の終了した元禄十五年の翌年霜月に行なわれたのである。

このほかに同様の事例を三つあげたい。一つは貞享の場合である。貞享元年に上葺記録があり[13]、手斧初が正月十一日、下遷宮が正月二十二日、上遷宮が二月二十八日に行なわれたことが知られる。しかし、翌貞享二年九月二十一・二十二日の宮遷記録（一一）の存在によって、同じように翌年九月に宮遷大祭が行なわれていたことがわかる。また永正の場合は、永正六年九月十六日付の「八幡宮上葺祝献」の棟札があり[14]、翌年九月十一日には、前掲史料Aにみられるように、宮遷大祭が行なわれている。さらに慶長の場合、慶長十七年の宮遷記録（七）と全く同筆の上葺記録（六、年未詳）があり、同様のことが予想される。

このようにみてみると、遷宮史料は、本来的には上葺記録と宮遷記録が一セットになっていたものといえよう。また宮遷大祭は、遷宮の翌年に行なわれたことが知られるのである。上葺記録と宮遷記録のすべてが残存しているわけではないので断定しえないが、八幡宮修造も宮遷大祭も相当の費用がかかることからみて、遷宮大祭は、宮遷の翌年秋に行なわれたとみてよいだろう。

ではこのような宮遷大祭はいつ頃から行なわれるようになったのだろうか。遷宮の初見史料である弘安二年のもの[15]は「遷宮」と記しているからこれはいわゆる遷宮だけだったのかもしれない。次の寛正三年のものは三月七日付の棟札であり[16]、またその式次第を記した置文[17]の内容は天正や享保の上葺記録と似ている。例えば五色の幣は天正・享保の上葺記録にもみられるが、これは大宮へ奉納される特別の幣であった。これらの幣のもとには香形餅やククスエ（ククツエ）餅が供えられたが、寛正三年にみられる九ツもりの餅というのはこれと同様のものであったろう。これらの記載は宮遷記録にはみられないし、また置文の日付も宮遷大祭が秋に行なわれるのに対して三月である。したがってこれは上葺記録とみてよいであろう。しかし、永正の遷宮になれば、先にみたように明らかに宮遷大祭が行なわれているのである。これによって、少なくとも下遷宮と上遷宮がすんだ後に宮遷大祭を行なうといったならわしは、永正七年までさかのぼれることは確かである[18]。

以上によって戦国期以後の鞆淵八幡宮の遷宮の特徴は、下遷宮・上遷宮で終るのではなく、その翌年秋に宮遷大祭が行なわれることにあるだろう。それは、前年の遷宮儀礼とは違って、荘外からも多数が祝儀をもって参加し、能が上演され、高野山諸院から荘外の氏子、賤民に至るまで折樽がふるまわれるといったはなやかなものであった。宮遷大祭は、八幡宮修造後に催される一大式典だったといえよう。[19]

第三節　宮遷大祭と能

下遷宮・上遷宮の翌年に行なわれる宮遷祭儀は、高野山諸院から賤民に至るまで多彩な顔ぶれの参加する大祭であったが、この大祭を彩るものとして、何よりも能の上演があげられるだろう。能は中世後期、各地の祭礼などでもさかんに演じられるようになったが、鞆淵の宮遷大祭で能はどのような位置にあったのか、また能の演じ手である猿楽についても少しふれてみたい。

寛保二年（一七四二）の宮遷記録[20]は、記録のはじめに次のように記している。

一八幡宮御宮遷翁興行之儀、御惣分様江御願申上、御免被為仰付、寛保弐壬戌九月廿三日、能切共八番相勤、御祝儀相済候、

右の記録に限らず、記録の書きはじめの確定できる貞享や元禄のものもまた、これと同様、冒頭に猿楽の名称や演能の番数を記しており（一一の⑴、一三の⑴）、宮遷大祭において能がいかに重要な位置にあったかを推測させるのであるが、右の寛保の記録はそれをさらに明瞭に示すものといえよう。すなわち「八幡宮御宮遷翁興行之儀」という記述から、宮遷大祭が翁興行と認識されていたことが知られるのである。いうまでもなく翁というのは、正月神事などで最

初に演じられる最も神聖視されていた能であり、能を代表するものである。宮遷大祭の中心は、このように神事能を奉納することにあったといえる。そこでこのような能の位置を、鞆淵における能の初見史料でもある前掲史料Aでみてみたい。Aの最後には次のようにあった。

ノウ《(能)》ノ時ハ　一番《両シャウクワン》ニ　下司殿
二番ウチ《(氏)》人　　次ハ丁ヨリ

能の時は、とあって、一番、二番といった順序が記されている。このことから、能が演じられたとき、両荘官を一番とする何らかの儀式が行なわれたことを知ることができる。これがどういうものかはわからないが、紙一枚に記されたかんたんな永正の宮遷引付にこのように記されていることからみて、重要な儀式であったことはまちがいない。

同様の記載は、慶長のものにもみられる（七の⒂、⒃）。

一コレヨリワミヤウツシ《(宮遷)》ノシヨウ《(仕様)》ノコト
一ノウ《(能)》ワ八ハン《(番)》サセ申ソロ
一ヲリカミ《(折紙)》ノシタ井《(次第)》
　マツ一ハン《(番)》氏人衆
二ハンニカウサンチ《(興山寺)》サマ
三ハンニテウ《(庁)》ヨリ
四ハンニ庄司殿・林殿
五ハンニ子ギサ《(禰宜座)》

マエノザ《(前座)》
ウエノザ《(上座)》
六ケ寺坊主衆
七ハンニハントウ《(番頭)》衆
サウシテミナ〳〵ヲモ井〳〵ニ井タサレソロ

これによると、ここからの記述は宮遷の仕様であると記した上で、まず能八番の上演を記している。宮遷祭儀が能の上演によってはじまることを示していよう。その最初の能はもちろん翁であったろう(21)。次に記録は折紙の次第を記している。折紙は折紙銭、すなわち神へのささげ物と思われるが、この順序が一番に氏人衆、二番に興山寺、そして三番以後は荘中の者と決められている。この折紙の次第は、前掲第2表（八九頁）にみるように、慶長以後の記録には必ず記載されており、折紙銭奉納が宮遷祭儀上、重要な位置にあったことを知ることができる。永正と天文の記録は折紙の次第という項目を立てていないが、これと同様なものとして第2表に掲げたように、「能の時」、「出仕の次第」がある。この二つの順序は、慶長以後の折紙の次第とは多少異なるが、宮遷記録のなかで長栈座以外にこうした序列を記したものはほかにはみられないので、これらは同一の儀式であったとみてよかろう。

このように、能の上演は折紙銭奉納という重要な儀式と密接に関連していた。また天文の宮遷記録には次のような記述がある（一の(7)）。

ミキ《(神酒)》サケ《(酒)》マイテノチノ中小クハ《(供)》
ノウ《(能)》三ソンハン《(三番)》ハテ、モル《(盛)》ヘシ

ソノホカノウ《(能)》ノカスハ九ハンナリ

これによると、神酒をささげた後の中小の供物は、能三番終了後に盛るよう決められている。儀式の進行上でも、能が重要な役割を果したことが窺えよう。なお折紙銭奉納は、翁上演の後に行なわれたのかもしれない。

宮遷大祭における能の重要性は、猿楽への禄高でも知ることができる。前掲史料Aの永正七年の引付をみてみれば、猿楽への禄は、米五石、析足五貫文、樽三、翁面、そして馬三疋であった。これらの禄物が当時の猿楽の禄物相場からみてどの程度であったかは、猿楽座の知名度や演じられる寺社の格によって異なるから(22)一概にはいえないが、ほぼ同時期の明応四年（一四九六）の神輿垂張のための地下勧進額が銭十貫文と米五石ほどであったから(23)、鞆淵荘民にとってはかなりの額だったのではないだろうか。

天文の禄物は太刀・轡をそえて銭は五十貫文であった。また三人の楽頭には馬も一疋ずつ与えられた（一の(4)）。永正とくらべるとかなりふえたのではなかろうか。また慶長の記録には「銀子五百メニ子ギリサタメ申ソロ」（七の(3)）とあり、少しでも値切って安くあげようとしていたことが知られる。なお、慶長以後の記録には、白米をはじめ味噌、塩、酢に至るまで支給されたことが記されており、銀子の方は、慶長で五百匁（七の(3)）、明暦で八百六十匁（九の(1)）、貞享で七百匁余（一一の(4)）、元禄で八百匁（一三の(4)）ほどであった。

以上によって、能は宮遷大祭にとって不可欠であり、宮遷大祭の主要な内容は神事能の奉納にあったといえるだろう。次にそれらの能の演じ手である猿楽についてみてみたい。

第四節　貴志・粉河の猿楽について

宮遷大祭で能を演じる猿楽がどのようなものであったかは、永正と天文の記録ではわからない（天文の場合、サルカクヘントとあるだけである）。しかし、慶長と明暦の記録には貴志の大夫、粉河トロ兵衛とあって[24]、貴志と粉河の猿楽であることが判明する。紀州猿楽については、鎌倉中期、紀州猿楽が山城国高神社で能を演じたことや、紀伊国日前国懸両大神宮の楽頭が湯川の猿楽大夫であったことが知られているが[25]、ここでは近世初期における貴志と粉河の猿楽の専業集団について少し述べてみたい[26]。

このうち粉河の猿楽については、近世末まで存在していたといわれている[27]。粉河は紀ノ川の対岸にあり、鞆淵とは比較的近い。貞享や元禄の記録にも粉河の玉屋、紺屋、鍛冶屋などがみられ、粉河の商工業の町としての発展や、鞆淵との交流のさかんだったことが知られる（一一の(3)、一三の(3)・(4)）。

貴志については、地名比定に二つの可能性がある。一つは、紀ノ川の下流で名草郡内にあり、北を和泉国日根郡に接する貴志、すなわち貴志の猿まわしで知られた所である[28]。もう一つは貴志川に沿った那賀郡内の貴志である。名草郡内の方は慶長検地のとき貴志荘と改称された新しい名称であることから[29]、後者と予想されるが、この推定を裏付けるのは次の史料[30]である。

友淵庄八幡宮楽頭之儀、従我ゝ先祖、雖為相伝之楽頭所、唯今要用之儀ニ相詰り申に付、貴志・粉河双方合得之上、銀子七百目ニ末代売渡申処実正也、然上者、万一何様之儀出来仕候共、於此楽頭所者、毛頭違変有之間鋪者

也、仍而為後日之証文如件、

延宝七己未年

四月十四日

売主貴志
猿楽　金十郎　〇（黒印）〇以下同ジ

同　　金三郎　〇

同粉　河　理元　〇

証人貴志　主膳「知」（花押）

同年　寄　藤左右衛門（花押）
北村

同　藤四郎　〇

同井口村　喜平次　〇

同小野村　勝右衛門（花押）

買主
反淵庄中

右は延宝七年（一六七九）の貴志・粉河の楽頭職売渡状である。猿楽の楽頭職が村もちとなる例は、大永三年（一五一三）、山城国多賀村の高神社の秋の祭礼の楽頭職が地下もちとなった例や、天文十七年（一五四八）、見満寺の広若大夫が菅浦荘の春秋二度の神事能の楽頭を一貫文で菅浦惣中へ売却した例、また紀伊国田中荘の山王社の楽頭職が、天正三年（一五七五）、大金剛郷勢算なる者によって荘中へ寄進されている例がある。これらはいずれも、戦国期における手猿楽の勃興を示すものとしてとらえられているが、鞆淵の場合、楽頭職入手後の貞享・元禄の宮遷大祭の猿楽は南都猿楽（一一の(1)、一三の(1)）となっている。したがって地下衆による演能があったわけではなく、荘中が猿楽楽頭職を入手したということを示すにとどまるといえよう。

右の貴志・粉河の楽頭職売却状によって注目したいのは、証人である。証人は五人いるが北村が二名、貴志と井口村と小野村が一名ずつである。このうち北村、井口村、小野村の地名比定をすると、この三カ村は貴志川流域の方の貴志荘内にあり、しかも川の東側に集中している。近世ではこの三カ村だけが高野山領になっているが、この三カ村の地名比定によって、貴志の猿楽がこの三カ村内のいずれかに拠点をもっていたことが知られ、名草郡内の貴志荘でないことが確定する。

第二に猿楽の署名に注目したい。これによると貴志の猿楽が二名、粉河は一名である。貴志の優位性が窺えるが、この点を更にみてみたい。宮遷記録の猿楽の記載をみてみると、慶長のものは「サルカクシユ、キシノ大夫・コカワトロヒヨウエン、コノ二人ノ衆ヲ庄司殿マテヨヒナサレソロテ」(七の(3))とあり、明暦のものも「サルカク、キシノタユ、コ川トロヘン二人ヲヨヒヨセソロテ」(九の(1))と記している。すなわち貴志の猿楽は貴志大夫と呼ばれているが、粉河のものは大夫呼称されていないのである。これは祝儀銭の明細の項目(九の(5))でも同様である。したがって貴志・粉河の猿楽は同等というわけではなく、粉河の猿楽は貴志に対して従属的地位にあったのではないだろうか。楽頭職売却の証人がすべて貴志荘内の者であった理由もそのへんにあるのだろう。また祝儀銭明細は脇大夫の存在を示しているが(七の(17)、九の(5))、貴志の猿楽として二人の署名があることからみて、貴志の二人が大夫と脇大夫であったとみてよいだろう。

以上によって、近世初期(一六一七〜七九)の宮遷大祭での神事能は、鞆淵八幡宮の楽頭職をもつ貴志と粉河の猿楽によって演じられたことが明らかとなった。貴志の猿楽大夫は近世初期、粉河猿楽を従属させつつ、紀北近辺の祭礼等で活動していたといえるだろう。

おわりに

鞆淵八幡宮の遷宮は、一般的にみられる下遷宮と上遷宮の祭儀で終るのではなく、その翌年秋に宮遷大祭を行なうところに大きな特徴があった。少なくとも戦国期以来、遷宮は下遷宮—上遷宮—宮遷大祭という形態をとったといえる。

高野山諸院から賤民に至るまで参加する宮遷大祭では、能が演じられた。翁をはじめとする神事能の上演は、大祭を彩るだけではなく、大祭には不可欠の中心的神事ともいえる位置を占めていた。そして近世初期にこの能を演じたのは、鞆淵八幡宮楽頭職をもつ貴志と粉河の猿楽であった。貴志の能大夫は粉河猿楽と共にこの近辺の祭礼などで活躍していた専業の猿楽集団といえる。

小稿は以上のように、宮遷大祭の存在と大祭での能の上演といった鞆淵八幡宮遷宮の形態・特徴を述べたものである。宮遷大祭の方はおおまかなことはわかったが、上葺記録の分析によって下遷宮や上遷宮についてもその祭儀が明らかにされねばならないと思う。今後の課題としたい。

注

(1)『和歌山県史』中世史料一「鞆淵八幡神社文書」(以下「鞆淵八幡神社文書」とする)七　鞆淵薗遷宮次第置文。

(2) 同六一・六二・六三　鞆淵八幡宮若宮棟札銘・本社棟札銘写・若宮棟札銘写、同六四　鞆淵惣庄置文(木札)。

(3) 同七五　鞆淵八幡宮本社棟札銘写、同七六　鞆淵八幡宮宮遷引付。

(4) 注(3)の七六に同じ。
(5) 掲載史料は表紙のみであるが、『鞆淵村郷土資料古文書』にはその史料が収録されており、それによった。
(6) これは棟札であり、詳細な記録はないが、手斧初や下遷宮・上遷宮とその日付が記されており、Aとほぼ同一形態であることはまちがいない。
(7) この場合の土公祭は地鎮祭のようなものなのであろうか。本文では一応、下遷宮のときとしたが、天正七年の上葺記録(四の(1))には上遷宮のところに記されているし、また享保三年の上葺記録(一四)は、下遷宮のところだけでなく、上遷宮の次第の場所にも「上遷宮ハ一一月二十日ノ午ノ時ツチ《（土）》マイル」と記されていることから、建物の完成後にも、土公祭が行なわれたといえよう。遷宮のとき土公祭が行なわれることが一般にみられることなのか、土公神をまつることにみられる陰陽道の思想がどのへんまで普及していたのか、といった問題は、今後の課題としたい。
(8) 「鞆淵八幡神社文書」七五 鞆淵八幡宮本社棟札銘写、これによると上遷宮は九月十六日である(上棟式と上遷宮が同一日に行なわれる点については、本書第三部第二章第四節参照)。
(9) 『鞆淵村郷土資料古文書』所収、天和四年三月九日、鞆淵八幡宮上遷宮下遷宮覚帳。
(10) 同所収、寛永十六年四月十六日、鞆淵八幡宮上葺目録。
(11) 注(2)に同じ。本書第三部第二章第三節。
(12) 鞆淵八幡宮所蔵文書、本書未掲載。
(13) 注(9)に同じ。
(14) 注(8)に同じ。
(15) 注(1)に同じ。
(16) 「鞆淵八幡神社文書」六二一・六二二。
(17) 同六四 鞆淵惣庄置文(木札)。
(18) 宮遷大祭が必ず遷宮の後に行なわれたかどうかは断言できない。しかし上葺記録しか残っていないのは天正、寛永、享保の三つであり、それに対して永正、天文、慶長、明暦、貞享、元禄、寛保と宮遷記録が残っている。原則として宮遷大祭は行なわれたとみてよいであろう。

(19) 宮遷大祭は、貞享二年の場合は九月二十一日と二十二日の二日にわたって行なわれている（一一）。あとの記録はすべて一日であるが、例えば寛保二年の場合、記録をみると日付の記載は九月吉日とあるにもかかわらず、同年八月二十九日付の神事能受取状（『鞆淵村郷土資料古文書』）によると、二十二日と二十三日の両日の能の上演が約束されている。宮遷大祭が二日かけて行なわれたことがわかる。したがって一日の日付だけのものでもこのように二日間かけて行なわれた可能性がでてくる。慶長の記録には、八幡宮へ御供を備えるのは夜中の二時とあるので（七の⒁）、夜を徹して二日にわたって行なわれたのではなかろうか。

(20) 注(12)に同じ。

(21) 本文掲載史料A（注(3)）にも「ヲキナヲモテ」（翁面）とある。翁が演じられたのであろう。

(22) 禄物の額については能勢朝次氏『能楽源流考』第九章二、(イ)の三「興福寺より下行する猿楽禄物」、(ロ)「本願寺に於ける演能と下行禄物」、(ハ)「其他の神事祭礼と猿楽の禄物」等に詳しい。

(23) 「鞆淵八幡神社文書」七一　鞆淵八幡宮御供勧進帳、同七二　鞆淵八幡宮神輿垂張奉加帳。

(24) 粉河の猿楽の名はトロヒヨウエン、トロヘヨウエ（慶長の記録）、トロヘン、トロヒヨエ（明暦の記録）といろいろ書かれるがトロヒヨエの例が最も多いので兵衛の字を宛てた。

(25) 林屋辰三郎氏『中世芸能史の研究』第二部第四章第四節三「手猿楽の禁制」（一九六〇年）。

(26) 本章校正中、後藤淑氏の貴志・粉河の猿楽についての研究（「紀州の猿楽について」、『能面史研究序説』所収）を知った（薗部寿樹氏の御教示による）。後藤氏は、本章掲載の鞆淵八幡宮楽頭所売券から、貴志が那賀郡内東貴志であることや貴志・粉河の猿楽の本家が貴志村にあったという私見と同様の見解を既に指摘されている。本章の第四節は、鞆淵八幡宮の遷宮史料の方から後藤氏の見解を裏付ける役割を果たしたことになろう。

(27) 新井恒易氏の御教示による。

(28) 『紀伊続風土記』(1)巻之八、貴志荘。渡辺広氏『未解放部落の史的研究』第二章第三「散所のことなど」（一九六三年）。

(29) 『紀伊続風土記』(1)、一七三頁。

(30) 高野山文書刊行会編『高野山文書』一一―二四九。
(31)「高神社文書」大梵天王法竪目録。
(32)『菅浦文書』上巻、三五五 缺満寺広若太夫楽頭売券。
(33)『紀伊続風土記』(3)、附録巻之七。
(34) 注(25)に同じ。

第二章　長桟座と中世宮座

はじめに

鞆淵荘の宮座について最初に論じられたのは豊田武氏である。氏は近世初期における長桟座の存在と、それが下司・公文・番頭といった有力者によって占められていたことを明らかにされた。(1)その後安藤精一氏は、こうした近世の宮座を、中世的色彩を色濃く残した荘宮座として把握され、(2)近年では、熱田公氏がこの荘宮座に中世的なものがどれほど残っているかを検討されている。(3)

このように鞆淵荘の近世宮座については、その性格がかなり明らかにされているが、本章でこれをとりあげるのは、第一に、本書掲載の遷宮史料によってこれをより厳密化しうると思うからである。例えば豊田武氏が近世初期と推定されて紹介された長桟座の史料は、貞享二年（一六八五）の宮遷記録（一一、本書掲載史料は番号のみを記す）の一部であり、長桟座の存在は慶長十七年（一六一二）までさかのぼることができる。第二に、中世宮座に関する史料は決して多くなく、鞆淵荘もその例外ではないが、こうした史料制約のもとでは、近世宮座の解明が中世宮座を明らかにするのに一定程度有効と考えるからである。鞆淵荘の近世宮座のように、下司・公文・番頭といった中世的身分を継承している場合はなおさらである。

本章では、遷宮史料と共に、座配相論のとき作製された享保十二年（一七二七）の座配の絵図[4]も参照したい。絵図は宮座の構成を具体的・視覚的にとらえるのに役立つであろう。

近世宮座の形態を明らかにした上で、中世宮座についても言及したい。近世宮座の形態は中世のどのへんまでさかのぼるのか、その原型はいつ頃成立したのか、更に近世宮座と中世宮座の差異はどのようなものか、遷宮史料を手がかりとしながら考えてみたい。

第一節　長棧座と近世宮座

長棧座の存在は、近世初頭の慶長十七年（一六一二）までさかのぼることができる。同年の宮遷記録には次のように記されている（七の(4)・(5)）。

一テウサン《長棧》ノシタ井《次第》ノコト

一一サワ《座》庄司殿

一二ハン《番》林殿

三ハンニハントウ《番頭》衆

ソノツキワイ上衆コト〳〵クシタ井《次第》ニヲンツキソロ、ソノトキノ井シヤウ《衣装》、五十ヨリウエヒタヽレ《垂直》、又ソノシタワカミシモ《上下》、又ワカ《若》衆百人、カタキヌ《肩衣》・コハカマ《小袴》キソロテ、シヤク《笏》ヲミナ〳〵メサレソロ

これによると一の座は庄司殿、二番目の座は林殿、三番目が番頭衆、その後は荘中の者が年の順に座につくことに

なっている。庄司氏は、別稿で既に述べたように(5)、荘中全体に及ぼされる庄司家屋根替のときの夫役徴収権（家毎に二人）をはじめとし、本拠地の和田村農民に対する夫役徴収権（家毎二人分、近世初期のころは十六人分であった）、庄司家門前での下馬の礼、荘中の年寄任命権、庄司名である崎林農民に対する一定の支配権等、さまざまな特権を有していた。林氏は、庄司氏ほどではないが、同様に屋根替のときの夫役徴収権、本拠地奥沢・向・大戸に対する夫役徴収権等をもち、両氏共に荘中の山の支配権を有していた。そして特徴的なのは、彼らが下司家、公文家という家格を常にかかげながらこれらの特権を維持しつづけたことである。庄司・林両氏についで第三番目の座を占める番頭は、十二人と定められ、南北朝期以来の有力農民であるが、近世においても、「番頭中代替り之節、入供振舞仕候得者、其番頭付之名子不残祝儀持参仕候先規之格式ニ御座候(6)」、あるいは「友淵庄中拾二割番頭中之名子(7)」とあることから、荘内が十二カ番に編成され、番頭は番内農民に一定の支配権を有したものと思われる。

このように長栈座は荘内の階層構成をみごとに反映していた。そしてさらに特徴的なのは、下司・公文・番頭というのは中世荘園領主によって補任される職であり、また中世的身分であった点である。したがって長栈座は、中世的身分体系をも反映していたといえるだろう。またこのような長栈座の性格をみてみると、宮座の解明が村落階層を明らかにするために有効であることがよくわかる。これまでの中世史研究者による宮座研究が、村落の階層構成を明らかにするために行なわれたのは、けだし当然といえよう。

庄司・林・番頭以外の地下衆は、年齢によって分けられていた。そして五十歳以上は直垂、その下は上下、若衆は肩衣と小袴というように衣装が定められている。また若衆も含めてすべてが笏をもっていた点は興味深い。宮遷大祭が重要な神事として認識されていたことのあらわれだろうか。

長桟座はその後の記録にも必ず記載されている。明暦では「チョ三ン」（九の⑵）、貞享二年になると「チョサンザ」（一一の⑼）というように座が付して称せられ、元禄では「長さん座」（一三の⑽）と記されている。しかしその序列は全く変わることなく、身分秩序の強固さがおしはかられる（但し、若衆の数は明暦二年以後三十人と減る。また衣装の方も、直垂については変化がないが、貞享二年以後、五十歳未満は素襖袴となり、下三十人は上下にかわるというように、記録は多少変化している）。

ところで長桟座という名称はどうして生まれたのだろうか。神社には拝殿と同じような機能をもつ建物として庁屋があり、神事のときこれが参籠殿とも直会殿ともなるというが、(8)長桟座の前身がこの庁屋であることはまちがいあるまい。(9)この庁が長桟、すなわち細長い桟敷と記されるようになったのは、庁屋の建物の形からきていると思われる。それは、掲載する絵図によって明らかかと思う。

絵図によると、荘中のものが一座して神事などを行なう場は、拝殿と舞台と最南端の細長い建物の三つであるが、この最南端の細長い建物が長桟座であることは確かであろう。拝殿や舞台は下司・公文・番頭だけであるが、これには前掲長桟座の史料にあるように、氏子が記

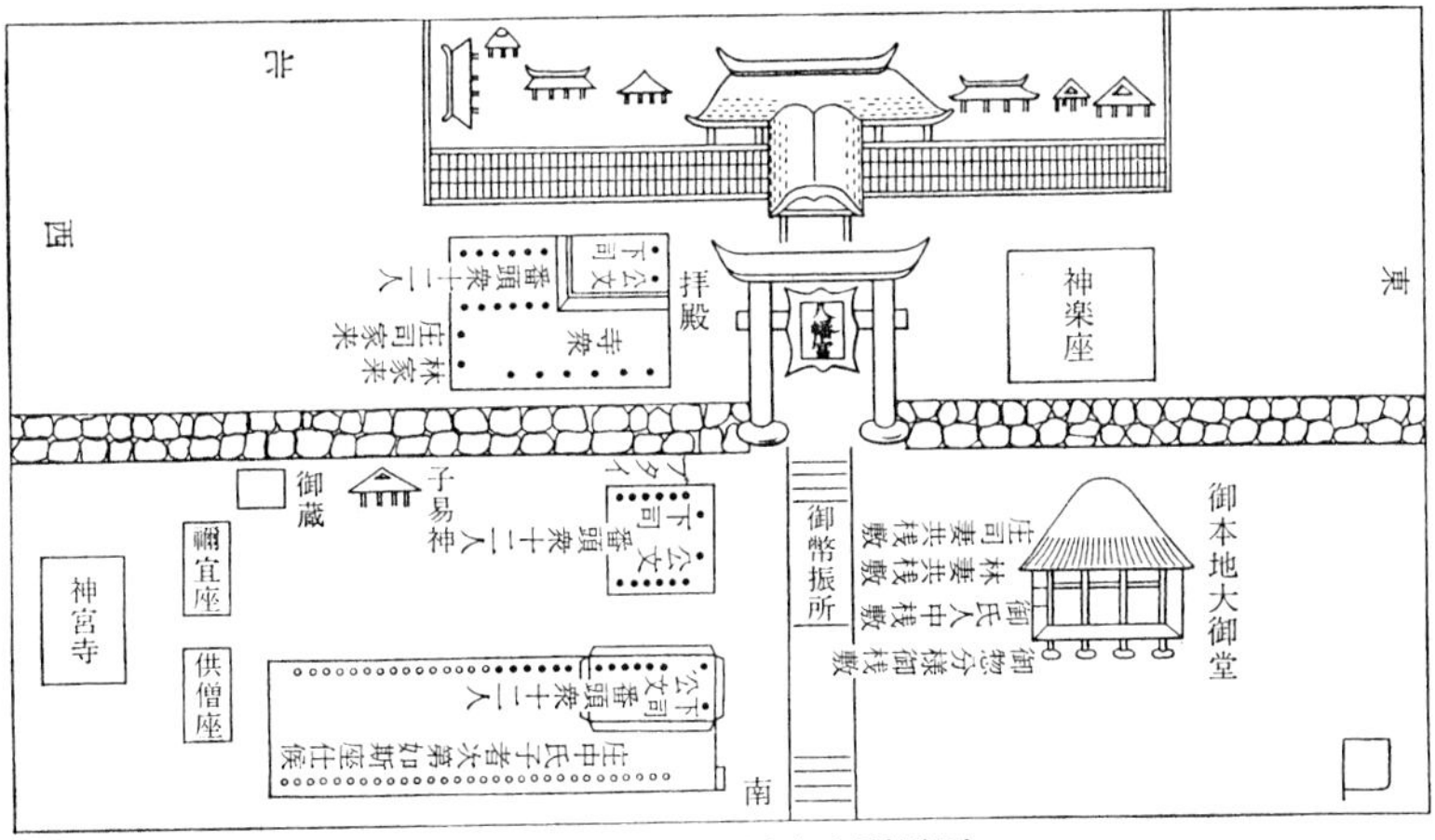

第8図　鞆淵八幡宮座配置図

載されているからである。なお、絵図は人数を丸で表わしているが（下司・公文・番頭・六ヵ寺衆を黒丸、氏子を白丸で区別している）、この丸数は下司・公文・番頭・六ヵ寺衆等の数を正確に表わしていることからみて、長桟座付の氏子の数もこの丸数によってわかるのではないだろうか。丸数によれば長桟座に着座できる氏子の数は四十五人おり、つめて座したとしてもこの長桟座の長さはかなり長いものとなったのではあるまいか。長の字を宛てられたのは十分肯けることである。(10)

拝殿、舞台、長桟座に一座して、それぞれの場でどのような神事が行なわれたかは十分にはわからない。しかし次のような手がかりはある。

A一、上棟之座席、舞台ニ而有之、正面庄司・林左右に座仕り、其後ニ番頭座仕候御事、

（中略）

B一、上棟幣振候次第、第一番下司、二番公文、三番番頭之一老、其外段々振候御事、

C一、同時長桟之座、正面うづの間、庄司・林左右ニ着座仕、次に番頭座有之候、餅まき済、神酒下司・公文ゟ始之、段〻頂戴仕候御事、

D一、同晩、御本社江御幸之時、拝殿座席、下遷宮同前之御事、

右の史料(11)は享保の相論のとき林氏が高野山にさし出したものの一部で、後述するように、上棟式とそれにひきつづいて行なわれる上遷宮の座配が記されている。これによって一連の儀式が行なわれるにも、舞台や長桟座や拝殿で独自の神事が行なわれたことが知られる。この史料をもとに絵図をみると、絵図は時間的経過を無視して描かれていることがわかる。絵図をみるには、この点を考慮する必要があろう。例えば、宮遷大祭で能が演じられるときは、拝殿

や舞台に人はおらず、長桟座や大日堂前の桟敷に人々が座して能舞台を囲む形となる。

Aには「上棟之座席、舞台ニ而有之」とあるから、舞台が上棟式のときに使われたことがわかる。このときの座配は絵図通りである。Dは上下遷宮の儀式の一つが拝殿で行なわれたことを示している。そして長桟座について記したCは、「餅まき済、神酒下司・公文ヵ始之、段々頂戴仕」とあるから、長桟座は主に直会の場になっていたものといえるだろう(12)。更に、これらの史料や絵図から、長桟座の秩序が上棟式でも、上下遷宮の拝殿での儀式においても、貫徹していることが明らかである。

第二節　禰宜座・供僧座・神楽座

座配の絵図は、長桟座以外に座のつくものとして禰宜座・供僧座・神楽座を記している。これらは鎮守神の祭祀にどのようにかかわっていたのだろうか。近世ではこれらは株になっていて、これらの株をもった特定の農民が神事祭礼のときこの決められた場に座した。公文と番頭伊太夫の相論のとき、伊太夫は、供僧株をもちながら俗体のままで供僧もつとめず、地頭の夫役もつとめないと非難されていることから(13)、これらの株には夫役免除などの特権が伴ったのであろう。

これらの三座は天文十九年の記録以来みられるものであり、それぞれの役割をみておきたい。まず神楽座に注目すると、これは天文では楽所、慶長では上の座、明暦では天文同様に楽所、そして貞享・元禄では楽座、寛保では神楽座と称されていた。慶長の上の座という呼称は、絵図によって、その位置が拝殿同様一段高い所にあることからきたことがわかるから、本来は楽所と称されたといえる。楽所は、天暦二年（九四八）に大内楽所が設置されて以来、やがては地方の社寺内にも楽所機構が成立するようになったといわれている。[14] 当荘でも建武三年（一三三六）に楽所の存在がみられるから、[15] これは建武政権成立以前の荘園領主である石清水八幡宮によって設置されたものといえよう。楽所はいうまでもなく神事法会のための舞楽を演ずることを職掌とするが、肥後一宮阿蘇神社の楽所の活動が主として神楽執行にあったことや、[16] 鞆淵の楽所が神楽座と称されるようになったことをみても、当荘の楽所の役割が主として神楽上演にあったことが推定されよう。鞆淵の神事祭礼で神楽が演じられたことは、永正七年の宮遷引付に[17]「御カクラ有」と称されていたことからもわかるし、古くは、正平十四年（一三五九）の仏神田注文に、[18] 中村の天王十一月十日の神楽と、本川村の正月五日・九月午日の神楽が免田を与えられていることによってもわかる。絵図は、神楽座を一段と大きく描いているが、これは神楽の重要性、地位の高さのあらわれだろうか。

供僧座は天文以来一貫して前の座と称されたものである。これについてはほとんどわからないが、貞享以後の宮遷記録に、仏供料が前の座に渡されていることから、仏に御供を供えたりして仕えたのであろう。これに対して禰宜座の方は神職である。享保の史料によれば、[19] 禰宜座の一老と二老のものが大宮神主と権禰宜役をつとめるという。正長二年（一四二九）の大検注分田目録によると、[20] 大宮神主と若宮神主にはそれぞれ二反半十四歩、一反百九歩が分田されており、神主の地位は決して低くない。彼らの遷宮での役割をみてみよう。天正七年の上葺記録は次のように記している。

下せンク《遷宮》ニ五ク《御供》アリ、五斗五升、白米三升三合サンマイ《散米》ニ参、コレハ子キサ《禰宜座》ノシタイ《次第》ナリ、（四の(1)）

これによると、下遷宮にあたって御供を供えたり、散米することが禰宜の役割となっている。また享保三年の上葺記録（一四）もみてみよう。

下遷宮之次第

一閏十月朔日ノ晩亥ノ時　此時本御供進申候

一米五斗五升　　禰宜座江

一白米三升三合サンマイ也　同所江

一御酒三升　同所江

一布八反　同所江

一油壱升　同所江

一まつ壱荷　同所江

一紙壱束　同所江

一米弐斗　是ハ四人ノ禰宜衆七日宮コモリ飯料也

一ヲンカリヤ《（御仮屋）》カサル《（飾）》トキワ、子キサ《（禰宜座）》ノ衆ヨリアイカサル也、カコイ板五間、是ハ子キサエヲル、、此時壱人ニ付

三合飯米一度ヲル、ナリ

右は下遷宮の次第であるが、これによっても米五斗五升をはじめとする御供を供えるのが禰宜座の役割であったことがわかる。また禰宜衆が七日間宮籠りすることや、仮屋荘厳もまた彼らの役割であったことが知られるのである。

これらはすべて下遷宮のときであるが、宮遷大祭の記録にも次のように記されている。

一神前しやうこん《（荘厳）》御くう《（供）》次第之事

但神前江もり（盛）物五はい　日御堂江四はい　又御くら入用神事次なり
一□七升五合　御くら料　子キサヱ
一三升　あふらせん　同断
一壱升　へいかみ代　同断
一三升　御ミき代　同断
一飯料者壱人ニ付三合ツヽ、二飯　同断
一壱石　礼分　同断

右は元禄十六年（一三の(1)と(2)）のものであるが、神前や大日堂へ供える御供料以下の経費が禰宜座へ渡されており、宮遷大祭においても彼らが神前荘厳等の重要な役割を果していたことが知られる。彼らはその報酬として米一石の礼分を与えられているが、神楽座や供僧座にはこうした記載はみられない。

以上、禰宜座・供僧座・神楽座の役割をみてきたが、最後に述べなければならないのは、この三座が庄司氏と林氏の一定の支配下にあった点である。

一八幡宮禰宜座・神楽座・神宮寺之義者、下司付ニ御座候故、入供之節、進物相調、庄司方江目見罷出候、（中略）
一八幡宮供僧座ハ公文付ニ御座候故、供僧入供之節ハ、林方江進物持参、目見仕候事、

右の史料[21]によって、禰宜座と神楽座は下司付なので庄司方へ、供僧座は公文付なので林方へ、それぞれ入供のときは進物をもって挨拶に行かなければならなかったことがわかる。これをみても、鞆淵荘の近世宮座は、下司家庄司氏、公文家林氏を別格とする宮座であったといえるだろう[22]。

第三節　中世宮座と庄司氏・林氏

鞆淵荘の中世宮座を、近世宮座の形態がどこまでさかのぼれるかの検討を通して明らかにしてみたい。庄司・林氏を別格とするような祭祀形態はいつ頃成立したのだろうか。

この点についても、近世宮座を明らかにしたのと同様に、中世の遷宮史料が解明の手がかりとなると思うが、既にみたように、宮座には荘内の身分秩序が反映していることから、庄司・林両氏が中世においてどのような地位にあったかをまずみたいと思う。

庄司氏については、熱田氏もふれられ、(23)また拙稿でも既に述べたように、下司ではなく下司代であった。(24)下司には高野山領有以来、在地領主鞆淵氏が補任されていたが、室町末、百姓等との対立を契機に没落してしまい、下司職・公文職共に高野山の掌握するところとなってしまった。(25)庄司氏が下司代としてはじめてあらわれるのは寛正五年（一四六四）のことと推定される。(26)下司であるか下司代であるかの差はきわめて大きいものであるが、しかし荘内の身分秩序にとっては下司代となったことはやはり決定的であったのだろう。庄司氏は、その後、荘中鍛治大工職売渡状や八幡宮宮山定書等に、(27)(28)筆頭に署名しており、庄司氏の地位の高さがうかがわれるのである。

林氏の初見は永正五年（一五〇八）の荘中鍛治大工職売渡状においてである。(29)これは、それまで荘中の所有していた鍛治大工職を前の孫太郎に売り渡したものであるが、この最後の署判は次のようなものであった。

ともふち勝次殿　（筆軸印）　堂本番堂《（頭）》（筆軸印）

林　殿（筆軸印）　有東番《はん》堂（筆軸印）
徒路番堂（筆軸印）　上平番堂（筆軸印）
少（小）林番堂（筆軸印）　今中番堂（筆軸印）
窪　番堂（筆軸印）　湯本番堂（筆軸印）
新　番堂（筆軸印）　平野番堂（筆軸印）
大西番堂（筆軸印）　両役人
仍而右之趣如件
永正五年戊辰二月廿七日　　まゑかち孫太郎

荘中のもつ鍛治大工職の売買のため、署判者は当然荘中を代表するものである。署判は筆頭に下司代である庄司氏（勝次は宛字）、次に林氏、そして番頭が続くという形をとっている。こうした形をみても、ここで両氏が共に殿の尊称をされていることをみても、林氏が公文代としてここに署判した可能性はきわめて高い。(30) いずれにしても庄司・林両氏は番頭等の上に立つ最有力階層であることはまちがいない。したがって、この頃の宮座もまた近世宮座と同様、庄司・林両氏を別格とするような形態であったことが十分予想される。さいわい永正七年（一五一〇）の宮遷引付(31)があるので、それをみてみたい。

（端裏書）「ヲン宮ウツリ引付　永正」
御宮ウツリ（遷）ノ事
八幡宮へ御コ供有　仏供大日へ

（中略）

ノウ（能）ノ時ハ　両シヤウクワン一番ニ　下司殿

二番ウチ人（氏）　次ハ　丁ヨリ

永正七年カノエムマ　九月十一日

これは宮遷大祭の記録であるが、最後の「能の時」に続く次第に注目したい。一番が両荘官（下司殿）、二番氏人、三番に丁とある。これは、翁上演の後に行なわれる折紙銭奉納という宮遷大祭の重要な神事の一つに相当し、この次第が宮座の秩序を反映していると考えられるので、(32) これによって当該期の宮座を推定することが可能である。記録は一番に下司殿と記し、そこに両荘官の文字を加筆している。この両荘官が下司・公文をさすのか、下司代・公文代をさすのかが問題となるが、天文十九年（一五五〇）の宮遷記録は、この折紙銭奉納に相当すると思われる次第を次のように記している（一の(3)(4)）。

シユンシ（出仕）ノシタイ（次第）ハ

一ハンニレウシヤクワン（両庄官）

二ハン　ウシウトシユ（氏人衆）

三ハン　子キサ（禰宜座）

カクシヤウ（楽所）

マエノサ（前座）

四ハン　上ツカイ（使）

五ハン　ハントウシユ《番頭衆》
六ハン　シヤウ《庄》ノ百小シユ《姓衆》

一番から六番まであるが、この場合、一番の両荘官が下司・公文（高野山行人方長床衆）ではなく、下司代・公文代をさしていることは明白である。もしこれを下司・公文とみてしまうと、番頭や百姓衆が参加しているのに下司代庄司氏・公文代林氏が出仕していないことになってしまうからである。したがって、断言はできないが、永正七年の宮遷引付にでてくる両荘官も、引付には下司殿とあるが、下司代庄司氏と公文代林氏をさしたものとみてよいのではなかろうか。(33) 永正七年の両荘官の解釈に一抹の不安はあるが、前掲、永正五年の荘中鍛治大工職売渡状もあわせて考えれば、十六世紀初頭の宮座の形態は、近世宮座にかなり近いものであったとみてよいと思う。

次に下司鞆淵氏が没落し、庄司氏が下司代としてあらわれる頃の宮遷史料(34)をみてみよう。寛正三年（一四六二）三月七日のものである。

御置文事
右当社八幡宮御社余に及大破候間、地下高野之氏人参会致評定、地下若子之物とう《頭》の析足お三ヶ年間寄進申候て、不足の所お入地下の分心をちにすゝめ被仕、社当《頭》建立仕、目出度候事
一棟上の事ハたうしや《当社》御まつり《祭》のことくに、下司・公文参会□《仕》りつとめ申候也
一から幣一本、御しき《五色》のきぬにて
一れうそく《析足》拾貫文　同布三たん
一御たる《樽》五升入一箇　同木ちのちやうし《銚子》

一もち（餅）　ひろさ八寸　あつさ二寸　もち三しゆにて
一九ツもりのもち（餅）□（はんとうカ）衆一人九せん（膳）あて
此趣、下司・公文地下と参会候て、卅貫文分とりつとめ申候事実也
雖然、若子祈勝（精）のために御てんにかきおさめ申也
しやうし（庄司）の子千代くす　有音子をと（中略）
何ことも地下不審之事候ハヽ、御てん御箱にあるへし、能々御覧可有候

八人御百姓

毛屋川番頭
堂本　番頭
在カ志番頭
久呆　番頭
古林　番頭
古屋　番頭
古田　番頭
中南　番頭
遊本　番頭
新　　番頭
屋那瀬番頭

御棟上時番頭衆
馬一疋宛
御引候て如此候

大西　番頭
障子
使者
宥音
宗覚

寛正三壬午三月七日　誌之

右は、「御置文事」とあるが、大破した八幡宮を建立したという記載や一つ書きの事項からみて、また同一日付の棟札[35]の存在によっても、内容的には遷宮の記録といえるだろう（更に厳密にみれば、「社頭建立仕、目出度候」という祝言や、一つ書きされている五色の幣、また九ツもりの餅を番頭衆に支給するといった記載等から、上遷宮の方の記録といえる[36]）。しかしこれがなぜ置文という形式で記されなければならなかったかは大きな問題となろう。その理由としては、置文が記すように、八幡宮造営費用の捻出が通常形態をとらず、若子の頭料三カ年分によったことが一つあげられよう。本来ならこれは、若子を頭とする神事にあてられたと思われる[37]。

このように置文は八幡宮遷宮に関するものであることから、置文の分析によって寛正三年当時の遷宮のあり方、祭祀形態の特徴が明らかとなり、宮座のおおよその形がつかめるだろう。

寛正三年の遷宮祭祀のあり方で注目したいのは第一に、「地下高野之氏人参会致評定」とあるように、高野氏人の関与である。氏人については別稿[38]でふれたので省略するが、氏人は、鎮守神の祭祀を特権的に分掌する当荘出自の高野山僧侶である。

第二に注目したいのは下司と公文の参加であり、「棟上の事ハ（中略）下司・公文参会□（仕）りつとめ申候也」あるいは「此趣、下司・公文地下と参会候て、卅貫文分とりつとめ申候」(39)といった記載である。下司と公文が遷宮祭礼でかなり主導的位置にあったことを示すものといえるが、このときの下司・公文は代官をさすのでなく、当時の下司職・公文職を掌握していた高野山行人方長床衆と預衆であったと思われる(40)。それは、下司・公文が地下と参会するといった記載や、最後の署名に庄司（障子）氏しかみられないことでも明らかである。これが下司代・公文代をさすなら、ここに公文代の署名もあってしかるべきだからである。すなわち寛正三年の遷宮においては、鞆淵一族等にかわって下司職・公文職を獲得した高野山の勢力が大きく関与していたといえるだろう。

第三に注目したいのは、置文の署名者たちである。署名の上段には八人御百姓とあるが、別稿(41)で既に述べたように、これは、南北朝期の農民闘争を主導した八人の百姓をたたえて記したものである。したがって実際の署名者は下段の十二人番頭と庄司氏、それに使者二人となる。使者はその時々によって変わるであろうから、実質的には十二人番頭と庄司氏が置文の責任者になるといえよう。庄司氏についてみれば、このとき既に下司代に補任されていたかどうかはわからないが、置文が冒頭に記しているように、このときの八幡宮造営費用の多くが若子頭料三カ年であったこと、そして若子頭料を出した子供の名前の筆頭に庄司の子千代楠の名前があることから、八幡宮造営に庄司氏が大きく貢献したことが知られる。

ところでここで重視したいのは、寛正の署名と、永正五年の荘中鍛冶大工職売渡状の署名ならびに永正七年の宮遷引付との差異である。第一に、寛正の署名のなかには林氏のそれがみられない。第二に、庄司氏も、永正の鍛冶大工職売渡状のときのように殿の尊称が付けられていない（天文以後の遷宮史料では庄司氏は必ず殿の尊称が付けられている）。第三に、署名順序をみても、寛正の場合の庄司は永正のときのような筆頭ではなく、番頭の後であり、上番から下番へといった地理的順序に従っている。したがって、寛正三年段階の遷宮儀礼における主導権は庄司氏・林氏にあったとはいえないだろう。庄司・林両氏を別格とするような宮座の形態はいまだ成立していなかった。では、当該期のそれはどのようなものであり、誰が主導的位置にあったのだろうか。

第四節　中世宮座と十二人番頭

1　鞆淵八幡宮の上棟式

荘の鎮守神は、鞆淵八幡宮のように、荘園領主の支配の拠点として勧請されたものが多い。実際の鎮守神祭祀が在地農民や土豪等によって行なわれても、荘園領主の支配の力が全く消滅する例は少ないだろう。前述したように、寛正三年の遷宮祭礼の場合は高野山勢力が大きく影をおとしているが、ではこれを主導した在地の方の勢力はどのようなものであったのだろうか。

注目したいのは、前掲史料の寛正三年の置文で庄司氏の前に署名し、「御棟上時、番頭衆馬一疋宛御引候て如此候」と注記された十二人番頭である。棟上のとき番頭衆が馬一疋宛を引くとはどういうことを意味するのだろうか。

棟上といえば、家などを建てるとき、柱や梁などを組立て、その上に棟木をあげること、ないしはそのときに行なわれる上棟式をいう。そのときにはふつう、建築年月日や工匠名を記した棟札が納められる。したがって、それは建物が完成する大分前、初期に行なわれるものであり、また神座を新殿に移す上遷宮などにくらべればそれほど大々的に行なわれる儀式でもない。にもかかわらず、置文の中に「棟上の事ハたうしや御まつりのことくに」、あるいは「御棟上時番頭衆馬一疋宛御引候」と二度も記され（上・下遷宮の語はみあたらない）、上棟式が重視されているのがわかる。これは何故か。

結論をいえば、鞆淵の場合、上棟式は一般的にいわれるような建築の初期に行なわれるものではなく、新殿の完成後行なわれる上遷宮のすぐ前の儀式だったからである。すなわち上棟式と上遷宮は一続きの儀式であった。以下、それを証明しよう。

第一に、寛正三年の置文は、前述したように上遷宮の式次第を記したものであるが、これと全く同一日付の三月七日の棟札が存在していることである。(42)くりかえすまでもなく、棟札は上棟式のときに納められるものであり、したがって上棟式は三月七日に行なわれたといえる。この上棟式が一般的にいわれるように建築の初期に行なわれるものであるなら、同一日付で上遷宮の次第が記された置文が作られるはずがない。このことは、上棟式と上遷宮が同じ三月七日に行なわれたことを示唆するものである。

第二は、前掲（二六二頁）の近世史料A、B、C、Dである。AとBは上棟のときの舞台の座配と幣振の次第を記しているが、CとDはこれに続き、Bの上棟を受けて「同時」、「同晩」と記している。すなわちCは、上棟の時の長桟座の座配を記し、Dは上棟の晩、「御本社江御幸」、すなわち上遷宮が行なわれることを記している。この一連の儀式をより具体的に示すのが享保三年の棟札（一四）である。(43)

御釿始　享保三戊戌九月廿七壬申日卯之時

下遷宮　同年閏十月朔乙巳日亥之時
上遷宮　同歳霜月廿日甲午神上吉
但上棟午貝移徙《ワタマシ》亥之時

手斧初（釿始）・下遷宮・上遷宮の三つの儀式の年月日と時刻が記されているが、上遷宮に添えられた但書に注目したい。ここに、上棟は午貝、すなわち正午を知らせるほら貝がなったとき、そして神座の新殿への移徙、すなわち上遷宮は亥之時とある。これによって昼間正午に上棟が開始され、その夜の亥之時（十時）に上遷宮の祭式が行なわれたことがわかる。寛正の場合は「棟上」、近世では「上棟」と記されているが、これは、Aにみられる上棟の座配やBの幣振の行為からみても儀式であることはまちがいなく、いわゆる一般的な上棟式とは異なるが、「棟上」、「上棟」といっていることからみて、上棟式と呼ぶのが最もふさわしいであろう。

以上によって、鞆淵八幡宮における上棟式は、新殿完成を祝って行なわれる儀式であり、上遷宮の祭儀へ連続する重要なものであったといえる。

2　十二人番頭と神馬

近世における上棟式を史料A、B、C、Dと享保三年の上葺記録から復元してみると、それは、正午のほら貝と共に開始される。まず舞台で庄司・林・番頭等が着座して神事を行ない、次に絵図に記された幣振所で幣振の儀式が行なわれる。この順序は、庄司、林、番頭、氏人衆、大工というもので、天正七年以来不変である。最後に氏子中も含めて長桟座に座して、餅がまかれ、神酒をくみかわす、という形式のようである。

上棟式の式次第がこれですべてかどうかは断定しえないが、ここには寛正三年の置文で記されているような十二人番頭が馬を引く儀式はみられない。周知のように馬は、神事祭礼において神の乗物として神聖視され、馬を主役とした神事がいくつか行なわれた。競馬などもその一つであるが、鞆淵の場合は神馬を引くというものであった。これがどういう形の儀式かはわからないが、神馬を引くのが誰であるかはきわめて大きい問題といえよう。大分時代はさかのぼるが、鎌倉後期の天野社の祭祀権をめぐる高野山と坂上氏の争いは、神馬の進退権をめぐって行なわれている(44)。では、寛正三年の上棟式でみられたような神馬を使った神事は、その後の鞆淵の祭礼でどのように行なわれたのであろうか。次の史料(45)をみてみたい。

E八月九月両度の祭礼やくさみ(マヽ)の馬一疋宛下司公文ゟ出之候御事、

F八九両度之祭礼、やくさみ之馬、高野之氏人衆又ハ村〻ニ而立願等有之時、本川村ゟ上ハ林家の馬かけさせ候事、

中野村ゟ下ハ庄司馬かけさせ申候事、

右は近世史料であるが、E・F共に八月と九月の祭礼のときの神馬の記載である。八月と九月の祭礼は鞆淵荘の年中行事のなかで最も重要な祭礼であったが(46)、このとき下司と公文が馬一疋ずつを出し、庄司氏の馬は中野村より下、林氏の馬は本川村より上をかけさせるという。中野・本川村はいずれも荘の中央に位置するから、鞆淵をちょうど二分したことになる。

このように、近世の毎年の大祭において、神馬を出すのが庄司・林両氏であったことの意味は大きいと思う。上葺記録のどこをみても番頭が神馬を引く儀式がみられないことや、毎年の大祭での神馬提供者が庄司・林氏であったことから、あるいは番頭の神馬を引く儀式は消滅してしまったのではなかろうか。

いずれにしても、寛正三年段階での上棟式で神馬を引く儀式を行なったのは、庄司氏でもなければ林氏でもなく、十二人番頭であった点が重要である。前述のごとく、上棟式は上遷宮へと続く重要な儀式であった。近世における上棟の式次第は、既にみたように、舞台での神事、幣振所での幣振、長桟座での直会といったものであるが、そこでみられる下司・公文を別格として番頭がそれに続くといった秩序は、史料Dによって上・下遷宮の儀礼でも同様であり、また毎年の祭礼等においてもかわることがなかった(47)。中世においてもそれはいえる。寛正の置文に「棟上の事ハたうしや（当社）御まつり（祭）のことくに」とあるのをみると、上棟式や祭礼におけるそれぞれの具体的な祭式は異なったとしても、誰が指導的立場にあるかといった基本的な性格がそれほど異なっているとは考えられない。上棟式にみられる祭祀形態・秩序といったものは、鞆淵八幡宮祭礼のすべてに共通するものといえよう。したがって、寛正三年の上棟式の内容からみて、当該期の宮座において主導的役割を果したのは十二人番頭であったということができるだろう。また置文の一つ書きのところには、九ツもりの餅は番頭衆に九膳宛と記されていて(48)、これによっても番頭等の地位の高さが推定されるのである。

では、番頭を主導者とするような祭祀形態はいつ頃までさかのぼれるのだろうか。この手がかりとなるのは、寛正三年の置文同様、板に書かれた正平十二年（一三五七）三月三日の置文である(49)。この置文は、これより数年前の下司と百姓等の対立、すなわち鞆淵動乱と称せられた激しい対立の際に多くの田畠券文等が紛失・焼失してしまったことによって生じた混乱を解決するために作られたものである(50)。置文作製の理由はこのように明快であるが、この置文の実質的署判者もまた十二人番頭であった(51)。そしてさらに、寛正の置文同様、「御棟上付、十二番頭馬一疋宛引テ判可有」といった記載がみられ、正平十二年当時の祭祀においても十二人番頭が指導的立場にあったことが知られるのである。

以上によって、南北朝から室町末までの祭祀形態は、近世の長桟座にみられるような庄司・林両氏を別格とするようなものではなく、十二人番頭が主導するものであったといえる。庄司・林両氏が主導する宮座の形態は、両氏が下司代・公文代に補任されて以後のものであった。

熱田公氏は、下司・公文と下司代・公文代の違いを重視され、荘宮座を中世の延長とする見方に疑問を提示された。そして荘宮座は、近世高野山の支配体制の一環としてとらえるべきであるとされ、中世宮座と近世宮座の差異を考えられている。(52) 荘宮座に対する氏の把握に異存はなく、荘宮座を中世的宮座をストレートに継承するものととらえることが正しくないことも確かなのであるが、しかし、以上みてきたように、南北朝期から室町末までの宮座の形態が荘宮座的形態と異質であることを考慮すれば、近世宮座と戦国期以後の宮座とはむしろその連続面を重視した方がよいのではなかろうか。(53)

3　板に書かれた置文と上棟式

正平十二年の置文は、前述したように、鞆淵動乱後の田畠券文等をめぐる混乱を解決するためにつくられたものであり、これには寛正の置文が記したような遷宮に関する記載が全くみられない。しかし、寛正の置文同様、十二人番頭の署判の上に、「御棟上」とあって、十二人番頭が神馬を引いたことが記されていることや、置文作製の日付が三月三日であり、寛正三年の上棟式と上遷宮が三月七日、天正七年の上遷宮が三月二十四日(四の(1))、貞享元年は二月二十八日、(54) 元禄十五年は三月十二日(一二)というように、上棟式とそれにひき続く上遷宮は三月に行なわれる場合が多いことからも、置文の日付の正平十二年三月三日に八幡宮上棟式が行なわれたとみてよいだろう。

では、寛正の置文も、正平の置文も、共に上棟式—上遷宮の際につくられたというのはどのように解釈したらよいであろうか。

考えられることは、両者に共通する歴史的背景である。正平の置文は鞆淵動乱後の混乱した状況のもとにつくられ、寛正のそれは、下司鞆淵氏が没落し、高野山が下司職や公文職を獲得して当荘へ進出し、庄司氏が台頭するといった大きな変動の時期につくられている。社会的諸矛盾が顕著なとき、寺社の建立等によって人心を改めるようなことはよく行なわれることであるが、鞆淵八幡宮の修造も、庄民の心をこの一つに集めることによって諸矛盾の解消をはかったと考えられるだろう（寛正の場合は、高野山行人方勢力が八幡宮再建のために尽力し、氏人身分設定によって惣結合の核たる八幡宮を支配しようとした面が重視されねばならないだろう）。

ところでこの二つの置文の共通性は、このように上棟式のときにつくられていることと共に、紙ではなく、板に記されている点である。それは人の背丈近くもある大きなものであるが、ではなぜ置文を板に記したのであろうか。その理由は、これらの置文が惣にとってきわめて重要なものと認識されていたということだけではなさそうである。これが上棟式のときにつくられたということを考え合わせると、置文はこのとき、由緒や年月・工匠などを記した棟札と共に、棟札に準じて八幡宮へ奉納されたことが最も考えられる。両置文には、「御棟上付」、「御棟上時」と書き込まれているが、これはただ単に棟上式にあたって、あるいは棟上式のときに十二番頭が馬を引いたということを意味するだけにはとどまらないであろう。正平の置文には「御棟上付、十二番頭馬一疋宛引テ判可有」とあるが、これは、この板に書かれた置文を「棟上」げするにあたって、十二人番頭が神馬を引いて署判すべし、というようによめるであろう。両置文は上棟式の際に棟札として納められるために板に書かれたのである。

惣の置文が、このように鎮守神の修造、遷宮といった一大祭礼の際に作られ、しかもそれが神殿完成を祝う上棟式において、十二人番頭が神馬を引くといった儀式と共に、棟札として神社へ奉納されるということは、起請文作成の作法などと共にきわめて注目すべきことであろう(55)。

おわりに

鞆淵荘の近世初頭以来の宮座は、特権的な庄司・林両氏から地下の若衆に至るまで階層的に一座して神事と直会の場となった長栈座を中心に、神楽を奉納する神楽座、仏に仕える供僧座、神主として神事祭礼をとりしきる禰宜座等によって構成されていた。

庄司氏と林氏を別格とする近世宮座の原型は、下司鞆淵氏の没落、高野山行人方の下司職・公文職獲得、庄司氏の台頭と下司代補任という室町末の大きな歴史的変動の後、つくられたものである。これに対して、それ以前の宮座の形態は、正平十二年と寛正三年の板に書かれた置文によって知ることができる。両置文は、上棟式のときに棟札として八幡宮へ納められたものであるが、これによって、鞆淵荘の上棟式が上遷宮へと連続する重要な儀式であったこと、またその上棟式で神馬を引く神事を行なったのが十二人番頭であったこと等がわかる。南北朝・室町末までの宮座で主導的位置を占めたのは十二人番頭であった。鞆淵荘の宮座の形態は、戦国初期を境とし、大きく二分できるだろう。そして戦国期以後の宮座の形態が近世宮座へとつながるといえよう。

以上のように本章では、近世初期以来みられる長桟座と対比することで中世宮座をとらえてみたのであるが、宮座についてはその概念規定もふくめて問題はきわめて多い。本章では座の語を重視する見解、すなわち一座する形にとらわれず[56]、鎮守神の祭祀形態・組織というような意味あいで使っている。したがって、荘園領主高野山の祭祀への関与[57]（室町末以後については氏人身分設定ということでとりあげているが）、また下司鞆淵氏の祭祀へのかかわりあいも明らかにせねばならないが[58]、これらの問題も含めて宮座についての本格的研究は今後の課題にしたいと思っている。

注

(1)「中世に於ける神社の祭祀組織について」（『史学雑誌』五三の一〇・一一、一九四二年）。
(2)『近世宮座の史的研究』（一九六〇年）。
(3)「高野寺領の宮座に関する一考察」（柴田実先生古稀記念『日本文化史論叢』、一九七六年）。
(4)このときの相論史料は、大部分が安藤精一氏の著書（注(2)）に掲載されている。但し、絵図は省略されている。
(5)「千代鶴姫伝承と庄司氏――中世後期の高野山と鞆淵荘の土豪――」（竹内理三先生喜寿記念論文集刊行会編『荘園制と中世社会』、一九八四年）
(6)(7)　注(2)に同じ。
(8)和歌森太郎氏『中世協同體の研究』（一九六七年）。
(9)庁の初見は永正七年（一五一〇）の鞆淵八幡宮宮遷引付（『和歌山県史』中世史料一「鞆淵八幡神社文書」七六。以下「鞆淵八幡神社文書」と記す）であるが、これには「丁」と書かれている。
(10)荒川荘の庁にも、「長」の字が宛てられているが（『和歌山県史料』中世史料一「三船神社文書」一　三船神社造営引付）、これは単なる宛字なのだろうか。
(11)注(2)に同じ。但し、A、B、Dは注(2)では省略されている。
(12)注(2)史料には、「氏子中不残長ニ而御酒を頂戴仕候」という記述もある。

(13) 注(2)に同じ。

(14) 林屋辰三郎氏『中世芸能史の研究』第二部第一章「雅楽の伝統と楽所」(一九六〇年)。

(15) 「鞆淵八幡神社文書」一六　下司西信等連署田地寄進状。

(16) 注(14)に同じ。

(17) 注(9)に同じ。

(18) 「鞆淵八幡神社文書」二六・二八。

(19) 注(2)に同じ。

(20) 『大日本古文書』家わけ第一「高野山文書」(以下、「高野山文書」と記す)四―八〇。

(21) 寛延四年(一七五一)「下司・公文筋目之義書付奉指上候覚」(鞆淵八幡社蔵文書)。

(22) 絵図によれば、大日堂前の桟敷に庄司・林両氏の内方の座があるが、女性の祭礼参加については別稿で検討する予定である。

(23) 注(3)に同じ。

(24) 本書第一部第一章第一節。注(5)の拙稿。

(25) 本書第一部第一章第四節。

(26) 「鞆淵八幡神社文書」六六　鞆淵惣庄置文案。

(27) 同七四。

(28) 同七八。

(29) 注(27)に同じ。なおこの史料については、これが近世の写であることから、永正五年当時、原本が作成されたかどうかも疑わしいと熱田氏は述べておられる(注(3))。しかし、私は以下の理由によってこの史料を偽文書とみる説には従いがたい。第一に、七四号文書の表書と裏書に従えば、鍛冶大工職は永正五年(一五〇八)から延宝二年(一六七四)まで前(本河村内)の孫太郎が所持していたことになるが、その点を裏付ける史料が存在していることである。慶長十七年(一六一二)の宮遷記録には「五百文　マエノ、カチ(鍛冶)」(七の⒅)とあり、慶長十六年の上葺記録にも「又カヂ(鍛冶)ノシユギ(祝儀)トシテ、米合五斗コヤミナミ《古屋南》孫九郎ニ」（六の(9)）とある。すなわち鍛冶職は、近世初頭、前＝古屋南（本河村内）孫九郎が所持していたのである。この点は七四号文書の表書の前の孫太郎、裏書の本河村孫太郎と照応する。第二に、七四号文書には寛正三年の置文にみられる中番番頭の古屋、古田、中南番頭にかわって、徒路、上平、今中の番頭名が新たに登場しているが（両史料共に本文掲載）、この三人の番頭の名称が天文十三年（一五四四）の八幡宮山定書（注(28)）にもみられ、番頭名の変遷に矛盾がないことである。第三に『鞆淵村郷土資料古文書』所収のものであるが（現存している可能性あり）、七四号文書の裏書と同一年月日、すなわち延宝二年八月五日付の南谷阿逸多院による、鍛冶大工職の荘中への売却状があることである。これは阿逸多院が本河村孫太郎家所有の鍛冶大工職を荘中に売却したものであるが、これによると阿逸多院は蔵本で、孫太郎所有の鍛冶大工職を質として孫太郎に金を貸し、孫太郎はその負債が返せないため鍛冶大工職が蔵本阿逸多院の手に渡ってしまったこと、それを荘中が買い戻したといういきさつが記されている。第四に同古文書所収の史料として、寛永十七年（一六四〇）の一﨟坊卓元の鞆淵鍛冶大工職に対する安堵状があり、この裏書にも七四号文書と全く同一内容の文言が記され、孫太郎の鍛冶大工職の所有権が否定されていることである。

以上によって七四号文書を偽文書とみることはできないと思う。偽文書とみるには、それをつくらなければならない積極的理由を提示せねばならないが、鍛冶大工職が延宝二年以後、荘中の掌握するところとなったことを示すのに、わざわざ永正五年の売渡状を作製する必要もないし、また阿逸多院の売渡状や一﨟坊の書状を残すといった手のこんだことをするだろうか。さらに延宝二年当時、なんらかの必要があって七四号文書が作られたとしたら、庄司殿に勝次殿の宛字を使うことはありえないであろう（近世史料は必ず庄司殿と記している。それに対して中世史料には、正時、障子、生地といった宛字がみられる）。したがって七四号文書を利用することに問題はないと思う。これは、数少ない鍛冶大工職についての貴重な史料といえるだろう。なお、この史料の『和歌山県史』の番頭名のよみ「つじ」は、「徒路」（つろ）とすべきであろう。津呂家は、近世を通じて番頭の家格を維持し続けており、中番中野に津呂宅が残っている。

(30)　公文代の初見は明応四年（一四九六）の鞆淵八幡宮神輿垂張奉加帳（「鞆淵八幡神社文書」七二）であるが、これには両代官として庄司殿左衛門大郎、公文代馬三郎の名前がみられる。これによれば、公文代馬三郎は庄司氏のような殿の尊称もなく、庄司氏より一段身分が低かったことがわかる。

(31) 注(9)に同じ。

(32) 本書第三部第一章第三節。

(33) もしこれを下司・公文である高野山行人方だと解釈すると、公文である行人方長床衆を書きもらしたことになり、下司職まで獲得してしまう当時の長床衆の勢力からみて不自然である。しかしこれを下司代・公文代とみれば、注(30)でみたように公文代には殿の尊称がなく、また天文十九年の宮遷記録でも「シャシトノ《(庄司殿)》エ　タル《(樽)》一ケ《(荷)》、ハヤシ《(林)》エ　タル一ケ」(一の(9))とあって、林氏には殿の尊称がない。公文代林氏は庄司氏より一段劣る存在であったことが知られる。したがって、宮遷引付にまず庄司氏をさす下司殿と記し、後で両荘官の文字を加筆したこともそれほど無理なく考えられる。

(34) 「鞆淵八幡神社文書」六四　鞆淵惣荘置文(木札)。

(35) 「鞆淵八幡神社文書」六一・六二・六三。

(36) 享保三年の上葺記録(一四)は、最初に下遷宮の次第、次に上遷宮の次第について記しているが、上遷宮の次第の方に、大宮や若宮以下の神殿に供えられる幣や餅の種類、数量そして樽などを記しており、これと近似している。こうした記載はここ以外にはみられない。

(37) 若子頭と同じようなものとして、同時期の粉河寺領東村には童頭というものがあり、頭料が五十文であった(『和歌山県史』中世史料一「王子神社文書」一〇〇)。当地域には、祭りのとき「栗栖のヒトツモノ」として、童児に盛装させ、馬にのせて行列の中央を行かせるならわしが残されており(萩原龍夫氏「祭りの変遷」『講座日本の民俗宗教1』、一九七九年)、あるいはこうした形態のものだったのだろうか。

(38) 本書第一部第二章第三節。

(39) 『和歌山県史』は二カ所にでてくる「つとめ」という同一字句・字体を、一方では「御さタ」、一方では「さた」と判読している。後者の方に「御」の字がないのは誤植であろうが、「御」は「徒」とよめるし、「さタ」と「さた」は「とめ」である。すなわち「徒とめ」(つとめ)である。下司・公文が祭礼の「沙汰」をするか、それを「つとめ」るかでは文意がちがってくると思う。

(40) 「鞆淵八幡神社文書」七七　鞆淵八幡宮籠札銘(木札)。

(41)　本書第一部第一章第一節と付論。

(42)　注(35)に同じ。

(43)　この記述の前に「御内神江納申候棟札文言」とあり、これが棟札と称されていたことがわかる。なお、引用史料は梵字を省略した。

(44)　「高野山文書」二―六四九〜六七一。

(45)　注(2)に同じ。但しFは注(2)では省略されている。

(46)　『鞆淵村郷土誌』は、年内九度の祭のうち八月十五日と九月九日が大祭であって、神輿の渡御があったと伝えている。注(2)も参照のこと。

(47)　注(2)に同じ。

(48)　この点を『和歌山県史』は「一九ツもりのもち□、□、弓衆一人九せん《膳》あて」とよんでいる。このよみは板の欠損も加わってきわめて難解であるが、「□□弓衆」は「者んとう衆」とよんではどうだろうか。遷宮関係史料で衆の字のつくものとしてはこのほかに番匠衆や氏人衆、あるいは禰宜衆、供僧衆等々が考えられるが、これらの字ではいずれも無理が生じる。「者んとう衆」が最も妥当なようである。また、九ツもりの餅を番頭衆が一人九膳ずつ与えられるといった内容は後の遷宮史料と符合して矛盾がない。天正七年の上葺記録（四の(3)）には大日堂や若宮へ備えられる餅や樽の記載の次に

同ハトシウ《番頭衆》ノホヱモ九〻スヱノモチ《餅》井チせツ《一膳宛》、マルナリ、

同四タリ子《禰宜》キノホヱモマル、井チせツ、マル、

とあって、番頭衆と四人の禰宜が九〻スヱ餅を一膳宛配分されているのがわかるし、享保三年の上葺記録（一四）もまた「一番頭衆へ九つつゑ壱人ニ付壱せんつゝをるゝ也」と記している（この場合禰宜への記載はない）。九〻スヱ餅の膳の配分は番頭衆と四人の禰宜（但し禰宜の方は天正七年のみ）しか受けていないのである。遷宮儀礼のなかで番頭衆に九つつえ（九つもり）餅の膳が与えられることは、少なくとも寛正三年以来のしきたりであったといえよう。但し膳の数は、寛正の場合、九膳と多く、これによっても当時の番頭の地位の高さが明らかかと思う。

(49)　「鞆淵八幡神社文書」二四　鞆淵惣荘置文（木札）。

(50) 本書第一部第一章第一節。

(51) 八人の百姓もまたこの置文の署判者であることは述べるまでもないが(注(50))、重金については、ここに署判していることは確かなのだが、番頭百姓等と重金の関係は対立的であったようである。『鞆淵村郷土資料古文書』所収の正平十一年六月十三日の大集会評定事書によると、高野山は、農民が重金に敵対するのに対して、張本輩は罪科に処すと下知している。重金は鞆淵農民にとって歓迎されざる存在であったのだろう。重金はまもなくこの引導職を売却してしまう。したがって、重金の存在はこの署名形態からみられるほど重みがあったとはいえないだろう。

(52) 注(3)に同じ。

(53) 庄司・林両氏を別格とする宮座の形態がいつ頃成立したか、その時期の確定は難しい。庄司氏については、寛正三年の置文に署名があり、この頃はいまだ番頭等が指導的立場にあったものの、庄司氏の台頭が明らかであり、まもなく下司代に任ぜられているが、林氏については、初見が永正五年であり、公文代の初見も明応五年で、両者にずれがあるからである。主に庄司氏の方を重視して戦国初期としておきたい。

(54) 『鞆淵村郷土資料古文書』所収、鞆淵八幡宮上葺目録。

(55) 正平十二年と寛正三年の置文と同じように、板に記されたものがもう一つある。大永四年(一五二四)十一月十二日の支証の札(「鞆淵八幡神社文書」七七 鞆淵八幡宮籠札銘)である。これは、下司長床衆の夫役賦課を氏人と百姓とが一緒になって拒否したものであり、末代末世にいたるまでこの旨を守るよう定めたものであるが、これも上棟式に作られた可能性が考えられる。戦国期の遷宮は永正六年(一五〇九)のあと、天文十九年(一五五〇)ととび、間が四十一年ある。慶長十六年(一六一一)から享保三年(一七一七)までの遷宮は、平均すると約二十一ヵ年に一度のわりで行なわれていることから、永正六年と天文十八年の間に一度遷宮が行なわれたとみてもおかしくはない。

(56) 熱田氏は注(3)論文において、宮座を考察されるにあたって天文十五年の鞆淵八幡宮カシキ山定状写(「鞆淵八幡神社文書」七九)の「氏人座中」の語句に注目されている。しかし『和歌山県史』のこのよみは無理があるのではなかろうか。これは「氏人衆中」とよめると思う。氏人については、「氏人中」、「氏人衆」といった用例は多いが、「氏人座中」の例はない。長栈座にしても座が付して呼ばれるのは貞享二年(一六八五)以後であり、座ということにそれほどこだわらずに宮座が考えられてもよいのではなかろうか。

(57)　元弘の勅裁によって鞆淵荘の支配権を獲得した高野山が最初にしたことは、建武二年、鞆淵荘引導職を惣講師重金に宛行なったことである（「鞆淵八幡神社文書」一五）。この重金がどのような役割を果すものとして高野山側から期待されたかは、正平の置文（注(49)）のピラミッド型署判の頂点に重金の署判があることから推定しえよう。すなわち高野山は重金に引導職を宛行ない、それを通して鎮守神の祭祀権を掌握しようとしたのであろう。しかし重金は注(51)で述べたように鞆淵荘農民には歓迎されざる存在であった。農民に敵対された重金はまもなく引導職を売却してしまう。このように高野山は当初、八幡宮祭祀に積極的に関与しようとしたが、成功しなかったといえよう。南北朝から室町末まで、具体的な祭祀運営には大きな影響力をもつことができなかったものと一応、把握しておきたい。

(58)　下司鞆淵氏が鞆淵八幡宮の祭祀に全く関与しなかったということはありえないだろう。建武三年、下司と公文は米を八幡宮に寄進している(注(15))。しかし、南北朝初期、高野山が検注のために夏衆を下向させたところ、百姓等は夏衆を八幡宮の中へ巻き籠めてしまったということや（「高野山文書」八―一七一一、鞆淵庄下司景教言上状）、応永末の対下司闘争のとき、「百姓ミヤにてあつまりして候」（「鞆淵八幡神社文書」四二　鞆淵庄百姓申状案）とあることをみても、八幡宮は百姓等の拠点となっていたといえるだろう。八幡宮祭祀においても、正平十二年の棟上された置文からみて、下司鞆淵氏が指導的立場にあったとは思われない。しかしそれがなぜなのかは今後の課題としなければならないと思う。

〔付記〕　上棟式が建物完成時に行なわれるならわしであることは、鞆淵荘だけではないようである。高野山の鎮守神天野社の元禄十六年の遷宮記録によれば、「上遷宮十一月十九日十八日之夜、丑刻也　上棟之儀式十八日午未之時有之事」（「高野山文書」六―一二五一）とあり、天野社の場合も上棟式と上遷宮は同一日に行なわれる一連の儀式であったことが知られる。また戦国末から近世初期を伝えるという『醒睡笑』によれば、「一宇の御堂造立すでに成就し、棟札をかかんと法印出でて筆を染め」とあり、棟札が建物完成後に書かれて奉納されたことがわかる。上棟式や棟札については更に今後検討したいと思う。

鞆淵八幡宮遷宮史料

解題

ここに紹介した史料は、鞆淵八幡宮の遷宮関係の史料で、『和歌山県史』中世史料一「鞆淵八幡神社文書」(一九七五年刊)にはおさめられていない部分である。

このうち中世の遷宮史料は天文十九年(一五五〇)と天正六・七年(一五七八・七九)の二つの時期のもの計五点であるが、近世史料が、中世史料を補う意味でも、また儀礼のあり方や登場人物の変化をみる上でも必要と考え、記録様式の一定化する享保三年(一七一七)までをおさめることにした。

遷宮史料は冊子も一部あるが、ほとんどは数枚ないし十数枚の紙を貼り継いだものに記されている。しかし、今日、その糊部分が剝がれ、バラ〳〵になっているという難点がある。そのため、これらが正しく復元されているかどうかが問題となる。そこで各史料の断簡の復元根拠を順次提示しておきたいと思う。

一　鞆淵八幡宮宮遷記録(天文十九年九月十日)

一(以下、文書名を省略して番号のみを記す)を天文十九年(一五五〇)と推定する根拠は、第一に二の(1)の「宮ウツリノ井リメノコト」の端裏書に「天文」とあって、天文年間に宮遷が行なわれたことが確定できること、第二に、一の⑽には「宮ウツリノヒハカノエ子ノヒ九月十日ナリ」とあることから、九月十日が庚子にあたる年で天文年間のものとしては天文十九年があること、第三にそれが二の⑵の年代と一致することによっている。

一の特徴としては、他と比較して字体が小さいことや、漢字が少なく、ほとんどが片仮名である点等があげられる。また慶長のもののように濁点の使用もなく、貨幣も銭である。氏人について「ウシユト」(四例)と記しているのも特徴としてあげられよう(但し一例のみ「ウシウトシユ」とある)。なお断簡の配列順序は確かなものといえない。

二　鞆淵八幡宮宮遷用途注文(天文十九年)

二は字体の大きさや、片仮名主体である点で一と似ているが、一の宮遷記録に連続するものではないと思う。年代については、端裏書に天文とあり、宮遷がおよそ二十年に一度ぐらいの間隔で行なわれていることから(天文から享保までの平均をとると二十一年間隔である)、天文十九年の宮遷のときの用途を記したものとみてまちがいあるまい。

三　鞆淵八幡宮造営勧進帳(天正六年八月十五日)

三は、⑴の端裏書に天正とあり、冒頭にツチノエトラとあるから天正六年とわかる。八幡宮造営のための勧進帳である。年代の確定できる三の⑴は、米や析足、また「ヲヒヒトスチ」、「ルノン一タン」などの品目とその奉加者名が記されているが、小さめの字でびっしり書かれているのが視覚的特徴である。字体は一・二と同様漢字が少なく、片仮名主体である。

四　鞆淵八幡宮上葺記録(天正七年四月二十二日)

四は上葺記録であるが、⑴に年代の記載があるから、年代についての問題はない。また断簡の配列順序もほぼ確かであろう。なお筆跡は三と同じと思われる（「ノ」に限って平がなを使用する場合が多いことなども一致する）。

五　鞆淵八幡宮造営勧進帳（天正七年四月二十三日）

五は(5)によって天正七年という年代に問題はない。これもまた三と同様に勧進帳であるが、三との違いは、ほとんどが米である点である。米の数量とその奉加者名が記されており、同じく片仮名主体である。

六　鞆淵八幡宮上葺記録

六は年代も題名もないが、内容は享保の上葺記録とほぼ同一なので、上葺記録と名付けた。紙継目上に文字があるものが三、記載された樽数で続きがわかるものが二あり、配列順序はおよそ合っていると思う。六の特徴は、第一に、一～五・九・一〇にくらべて字体が大きいこと、第二に片仮名主体である点は一～五と同じだが、しかし庄司殿、林殿、氏人中などに漢字を使用していること（庄司殿の「司」に書きぐせがある）、第三に「ネギ」、「天ヂン」というように濁点が付されていること、第四に貨幣はほとんどが銭であること、そして第五に天正十八年（一五八〇）に創建され、その後行人方の中心寺院となった興山寺がみられる点があげられる。

年代については、次の慶長十七年の宮遷記録と右にあげた特徴が一致すること、更に同筆の可能性もきわめて高いので慶長十七年頃であることは確かである。第三部第一章で述べたように、上葺、すなわち遷宮は宮遷大祭の前年に行なわれることが多く、したがって宮遷記録の前年のものが多いことから、慶長十六年のものと推定できると思う。

七　鞆淵八幡宮宮遷記録（慶長十七年閏十月十七日）

慶長十七年閏十月十七日に宮遷が行なわれたことは(20)によって確かである。七の特徴は六と全く同じであり、六と七は同筆と思われる。配列順序は形式の一定化した一三などを参照しながら並べたが、確かなものとはいえない。

八　鞆淵八幡宮上葺記録（寛永十六年四月十六日）

表紙のみであるが、『鞆淵村郷土資料古文書』にはこの記録が収録されており、現存している可能性がある。享保の上葺記録同様、冊子のようである。なお、同年八月の釣鐘勧進帳（冊子）があるが、ここでは省略した。これには貨幣はすべて銀が使用されている。

九　鞆淵八幡宮宮遷記録（明暦二年九月二十六日）

明暦二年九月二十六日に宮遷が行なわれたことは次の一〇の(1)によって確かである。九の特徴は、第一に、漢字は使わずほとんどが片仮名であること、第二に銀が使用されている点がこれまでの記録との大きな差異であり、第三に「ウジトシウ」というように、時たま濁点を付けている点である（但し慶長ほど頻度が多くない）。そして第四に「代」に「大」の宛字を使用していることが目につく。

一〇　鞆淵八幡宮宮遷用途注文（明暦二年）

一〇が明暦二年九月二十六日に行なわれた宮遷の費用明細であることは(1)で確かである。宮遷にかかった費用明細であるから、おそらく宮遷後のものであろう。一〇の特徴は九と全く同じであり、特に「代」の宛字の「大」の使用はひんぱんである。またこれはすべて一つ書しているが、その上や下に小さな丸が付けられていて分類は簡単である。しかし配列具合は不明である。

なお、これまでの氏人の記載は左記のごとくである。

一　天文十九年　　ウシユト（四例）、ウシウトシユ（一例）

四　天正七年　　ウ十トシウ（一例）

六　(慶長十六年)　　　　　　氏人中 (一例)
七　慶長十七年　　　　　　　氏人衆 (二例)
九　明暦二年　　　　　　　　ウジトシウ (二例)、ウシトシウ (一例)
一一　鞆淵八幡宮遷記録 (貞享二年九月二十一・二十二日)

貞享二年以後の記録は、これまでのものと著しい違いがある点を指摘せねばならない。第一に、文字が片仮名主体から漢字と平仮名にかわったこと、第二に記録様式がこれ以後一定してくることである。なお貞享二年の宮遷記録と元禄十六年の宮遷記録 (一三) は、字の大きさ、配列具合、字体等がよく似ている。そこで、使用頻度が高く書きぐせに著しい特徴のある「番」あるいは「百」などの字に留意して両者の区分けを行なった。断簡の配列順序は、元禄のものや寛保二年の宮遷記録なども参照しており、また紙継目上の字なども手がかりにしたので、大きな誤りはないと思う。

一二　鞆淵八幡宮上葺覚 (元禄十五年三月十二日)
一三　鞆淵八幡宮宮遷記録 (元禄十六年十一月二日)
一三については、一一と同様なので省略する。
一四　鞆淵八幡宮上葺記録 (享保三年十二月二十五日)
これは冊子であるため問題はない。

以上が断簡復元の根拠であり、また各年代の史料の特徴ともいえるものである。

なお、「鞆淵八幡神社文書」には一部、遷宮史料が紹介されている。八一　造営勧進帳と、八九　鞆淵八幡宮庁座次第、そして九〇　算用状（断簡五枚）である。八一は、三　鞆淵八幡宮造営勧進帳の(1)にあたる。八九と九〇は共に戦国時代末期から江戸時代初期ないし前期と推定されているが、八九の方は貞享二年の宮遷記録の一部（一一の(9)）、九〇の方は慶長十六年の上葺記録の一部（六の(5)(6)(4)(7)）である。

また二段組の翻刻のため注は簡略化した。例えば「ハトシウ」は「ソ脱」とした上で「番頭衆」と傍注すべきであり、「ケシタ」は「マ、」とした上で「下司殿」とすべきであるが、傍注のみにとどめている。

〔付記〕本来ならば、原本校正をすべきであったが、事情により鞆淵八幡宮に行くことができなかった。そのため、写真ではよみきれないところが一部あるが、後日、補足・訂正する機会をもちたいと思う。

一　鞆淵八幡宮宮遷記録（天文十九年）

(1)五十人　コノタンコウ（談合）ノ人シユ（衆）ハ
ウシユト（氏人）ノ子ンキヤウシ（年行事）
レウシユヱノシユ　サルカク（猿楽）ヘント 四郎ヱンモン　二人サタムル
コノホカハナヲリカ三シトリニテ候
レウシユヱノトキ
モチコメ（餅米）二石　サケ（酒）トモニ
サシキノ中小ノモノニ
モチノコメ二石　コマ（胡麻）一斗
小豆二斗
コンニヤク四百文
ヲリ（折）ノホシカキ（乾柿）二ケ
コウシ（柑子）二チ（ケカ）

(2)
ヲリ（折）ノカス（数）ハ□（尺カ）ヲリ廿五

マクノ（幕）カスハ四ツイ
コマサチマ井（マヽ）
カワラケ（土器）三ント井リ
チン七ト井（リ脱カ）百廿
カナチヤウシ（金銚子）七ヱタ（枝）
ワケチヱシ十五ヱタ
ナカラヒシヤコ（平柄杓）十ホ（ソ脱）
ソウシテ（総）タル（樽）ノカス（数）ハ
□（百）卅一ケ
サケ（酒）ハ
ハンニ　三石三斗二升ツヽナリ
コノホカヨソノコウレクソロ

(3)
カワラノモ（河原者カ）　三百文
サンイシン井ワテ（岩手）　百文
タケフサ（竹房）　百文
フシサキ（藤崎）　百文

大ツ(津)　百文
山サキ(崎)　百文
シユンシ(出仕)ノシタイ(次第)ハ
一ハン(番)ニレウシヤクワン(両庄官)
二ハン　ウシウトシユ(氏人衆)
三ハン　子キサ(禰宜座)
カクシヤウ(楽所)
マヱノサ(前座)
四ハン　上ツカイ(使)

(4)
五ハン　ハントウシユ(番頭衆)
六ハン　シヤウ(庄)ノ百小シユ(姓衆)
ハンニユミ(弓)十五長(張)ツ、(宛)
クツワ(轡)　ハンニ　フタクチツ、
タチ(太刀)ハ　ハンニ　フタフリツ、
三人ノカクトウ(楽頭)ニムマ(馬)一ヒキツ、
ヲキナ(翁)ノトキ

（次の断簡に続く）

サルカク(猿楽)ノ六(禄)ノキハサタ(定)ムルトコロハ
タチ(太刀)・クツワ(轡)ヲソヱテ
銭五十貫文ナリ　ノトウノフセトニ
コメ五石
井上サシユ人シユ

(5)
ヒノカスノモチハ小
又月ノカスノモチ　ナカラ
又タル五カ　コンカケタワラ一
又三ンマイ(散米)コメ三升三合
ヌノ(布)一タン
コレハサルカクノモノ
コメ二斗七升五合　カクシヤウヱ
コメ五斗五升　マヱノサヱ
子キサヱ　タル一ケ　ヲリ一合
カクシヤウヱ　タル一ケ　ヲリ一合
マヱノサヱ　タル一ケ　ヲリ一合

(6)ケントノ（下司殿）ヱ　ヲリ一合　タル一ケ
クモントノ（公文殿）ヱ　ヲリ一合　タル一ケ
シアンシユウ（寺庵衆）ヱ　ヲリ一合　タル一ケ
フタイ（舞台）ヱノタル十五ケ　サルカクヱ
サカノモノ（坂者）ニ　タル五ケ
サカノモノケ井コ（警固）ハ□（合カ）廿人　ソレニハ
ク井ヤウ五合ツヽ　コメヲ
キツ（伊豆）ニタル三ケ　代一貫文
サカ（坂）ノソウフン（惣分）ヱ　代弐貫文
サツマ（薩摩）　タル一ケ　代三百文
フンコ（豊後）　二百文　タル一ツ
ト□（ノカ）ヒ（宿直カ）　百文　タル一ツ

(7)ミヤウケ（妙見）ヱ　タル一ツ
サルカクノヤト（宿）ヱ　タル一ツ
大ミト（大御堂）ヱ　ヲンフンク三升マイル

大日ヱ
三ケノマヱタル　ミツヲリ一合
ミキサケ（神酒酒）マイテノチノ中小クハ
ノウ三ンハン（能三番）ハテ、モル（盛）ヘシ
ソノホカノウ（能）ノカスハ九ハンナリ
トキ（時）ノ宮ノハウス（坊主）ニハ二百（文脱）
フテトリ（筆取）　二百文
レウ（両）サハクリ（捌）　二百文ツヽ
シユンシ（出仕）ノコウトキハアサ（朝）ノウ（卯）ノトキ

(8)ソノトキノヤク（役）人　井ノシリ　上
エンモ三郎
フテトリ新番頭
下　井ノ本ヘヤ
レウシヤウクワ（両庄官）ノコウレウク
銭五貫文チケ（地下）ヱマイル
銭弐十貫文　ウシユト（氏人）ヨリ

チケ(地下)ヱマイル

(9)又チケヨリウシユトヱ(氏人)マイルモノハ

代一貫文

コメ一石　ウシユトヱマイル

アツカ□(リカ)ヱ　タル一ケ

レウ子ンニヨヱ(両年預)　タル一ケツヽ

レウ子ンキウシヱ(両年行事)　タル一ケツヽ

フシクヱ　タル一ケ

シヤシトノヱ(庄司殿)　タル一ケ

ハヤシヱ(林)　タル一ケ

宮ハウヱ　タル一ツ

フテトリヱ　タル一ツ

サハンクリヱ　タル一ツ

(10)コカワウシユト(粉河氏人)ノハウカラ

トタル　二ケ

宮ウツリノヒハ九月十日《カノエ子ノヒ》ナリ

二　鞆淵八幡宮宮遷用途注文（天文十九年）

(1)「天文□　□」(端裏書)

宮ウツリ(遷)ノ井リメノコト

一ハチマンクヱ(八幡宮)

コメ(米)□(五)斗五升五クマイル(御供)

三ツノヲンヤシロヱ(御社)

タル(樽)七(カ)ツ　□モチ(餅)七ツマイル

シロキコメ□　□三合　サンマイ(散米)

□レハ子キ(禰宜)ノシタイ(次第)

□トウノトキノ井ルモノ

□(コ)シキノヘイ(幣)一本

(五色)

(2)天文十九年十二月四日カノエ井ヌノトシ　キヤウハ井ノヒナリ

三　鞆淵八幡宮造営勧進帳（天正六年）

(1)「天正」(端裏書)

ツチノヱトラ(戊寅)ノ八月十五日

宮ツクリノクワンシン張(勧進帳)

米一石　庄司方ヨリ

同五斗　ヘヤヨリ

□　□

同五斗　林殿ヨリ

五斗　定使殿ヨ□(リ)

五斗　ツチノ坊

析足一貫文　小田原カウハタ坊

□二斗　ワタ□

□一貫文　大セチノハウスヨリ

同一貫文　善せンハウヨリキヤウシノ上ヱ(マヽ)□シハウ也

同百文　ヰシノ善十ハウヨリ

ヲヒヒトスチ　ソ□(子)ノスケ二郎

ヲヒヒトスチ　上ヱ(マヽ)ノカトノヰノウヱノ

三斗《コメ》　ケハラノカチヤ□　□

□ウ□上□(ヨリ)クワシン(勧進)

ルノ一タ　(ソ脱)ヤマトノ

ルノン一タ　ヤマトノヨモヤ

ルノン一タ　トウモトハ□ウ

(2)ルノン一タン　ミナミチ(南地)ノミナミノ

ルノン一タン　ミナミチ□上

ヲヒフタスチ　同ワタミ□(ク)ノシモタワ

ヲヒヒトスチ　同ヲカニシ□

ヲヒヒトスチ　同□カハニシ

一貫文　ヘイタロトノ

五百　キヨウイせン

コ□(メ)同五斗　□子ニハ□

五斗　ミナミタニサ□
ルノン一タ　中ノマヱ□ノカ
コウノ、(マヽ)一タ　中ヒカシ
ルノン一タ　中ノニシウラ
ルノ一タ　中アタラシヤヘヤ
一貫文　中ノマトハノ
ルノン一タ　□ヤカト
ルノン一タ　ソ□(子)ノヘヤ
ルノン一タ　□(ソ子カ)カトコハラ
ルノン一タ　中□コハンラ
ルノン一タ　同ヘヤコハラ
ルノン一タ　シヨウチトノ(庄司殿)
ル(布カ)ノン一タ　□(ハ)ヤシトノヘヤ(林殿)
のゝ一タ　大ニシ上
のゝ一タ　大ニシ井マキタ
のゝ一タ　□

(3)のゝ一タ　□ン□ウヱノヘヤ
のゝ一タ　ホウカワノハウ上
せニ五百文　□ラ□
せニ五百文　ミナミタニサせンニハウ
せニ二百文　中ニシノカトヘヤ
同□　中□ノヲ□
せ(ニ脱)百文　□
ヲヒ二タツ　ヒカシ□
ヲヒヒトツ　ミナクチ
ヲヒヒト□(ツ)
ヲヒヒトツ　マトハ
のゝ一タ　ヲキノサワニシマヱ
のゝ一タ　井ノ□(シ)リノ上ヱ
のゝ一タ　□(井ノシリ)マヱ
のゝ一タ　□(コハ)ヤシヲヤノ
のゝ一タ　□(ハヤ)シトノヲモヤ
のゝ一タ　キヤウシノシ□(ロ)ヱ

のゝ一タ　同中ヤノ
のゝ一タ　同シヤウフ
セニ五百文　マヱヲカタノ
セニ二百文　キヤウシニシ中
セニ一百文　シ□ハウ□メ
セニ百文　□
のゝ一タ　カミノソワノ同ヲヒヒトスチ
のゝ一タ　コハヤシハト
ヲヒヒトスチ　□キハヤシ

(4)
ヲヒヒトスチ　井ノモトニシウラ
ヲヒヒトスチ　同ワタ　五百文　井ノモトキタウラ
五斗《コメ》　ホシヤマノヲカタノヘヤ
ヲヒヒトスチ　カトノヲキノサワ
のゝ一タ　クホ(久保)ノハヤシ
のゝ一タ　同ヒカシウラ
のゝ一タ　ヲワタサコモト

ヲヒヒトスチ　キタミ子ノ
ヲヒヒトスチ　タコウラ中
ヲヒヒトスチ　ワタノ□カ
ヲヒヒトスチ　ワタノヲウヱ
のゝ一タ　井ノモ□(ト)ニシノサワノ
ヲヒヒトスチ　ホウ□ノキタノヘヤ
せニ百文　大ニシノアせチノハウノ
せニ二百文　中ノミ子ノ
ヲヒヒトスチ　ツ□ニシ
同ヒトスチ　井ノ上ヱヘヤ
同ヒトスチ　井ノ上ヲモヤヲモヤ(衍カ)
ヲヒフタスチ　トリフチ(鳥淵)中マヱ
同カミ□(イチ)
ヲヒヒトスチ　ヒカシノ同
□(ヲヒ)ヒトスチ　ニシノヲウチ
析足三百文　ツヽラノクワンシン(勧進)
析足弐百文　キチショアン(吉祥庵)クワンシン(勧進)

一《ヲヒ》スチ □《ミナミチ□》ミナミノヘノ

四 鞆淵八幡宮上葺記録（天正七年）

(1)
「御宮フキ事(端裏書)」
御宮フキ(葺)事
天正七年《ツチトノ》三月(マヽ)廿四日ニ
テウナハシメ(手斧初)《ウノトシ》ニ析足壱貫文
下せんく(遷宮)ニ五ク(御供)アリ 五斗五升
白米三升三合サンマイ(散米)ニ参 コレワ子キサ(禰宜座)ノシタイ(次第)ナ
リ
同五斗五升大日ヱ参 同カクショ(楽所)ヱ二斗七升五合参
上下せんく《センク》 合米一石五斗
白米三升三合サンマイニ
上せんくニ米五斗五升ナリ 子キサヱ
同
大日ヱ五斗五升ナリ
カクショヱ二斗七升五合ナリ

同土公ノフせ(布施)ハ五斗ニサタマリ申ソロ
コノホカイリメノフンチケニスルナリ
ム子(棟)ノ井□(リメ)

(2)
大五せ(ソ脱)ノヘワ(幣) 合四ホンナリ コ□(レ)ワ五シ(キ脱)(色)ナリ ソ(ノ脱)
ホカワカミヘナリ(紙幣)
ム子(棟)ヱタル(樽)七ツナリ 同ウチ(内)ヱ二ツナリ
ム子ヱ三ツ《ワカミヤヱ》 同ウチヱタル一トツナリ
ム子エタル二タツ《カキトリノ五セヱノフナリ》 同ウチヱタルヒトツナリ
クツカタモチワ(沓形餅)
ヲウ五セヱ十二せ(膳)(参)マルナリ
同十貫文ム子マル ヲウせヱマル
ワカミヤ(若宮)コせヱ
三貫文マル クツカタノモチ四せマル
二貫文ム子ヱ《カキトリノヱマルモノワ》クツカタノモチ四せマルナリ
タル七ミツヲウコせヱマル
タル三ツマル ワカミヤトノヱ

タル井(一荷)カナリヲカキトリヱマル
ヲウ五せヱ　ウチノタルミツマルナリ
同大ヒノモチ九ヽのツマル　ソのホカワナカラモチナ
リ　廿マ(枚)ナリ　コレワ子キサシタ(次第)ナリ
同大日ヱ大ヒノモチ九ツマル　ナカラモチ四マ井マル
同タル三ツマルナリ
九ヽスヱモチヲウ五せヱ九せナリ
(3)九ヽスヱモチ《ワカミヤトノ》三せマル同□マルモの…(紙継目)…
九ヽスヱ三せマル
同ハトシウ(番頭衆)のホ(ゥ脱)ヱモ九ヽスヱノモチ井チせ(二膳)ツヽマルナ
リ　同四タリ(四人)子キ(禰宜)ノホヱモマル　井チせツヽマル　同
ハトシウ(番頭衆)・リヨウタククワ(両代官)モヱホンシ(烏帽子)・ヒタヽレ(直垂)ナリ
同ハトシウ・クソウシウ(供僧衆)十モコロモナリ
ヘ井(幣)のシタワ(次第)一チハ十(マヽ)
ケシタ(下司殿)ナリ
二ハ十　クモタ(公文殿)ナリ
同三ハ十　ハトタチ(番頭達)ナリ

ソのノチワウ十トシウ(氏人衆)ナリ
五ハニタク(大工)ナリ
タル(樽)ノカスワ廿カナリ　モチ(餅)コモチ(小餅)ヒメコ(姫御カ)ニ
ケシト(下司殿)のヱタルイ(一荷)カナリ　クモト(公文殿)ノエタル一カ
子ヨウホ(女房)ヱタル一カ　同シヨツカ(上使)ヱタル一カナリ
チシタクモタユ(大夫)モタル一カスツ
フシクヱモタル一カ
五せんク(御遷宮)モチ米ハ白
サイケ(在家)ナミニ一升ツヽ　コノモチハ両サトチツクナリ
アサイヽ(朝飯)メシ(飯)アリ
五せんノサケハ三石ナリ

(4)ナハ中番ヨリハシマル　番ニ一トツヽナリ　カナハキ
ニトシハ十七カライケルヲカイシヨウ　ソノトキノ宮
坊ハ常楽井ン　フテトリ(筆取)ハ上平　ヤク人カミ(上)ワホン川
ツチミソイ　下ハウエノカト井ノウヱ　此所ニ内モタ
ル一ケツヽ　タ井ク(大工)ハ庄ニモツナリ　カチ(鍛冶)ノタイク(大工)ハ

マヱノナリ　シウケンノモノシキトハフン（平分）ワケナリ

天正七年ツチトノ卯トシ四月廿二日

五　鞆淵八幡宮造営勧進帳（天正七年）

(1)

一《ヲヒ》スチ　キヤウシ（境石）ノセンキヤウ

ヌノ一タン　ヒラノ（平野）カウヤノヘヤ

一《ヲヒ》スチ　ヲキノサワキタマヱ

一《ヲヒ》スチ　井タニノニシ宗四郎

百文　アラミ（荒見）ノヒコ大□

せニ五百文　ヲタワラ（小田原）ノリシヨウ井ン

米五斗＼　ウヱタイラ（上平）ヲモヤ

米五斗＼　アリイヒカシ（有東）

米三斗＼　ミナミ□（南ヒ）ノミナミ

米五斗＼　ヲウニシハントウ（大西番頭）

米五斗＼　コハヤシ（小林）

米三斗＼　イノシリハントウ（井尻番頭）

米五斗＼　クホハントウ（久保番頭）

米一石＼　宮坊より

米三斗＼　タウモトハントウ（堂本番頭）

米二斗＼　ツロハントウ（徒路番頭）

米三斗＼　井ノモトハントウ（湯元番頭）

□（米）三斗＼　ヒラハントウ（平野番頭）

米二斗＼　シモタワ

米一斗　キヤウ□（シ）

(2)

□　□シシ□（ヤウ）フ

米一斗＼　中ノニシノカトヘヤ

米一斗＼　カリヤカイト

米二斗＼　ケヤカワ（清川）マヱヒカシ

米一斗＼　アタラシ（新）キタノヘヤ

米二斗＼　イノシリ（井尻）ウヱ

米二斗＼　ウヱノカイト（上垣内）ヲカ

米二斗＼　ヲウニシ（大西）西

米二斗＼ ヤマト
米三斗＼ ヲキノサワカト
米一斗＼ クワンせんホウ
米一斗＼ 千ムロイン
米二斗＼ ソワ
米五升＼ 中せウ□(ノ)
米二斗＼ (新アタラシハン番トウ頭)
析足一貫文 キクサウイン
米一斗＼ (上ウヱタ平)ラヘヤ
米一斗＼ (本ホンカ河)ワヒカシウラ
米一斗＼ イノモトニシ
米二斗＼ キヤウシノニシ中
米一斗＼ ヤシロヱノ
米二斗＼ ヲウニシサコノ

(3)米二斗＼ ヲキノサワキタカト
米二斗＼ ウヱノカトソ□(子)ノヘヤ

米二斗＼ 同中カト
米一斗＼ 同ヲモヤ
米二斗＼ カミノムカ
米一斗＼ ホウカワカサワ
米一斗＼ 同ヲウヱ
米一斗＼ 同コサコノ
米一斗＼ 同アタラシヤ
米一斗＼ 井ノ上ウヱのヘヤ
米一斗＼ 中ノヒカシノ
米一斗＼ 井タニノヒカシ
米一斗＼ アタラシヤ
米一斗＼ 井ノモトノヘヤ
米三斗＼ 中ノマ□(トハ)
米一斗＼ □ヱヲカタ
米五斗＼ キクソウ井ンの(布)ゝ米ニト(マヽ)
米二斗＼ ヤマトノヲモヤ
米一斗＼ (妙ミヤウケ見ンハウ坊)

(4)米一斗＼　ホウカワ中ヱ
米一斗＼　同マヱ
米一斗＼　アリヒカシ(有東)ノヘヤ
米一斗＼　井ワタケサコ
米一斗＼　ヲワタノカト
米五升〻(一斗)　キヤウシ中ヤ
米五升〻(二斗)　ケヤカワ(清川)ミナミ
米二斗＼　ウヱノカトソ□(子)ノ
米一斗＼　同井ノ上ヱ
米一斗＼　ホウカワツチミソ井ン
米一斗＼　同コタノ
米二斗＼　同キタノヲモヤ
米一斗＼　ヲキノサワニシ
米一斗＼　イノシリニシノカト
米二斗＼　ケヤカワサコノ
米一斗　ヤマトノサコ

米一斗＼　ミナミチノ井タニ
米五升〻(一斗)　大ニノタワ

(5)米一斗＼　ワタノ□(キ)タ大ロ次ロ
米一斗＼　ワタノ井の上ヱ
米二斗＼　ワタノサワノ
米一斗五升＼　ホウカワノキタウラテ
米五斗　ウヱノカト井ノウヱ
米五斗　ハヤシノヘヤ
米二斗　ツチノハウノ
米二斗　井ノモトハウト
八幡カウ(講)人数より入申クワンシン(勧進)ノコト
合三石弐斗三升
右如件
米一斗五升　井マキタ　ヲウニシノ
以上合廿六石一斗九升
天正七年四月廿三日サヨウ(算用)

六　鞆淵八幡宮上葺記録（慶長十六年カ）

(1)
一ヘ井(幣)三本
同キヨク(玉)ニヨウ(女)ノヘ井一本
ミナ五シキ(色)ノヘイナリ
コノヘイモトヱ
クツカタ(沓形)ノモチ(餠)三せン(膳)ツ、
又九ツヱノモチ二せンツ、
以上合廿せン
大ミヤ(宮)ノム子(棟)ノフンナリ
又大ヒヨウノモチ九ツ
大ミヤノナイチンヱマイル
（又ワカミヤ(若宮)トノ、ム子ニマイルモノ、フンハ
一ヘイ三本カミヘイナリ
（コノヘイモトヱクツカタ二せンツ、
（又九ツツヱ一せンツ、
（合テ九せンワカミヤトノム子ニ入□

(2)
（又カギトリノム子ニ
一ヘイ二本カミヘイナリ　クツカタ二せン
（九ツツヱ二センイリ申ソロ
（又イヌカイトノヱクツカタ二せン
（又天ヂンノム子ニ
一ヘイ二本カミヘイナリ　クツカタ二せン
（九ノツツヱ二せンイリ申ソロ
（又ヤヲノゴンゲンノム子ニ
一ヘイ二本カミヘイナリ　クツカタ二せン
（九ノツツヱ二せンイリ申ソロ
（又ヱヒス(恵比須)ノコせンノム子ニ
一ヘイ二本カミヘイナリ　クツカタ二せン
（九ノツツヱ二せンイリ申ソロ
（又マツトノコせンム子ニ

(3)
一へイ二本　カミへイナリ
　　　　　　クツカタ二せン
（九ツヱ二せンイリ申ソロ
又大日ノナイチンヱ
（大ヒヨウ九ツ
（ナカラモチ四せンイリ申ソロ
又大ミヤナイチンヱマイルモノ、コト
（一タル（樽）三ツイリ申ソロ
又ワカミヤトノ、内チンヱ
（タル三ツ　カキトリノ内ヱ
又タル二ツ　カワラノコせン内ヱ
又タル一ツ　天ヂンノ内ヱ
又タル一ツ　ヤヲノコンケンノ内ヱ
又タル一ツ　マツトノコせンノ内ヱ
又タル一ツ　ヱヒスノコせン内ヱ

――（次の断簡に続く）――

(4)
又タル三ツ
（大日ノナイチンヱ

合タルカズ十八　コレハ二升入ノタル也
又ムネ（棟）ノタルノコト
一六ケ　大ミヤノム子ニ
又三ケ　ワカミヤノム子ニ
（又キヨクニヨ（玉女）ウノタルハ
二ツ
又二カ　カギトリノム子ニ
又二カ　天神ノム子ニ
又二カ　ヤヲノコンケンノム子ニ
□（又二）カ　マツトノコせンム子ニ
又二カ　ヱヒスノコせンム子ニ
(5)……又三カ　カワラノコせンム子ニ……（紙継目）……
合タルカズ廿四　コレモ二升入ナリ
又ヲリカタノタルノコト
一カ　ヲ子ギトノ（大禰宜殿）
一カ　カンヌシトノ（神主殿）
一カ　ワカミヤトノ（若宮殿）

(6)

一カ　ゴンノネキ《権禰宜》トノ
一カ　ミヨウケン《妙見》
一カ　カウヤ《高野》一ロウ《﨟》坊ヱ
一カ　ヲンクラモト《御蔵元》ヱ
二カ　両タイクワン《代官》二人ヱ
二カ　フキヨウ《奉行》衆二人ヱ
一カ　フシクヤヱ
一カ　文殊院

(次の断簡に続く)

一カ　氏人中御中ヱ
二カ　氏人子ンキヨウヂ《年行事》ヱ　二人ヱ
一カ　ミヤハウス《宮坊主》ヱ
一カ　庄司殿江
一カ　林殿江
一カ　興山寺
合廿カ　コレモ二升ナリ
又一カ　ミナミ《南》谷宝勝院さま江
コレハ日トリノ御礼ニ

---

(7)

一カ　バントウ《番頭》衆江コレハトレモ六升入ナリ
又センノツナ《善　綱》ノコト
ヌノ《布》十タン
又六タン　ユミノツル《弓　弦》ニ
又一タン　ヒサツキ《膝突》ニ
……合拾七タンカ……(紙継目)……
又ム子ノシユウギ《祝儀》ノ析足ノコト
一五貫文　大ミヤノム子ニ
同一貫文　ワカミヤノム子ニ
同一貫文　カギトリノム子ニ
同一貫文　カワラコセンノム子ニ
同五百文　天神ノム子ニ
同五百文　ヤヲノゴンケンノム子ニ
同五百文　ヱヒスコセンノム子ニ
同五百文　マツトノコセンム子ニ
以上合拾貫文　コノ内ヲ
大クヲ庄ニモツユヱニ、析足三貫文、ヘ井一本、せ

ソノツナ(綱)、ヌノ(布)三タン、タル三ツ庄中ヱトリ申ソロ
テ

(8)

……□八幡アケ申ソロ……(紙継目)……
又コノサクヂ(作事)ノア井タニ、バンチヨウ(番匠)・ソマ(杣)・カヂ(鍛冶)
コト〱クモテナシソロテ、一トハ大ミヤフキ(葺)タテ
、一日ヤスマセソロテ、ソノ日モサクレウ(作料)ヲカキ申
ソロ
又せンクウ日モツチ(土)マイリソロテ、ソノ日モサクレ
ウヲカキ申ソロ
ハンチヨウニコメ合三拾四石六斗弐升ワタシ申ソロ
同本大クダニ又サヱモンニ、庄中ヨリヤトイソロユ
エ、レイフントシテ析足二貫文、同ヤクシヤニ廿□
ツ、、同ハンチヨウサウ中ヱ一貫文、コレハ庄中ヨ
リシユキ(祝儀)ニイダシ申ソロ

(9)

又ソマシユ(杣衆)ニハンマイ(飯米)米一石二斗二升
コノ衆　井マイノヘヤ

西ウラ
西ノヒラ
両三人ヱ
又コビキ(木挽)ニサクリヨウ(作料)ニ米合一石三斗八升入申ソロ
又カヂ(鍛冶)ノシユギ(祝儀)トシテ米合五斗、コヤミナミ(古屋南)孫九郎
ニ、又タルヤ(樽屋)ノサクリヨウ米、合九斗三升入申ソロ
米以上合六拾壱石
又銀子合一貫三百九拾七文目
又析足合拾六貫八百文

七　輌淵八幡宮遷宮記録（慶長十七年）

(1)

□(慶長)十七子ノ歳□□月廿四日スル
□一(マツ)ハンニリヨウサ(両座)ノ衆・庄屋・キモイリ(肝煎)衆ミナ
〱ヨリソロテタンカウ(談合)申ソロ
一ハンニカウサンチ(興山寺)ノルス井(留守居)
又タニカミ子ノ自性院

五ノムロ(五室)トク(徳)寿井ン(院)
コノリヨウフキヨウ(両奉行)三人ヱ申イレソロテ、カウトク
井ンサマヱ申アケソロ、スナワチサウフン(惣分)ヱゴヒロ(御披露)
ウナサレソロテツカマツリソロ
ソレニツ井テフキヨウ(奉行)衆

(2)

一ミヤノタンフシン(普請)ノフキヨウ(奉行)

谷上自性院
五室徳寿院　コノリヨウ人ノタノミソロテ井タ

(3)

□ソロテ、サルカク(猿楽)シユ(衆)キシ(貴志)ノ大夫・コカワ(粉河)
トロヒヨウヱン、コノ二人ノ衆ヲ庄司殿マテヨヒナ
サレソロテ、庄屋衆・キモ井リ(肝煎)衆アツメソロテ、リ(両
ヨウフキヨウ(奉行)衆トタンカウ(談合)ソロテ、六クモツ(禄物)ヲヲン(御
サタメ(定)ナサレソロ
銀子五百メニ子ギリ(値切)サタメ申ソロ
又ハンマイ(飯米)シラケ(精)ノ米　三石

サケ
大タル(樽)二カ(荷)
ミソ(味噌)三斗　シヲ(塩)三升
又ツチムシロ(筵)十マイ(枚)

(4)

米四斗四升　子ギサヱ(禰宜座)
米二斗五升　マエノサヱ
米一斗四升　ウエノサヱ
ヲリ米合八斗三升ナリ
コノ米ムカシハ五石ト申ソロヱトモ、一石ニサタメ申ソロ
又米一石子キサヱノ
レイフン(礼分)ニマイラセソロ

一テウサン(長栈)ノシタ井(次第)ノコト
一ザ(座)ワ庄司殿
一二ハン(番)　林殿
三ハンニハントウ(番頭)衆
ソノツキワイ上衆コト〳〵クシタ井ニヲンツキソロ
ソノトキノ井シヨウ(衣装)

(5)

……五十ヨリウエヒタ、レ(直垂)……(紙継目)……
又ソノシタワカミシモ(上下)
又ワカ(若)衆百人　カタキヌ(肩衣)・コハカマ(小袴)キソロテ、シヤ(笏)
クヲミナ〳〵メサレソロ
ソノトキノサケワ、庄中ヨリ、十三石、ヲリハンニ
カイ申ソロテ、ソノハノ日シハイ、又ザ、エモリソ
ロテ

(6)

……シマイ申ソロ……(紙継目)……
又ヲン八まん(御八幡)ノヲン□(マエ)ノモリモノ(盛物)ワ、氏人衆ヲン
モリナサ□(レソ)ロ
一サウメ(素麺)(ン脱)　廿把
一ユ(柚)　三百
一トコロ(野老)　三斗
一チヤクロ(石榴)　三百
一モチ米　三斗
一アヲカキ(青柿)　三斗

(7)

又ヲリノカサリモノ(飾物)ニ
一マンチウ(饅頭)　三百
一センヘ井(煎餅)　五百マイ
一カン(羹)　ツクリソロ
一モチ(餅)ヲ　ツキソロ
一コンニヤクニシメ(煮染)
一トフ(豆腐)ノニシメ
一キサラシ(木晒)
一アワせカキ(淡柿)
一クリ(栗)　二斗
コノヤイロ(八色)ノシナヲカ(飾)

(8)

サリソロ
一ヲリノカスワ廿　又アシウチ(足打)廿
コレヲヲリノタ井コ□
ザ、レキ〳〵エ　ミヤ
ワセニヲリ・アシウチヲ井タ申ソロ

(次の断簡に続く)

又アシウチ廿せンワ、ハヤシトノ《(林殿)》エ、ウエノマカナ
エツカ申《(ィ脱)》ソロ
又八寸ノヘ□　廿マイ
又サンホン　二せン
又サンホン　ザマノカケハン

(9)
一ヲビハ、一ツ
一アサヲ《(麻苧)》六十六
一アツカミ《(厚紙)》三帖
一中ヲリ二ソク《(束)》
一マワタ《(真綿)》百五十メ
一マヲ《(真麻)》一ワ
一サンマイ《(散米)》一斗三升三合
一クツカタ《(沓形)》ノモチ《(餅)》　十二せン
一九ノツツエモチ

(10)
六十六せン

ワキミヤエ
十二せンツ、
合モチノカズ　大小千四百ナリ
一テウシ《(銚子)》・クワエ《(加)》トモニフタエタ
一カワラケ《(土器)》五十
右ノフせ　米一石ナリ
一ウスベリ《(薄縁)》三マイ
カシハせン□《(キ)》リノ入ヨウ

(11)
ウスヘリ五マイ
タキ《(薪)》、廿カ
サウシワ井リシタイニ
一タコ《(担桶)》一カ　一テヲケ《(手桶)》三ツ
一ヲケ《(桶)》二ツ　一ハンキリ《(半切)》大小二ツ
一ヒシヤコ《(柄杓)》二本　一シヤクシ《(杓子)》二本
一ヤマヲシキ《(山折敷)》四ソク
一三ツゴキ《(御器)》五ソク六せン

一□　一本
コノフンサルカク（猿楽）ヱワタシ申ソロ
一ホウカタメ（方堅）ヒシヤモンキリニ入□
一ヌノ（布）三タン
一□ウヌノ一タン

(12)
一タル一カ　ミヤ□
一タル一カ　明蔵院フシ□（クカ）
一タル一カ　ホクハンヱ
一タル一カ　ツルカケ（弦掛）
一タル一ツ　ブン五（豊後）
一タル一ツ　サツマ（薩摩）
一タル一カ　ミヤ（宮）
一タル一カ　宝勝院
一タル一カ　クラモト（蔵元）
一タル一カ　タケフキヨウ衆
一タル一カ　同　二人ヱ

(13)
一タル一カ　サイ井ンヲクホウヱ（西院奥坊）
一タル一カ　一ロウ（臈）坊ヱ
一タル二カ　リヨウタ井クワン（両代官）
一タル一カ　千手院新坊
一タル一カ　同　明照院
一タル一カ　往生院観音院
コノ衆カウヤ□坊主タチノフン
コノ衆ワ庄中タルヲタマワルニツケテ、コノフンツ
カマツリソロ
一タル一ツ　カワタヒコ太郎
一タル一ツ　カワタ助五郎
又析足ノヲリカミ（折紙）ノシタ井（次第）

(14)
二百文　大夫　□（ネキ）サヨリ
二百文　同大夫　マヱノサヨリ
二百文　同大夫　ウヱノサヨリ

二百文　同大夫　庄司殿ヨリ
二百文　同大夫　林殿ヨリ
二百文　同大夫　ハントウ(番頭)衆ヨリ
二百文　同大夫　中ノ(野)ヽ東ヨリ
一テウヨリイツルヲリカミ(折紙)ミナ〳〵カナカケ(鉋掛)ニスヱテ(据)
一番ニタシ申ソロ
一御八幡ヱ五ク(御供)ヲマイラせソロ
ソノ五クウミヤウツシ(宮遷)ノヨル(夜)ノウシ(丑)ノトキニ子キサ(禰宜座)

(15)

□ソロ
ソレニツキハン(飯)マイ(米)ニシラケ(精)ノ米五斗　ソレニツキ
ミヤウツシ(宮遷)ノ月モコト〳〵クサウフキヨウ(惣奉行)ヲ□ナサ
レソロ
一コレヨリワミヤウツシ(宮遷)ノシヨウ(仕様)ノコト
一ノウ(能)ワ八ハン(番)サせ申ソロ
一ヲリカミ(折紙)ノシタ井(次第)
マツ一ハン(番)氏人衆

二ハンニカウサンチ(興山寺)サマ(様)

（次の断簡に続く）

(16)

三ハンニテウヨリ
四ハンニ庄司殿・林殿
五ハンニ子ギサ
　マヱノザ
　ウヱノザ
六ケ寺坊主衆
七ハンニハントウ(番頭)衆
サウシテミナ(皆)〳〵(々)ヲモ井〳〵ニ井タサレソロ
□(ヲ)リカミワ
二貫文　大夫
二貫文　惣庄ヱ

(17)

五百文　五□(郎衛)門尉
一貫文　トロヘヨウヱ
二百文　弥七郎

(18)

三百文　タ井コウチ（太鼓打）
三百文　フエフキ（笛吹）
三百文　キヨウケン（狂言）
三百文　大ツヽミ（大鼓）
三百文　小ツヽミ
同三百文　カワリノツヽミウチ
同　カワリノツヽミウチ
又三百文　ワキ（脇）大夫

五百文　マエノヽカチ（鍛冶）
一貫四百文　ハンチヨウ（番匠）衆中エ
八百文　ヲケヤ（桶屋）中エ
八百文　タクミヤ（工屋）中エ
百文　ヲヅ（麻生津）ノサンシニ
百文　フチサキ（藤崎）ノサンシニ
百文　ユワテ（岩手）サンシニ
百文　チヤセン（茶筅）

(19)

□（二カ）百文　マエ〳〵（舞舞）大夫
百文　カワダヒコ太郎
百文　同助五郎
百文　ユズ（伊豆）

百文　フンゴ（豊後）
百文　サツマ（薩摩）
百文　シユク（宿）ノモノ
一貫文　ユワタキ（岩滝）東ウラへや
コレハホクハンノヤトニツイテレ井モツ（礼物）ニツカマツ
リソロ
六貫文　六人ノシヨタエ衆エレ井フン（礼分）ニツカマツリ
ソロ
ワタ門太郎左衛門尉
ウエノカ井ト井ノ上
シヨウブ乗順
カ井サワサコノ二郎

井ノシリヨモン三郎

——（次の断簡に続く）——

⑳

ヲキサワカト大郎九郎

コノ衆ヱシユウキ（祝儀）ニシンチソロ

于時慶長十七年子《ミツノェトシ》閏十月十七日

コノミヤウツシ（宮遷）ノサタマルモ、又カキヲキスルモ、

庄司孫衛門尉殿ニテツカマツリソロ

サウシテコノイル八木ハ

以上合百五拾石ニテヨロツシマイ申ソロ

其時両ショウカン（庄官）

庄司孫衛門尉（花押）

コノ衆トリタテニテソロ　林二郎ヱモン（花押）

中ノ、東（略押）

其時宮坊主関東上総国□

□

㉑

コノトキノサヱハン人ワ

ワタ門太郎左衛門（略押）

ヲキノサワ門大郎九郎（花押）

ショウフ乗順（略押）

皆サワ左近二郎（略押）

井ノ上形部二郎（略押）

井ノ尻ヨモ三郎（略押）

八　鞆淵八幡宮上葺勧進帳（冊子）

（表紙）「寛永十六己卯年

八幡宮上葺勧進帳

□吉日」

九　鞆淵八幡宮宮遷記録（明暦二年）

(1)

コサシ(興山寺)サマヱ(言)五ン上申ソロテ、サルカク(猿楽)キシ(貴志)ノタユ(大夫)
・コ(粉)川トロヘン二人ヲヨヒヨせソロテ
一ホン□(六)カ子八百六拾目
一ハク(白)米□(六マイヲ)三石
サケ(酒)五斗　ミソ(味噌)三斗　トミソ二□(升)　トフ(豆腐)一ハコ　コ
ソニヤク三拾丁　ス(酢)三升　シヲ(塩)三升　アフラ(油)一升
ワシイリシタイニ
一マツ(松)一カ　イモ(芋)ノコ壱斗　大コ二カ(ソ脱)　ユ三十
一ハ□(シ)六百せン　タキ(焚)シハ(柴)三拾カ

(2)

一ウス(薄)ヘリ(縁)二マイ　子キ(禰宜座)三ヱ
ヲマヱノ五ハンニシク
一カ子五匁　アフラ一升　ヘカミ(幣紙)壱ソク　マツ一カ
此大(代)ニツカイ申ソロ　子キ三ヱ

一チヨ三ン(長栈)ノシタイ(次第)ノコト
一一サワ(座)シヨシ(庄司)トノ(殿)
一二ハン(番)ニハヤシ(林)トノ(殿)
一三ンハニハントシウ(番頭衆)
一ソノツキ(次)ニワイ上ノシウワ、五拾ヨリ上ワヒタ、レ(直垂)、
又ソノシタワカミ下、又ワカシウ(若衆)ワ三拾人ワカタキ(肩衣)
ヌ、又コハカマ(小袴)□シヤク人ニツ(マヽ)カイソロ
一ヲンハチマン(御八幡)ノモリモノ(盛物)ワ

(3)……ウシトシウ(氏人衆)□モリナサレソロ……(紙継目)……

一ソンメン(素麺)十五把
一ユ(柚)三百　一トコロ(野老)三斗
一チヤクロ(石榴)弐百　一モチ(餅)弐斗
一アヲカキ(青柿)二斗
一マン十(饅頭)弐百　ヲリノカサリモノ(飾物)ニ
一モチ米ハク(白)八斗　ヲリノモチニ
一ヲリ　百五拾　ヲリノカサリモノニ
九
一ヲリ　弐拾一入申ソロ

一ヲリタル　ウシトシウヱ(氏人衆)
一ヲリタル　コサンサマヱ(興山寺様)
一ヲリタル　シヨシトノヱ(庄司殿)
一ヲリタル　ハヤシトノヱ(林殿)

(4)

□　ハントシウヱ(番頭衆)
一ヲリタル　六人シウヱメ□ツカウ
一ヲリタル　クラモトヱ(蔵元)
一ヲリタル　大クワンヱツカウ
一ヲリタル　子キ三ヱ(禰宜座)
一ヲリタル　カク正ヱ(楽所)
一ヲリタル　マヱノサヱ
一ヲリタル　六ンカチヱ(六ヵ寺)
一ヲリタル　サルカクニ
(一ヲリタ)□ル　三人ノフキヨニ(奉行)
□ニツカイ申ソロ

(5)

一ウスヘリ　三十三ンマイ
一ワンヲシキ　三十三人マヱ
一ミツヒキ　アカ子モンメ二タン
一ナヘ(鍋)・カマ(釜)ヲイリシタ井ニカシ申ソロ
一チヤ二斤ヤリ申ソロ
ヲケナせン(翁カ)　□(五カ)匁　タユニ(大夫)
ヲリカミ(折紙)　五匁　庄中ヨリタ《キシ》ユニ
一ヲリカミ　五匁　コ川(粉)トロヒヨヱニ
一ヲリカミ　壱匁五分　ワキタユニ(脇大夫)
一ヲリカミ　壱匁五分　□ツヽミ
一ヲリカミ　壱匁五分　コツヽミ(小鼓)
一ヲリカミ　壱匁　タイコウチ(太鼓打)
一ヲリカミ　壱匁五分　フヱフキ(笛吹)

(6)

一ヲリカミ　壱匁五分(キヨケン)□(狂言)ニ
一ヲリカミ　壱匁五分　ヤシロニ
一ヲリカミ　壱匁　子キサヨリキシタユニ(貴志大夫)

一ヲリカミ　壱匁　コ川トロヒヨヱ同へニ
一ヲリカミ　壱匁　カク小(楽所)ヨリキシタユニ
一ヲリカミ　壱匁　カク小ヨリトロヒヨヱ
一ヲリカミ　壱匁　マヱノサヨリキシタユニ
一ヲリカミ　壱匁　マヱノサヨリトロヒヨヱニ
一ヲリカミ　壱匁　ハントシウヨリ二人ノタユニ
一ヲリカミせン合三拾目入申ソロ
一ヲリカミノダシヨ(出様)ノシタイ(次第)ノコト
一一ハンニウジトシウ(氏人衆)
一二ハンニコサンジサマ(興山寺様)ニ

(7)
一三ハンニチヨカラ
一四ハンニシヨシトノ(庄司殿)・ハヤシトノ(林殿)ニ
一五ハンニ子キ三
一六ハンニカク正ニ
一七ハンニマヱノサニ
一八ン(マ、)チハニ六ンカチシウニ

一ソノ、チワタシ、タイニ
一ヲンハチマンクサマ(御八幡宮様)ヱヲン五ク(御御供)ノシタイノコト　ヨ(夜)
ルノウシ(丑)ノトキニマイラスル
一四斗四升　子キ三ヱ
一壱石　子キサヱノレモツ(礼物)ニツカイ申ソロ
一壱斗四升　カク正ヱ
一三斗五升(又壱斗二升)　マヱ(同へ)ノサヱ

(8)
一チヨシ(銚子)　二拾五ホン
一カワラケ(土器)　百三斗入
一ヒシヤク(柄杓)大小十五ホン
一シヤクシ(杓子)　十ホン
一イカキ(笊籬)　三ツ
一テンモク(天目)　五ツ
一□ンソクハン丁ヲマヱ、
一アフラ(油)一升　庄中ニツカウ
一ハク(帛)　十五マイ　モリモノニ

一サノマク(幕)ノフンチワ庄中カラ□
□カ子　拾匁五分　クキノ大　マイ□
マイノ、カチ□
一二百モン　マイノ□
カワタノコト

一〇　鞆淵八幡宮宮遷用途注文（明暦二年）

(1)

明暦二年ヒヱノサルノ九月廿六日ニ
ヲンミヤウツシ(御宮遷)ツカマツリソロトキノイリメ(入目)
一〇ホン六せン　弐拾マイ
一〇ヲキナせン(翁銭)　五匁
一〇ヲリカミせン(折紙銭)　二拾壱匁也
一〇百壱匁六□サルカク(猿楽)テマヱノ
〇ヨロツカイモノノ大(代)
一〇百四拾三匁四分□ショ十(庄中)ノサカテ(酒手)
一〇八匁七分　ミソ(味噌)ノ大　コカワ(粉河)

一〇二匁五分　アフラ(油)ノ大　コカワ
一〇五匁　ス(酢)ノ大　コカワ
一〇五匁　シヲ(塩)ノ大　コカワ
一〇五匁　ミツヒキ(水引)ノ大　コカワ
一〇四拾目　ヲリ(折)ノ大　コウヤヱ
〇一□匁七分　アフラノ大　ミヤホトリカヱ
〇一五分　シヲ大　ミヤ同へ
〇一壱匁五分　アツカミ(厚紙)ノ大

(2)

〇一米四斗□(五)升　コウヤヱノサカテ
一〇二匁二分　ウスヘリ(薄縁)□(ノ大)上ナン(マヽ)
〇一五分　チヤ(茶)ノ大　上ハン(番)
〇一五分　チヤノ大　中ハン
〇一五分　チヤノ大　下ハン
一〇五匁　ヘカニ(マヽ)アフラマツノ大　子ギサヱ
〇一米五升　モチツキ(餅搗)ノハンマイ　上ハン

○一米五升　モチツキノハンマイ　中ハン
○一米五升　モチツキノハンマイ　下ハン
○一カ子一匁二分　サカテニコ川(粉河)孫九郎タ□
○一米弐升　イカキノ大ニキヤカワ太郎二郎
○一カ子二匁　コカワサカテ　コハヤシ
○米九斗三升五合　ミヤホントリカヱ
○一斗　ミヤノアセチ(庵室)ヱ　アフラセンニ
○一二拾一匁　イタノ大ニ
□

(3)
○一□(ノ大)
○一壱分　上ハン　作ヱモン
一○二拾壱□　ウジトシウ(氏人衆)ノカイモノ
□(○)ミツヒキノフンチトモニ
一○九匁　せニノ大
一○三拾目　カワタニ
○白米壱斗　同へ

一□米三石　サルカクノハンマイ(飯米)
一○米九斗三升　サヱノヲロシ米
○一モチノハク米九斗四升五合
□四升二合　モチノコニ
□三升　トフ(豆腐)ノ大　キヤウシ
□升　ヲシヨチクン(御精進供)ノトフノ大　ホン川
□ノ大　ホン川ヱ
□ワマコロク(孫六)ヱ
□クロノ大　キタカイトヱ
□ノカラノツカイニシヨウ十ヱ
□テ　同へ

(4)
□米三升　ケハラ(毛原)ヨリ□
□米七升(九)□ヤマトノ□ヱ
○一米五升□タユカトマ□□□ヱ
○一米三升キシタ□(ユ)カチウ□　シヤウヱ
○一米五斗　コ□□

○一米四斗七升　コウ□　□
○一米九升五合　　　同へ
○一米四斗四升五合　コウ□　□下ハン 上ハン
○一米一升　コカワヱ　サケノイリヨニイタニ
○一米一升　ケハラヱノツカイヲ□ンカト
一○拾匁五分　クキ(釘)ノ大　マヱ(前)ノカチ(鍛冶)ニ
□　(匁六分)□イ□イニ　同へ
□石七斗六升　ヨロツハンマイミヤヱ
□八分　ワタ五ンへ
□分　へ□
□分　サク十□
□　コカ□

一一　鞆淵八幡宮宮遷記録（貞享二年）

(1)
貞享二乙丑年九月廿一日 同 廿二日 宮遷目録長巻
一庄中庄屋・年寄不残寄合談合仕□(候て)、興山寺御惣分
様江言上申、さるかく(猿楽)南都藤一門仁右衛門をよひよ
セ、八月廿七日ニ庄屋・年寄中寄合、藤一ニ相渡し候
一九月廿一日能キリ共六番、此日之出仕之次第者、庄
司殿・林殿・番頭衆ハ不及申ニ、居定之衆もひたた(直垂)
れ、次ハ皆すおう(素襖)はかま(袴)、下三拾人者かミしも(上下)ニ而
諸事□(小)遣ニ仕申□(は)つなり、但此日者御ミき(神酒)計にてお(折)
り樽者なし
一同廿二日ノ能キリ共八番、此日も皆ゝゑもん(衣紋)にて出
仕仕候て、此日者おり樽万事之祝儀有之候也
一神前しやうごん(荘厳)御くう(供)次第之事
但神前ハもり(盛)物五はい、□(日)御堂江四はい
又御くう入用神事なミなり
一弐斗七升五合　御ごくう(御供)料　子キザヱ(禰宜座)
一三升　あふらせん(油銭)　同断
□　(同断)

(2)
□(一)升　御ミき代　同□(断)

□(一)斗六升八合　□(飯)料但壱□(人ニ付三合ツ、)也　同断
□(一)壱石　レイブン(礼分)　同断
一三斗五升　飯料・神楽セン参米共　カクザヱ(楽座)
但壱食三合ツ、
一三斗壱升九合　但仏供料・飯料□(とも)　前座へ
但壱食三合ツ、
一ろうそく弐拾丁　子キサヱ
一同　四丁　大御堂江
一同　壱丁　チブツ(持仏)堂江
右者廿一日ノ次第也、又廿二日ニも同前なり
一銀、屋ニ六匁九分弐りん(厘)ツヽ、一番ニ付七□(拾)六間わり也、此銀三番合壱貫六百三拾壱匁七分六りん也
一氏子銭壱人ニ付弐匁ツヽ、
此銀三番合弐百八拾目也
御樽セん(銭)覚
一銀壱枚　氏人中様ゟ
一同五匁　南谷 真徳院ゟ
西院 南蔵院ゟ
一同弐両　五室 妙花院　千□院 持宝院　覚仙坊　□(是)識坊

一銭ニ壱貫文　同 成□院　□　円成院　西明院内 秀印坊　宗順坊
西院 □院　□房　西明院内 □坊

(3)□　□
一銀壱枚　細野 庄中ゟ
一同弐拾目　同庄三右衛門
孫四郎
一同拾匁　荒川 奥□郎
一同五匁　粉川理兵衛
一同酒三升　同所鍛冶屋久助
一ぬ(布)の壱□　同所こん(紺)屋孫六
一樽銭合□百四拾六匁也
右之銀惣合弐貫五拾七匁七分六りん

(4)一米、屋ニ五升六合六夕　此米合拾弐石七斗三升五合
一銀七百□匁□　能大夫　藤一ニわたし
一白米壱石四斗　同へ
一味噌八貫目　同へ

一しやうゆ《(醤油)》六升　同へ
一す《(酢)》弐升　同へ
一あふら《(油)》壱升　同へ
一まつ《(松)》壱荷　同へ
一かたすミ《(堅炭)》壱荷　同へ
一しを《(塩)》弐升　同へ
一酒三斗六升　同へ
一ちやうし《(銚子)》弐本　同へ
一しやくし《(杓子)》五本　同へ
一ひしやく《(柄杓)》五本　同へ

(5)

一はし《(箸)》百せん《(膳)》　同……(紙継目)……
一わんおしき《(椀折敷)》五拾人前、是ハ上番三兵衛ニ□《(かり)》、そんちんニ而かり、さるかく《(猿楽)》ニつかわセ申也
　但そんちんハ壱束ニ付二□ツヽ也
一うすへり《(薄縁)》四拾枚　内三拾四枚ハユノモト《(湯本)》庄左衛門ニそんちんニ而かり、さるかくニしかセ申也
　但壱枚ニ付そんちん三分ツヽ也
残六枚ハさるかく□《(取)》也

一さらし之義ハ有相ノ物入次第ニやる也
一酒は廿一日二日ニ三石六斗八升取也　粉河理兵衛　高辻源五郎　荒見□ミセ彦太郎　酒屋三人也
一おり《(折)》五拾三但壱尺五寸四方ニして
一樽百三拾いり申候
一ちやうし　三拾五本
一しやくし　三拾本
一ひしやく　弐拾本
一ちやわん《(茶碗)》　弐拾
一ろうそく　五拾六本
一白　弐拾枚

(6)

おり紙之次第

一壱番ニ　氏人中ゟ
一弐番ニ　興山寺様ゟ
一三番ニ　庄中ゟ
一四番ニ　庄司殿ゟ
□五番ニ　林殿ゟ

「一同（追筆）　番頭衆〻」
一六番　子キザ〻
一七番　マエノザ〻
□（一八番）　カクザ〻

(7)
□　興山寺様
□　（六人衆様一ろう蔵本両代官様江）
庄司殿
□　林殿
一同　番頭衆中江
一同　子キザ
□　カクザ
□　マエノザ
□　六ケ寺
□　能大夫ニ
□　三人ノ才料衆江
□〱ニ遣申候也
□　庄司殿内方
□　林殿内方
□　中番庄屋内方
□　番頭衆内方

(8)
一同　弐せん　長さんへ
一同　こま者ニ
一同　他領参候氏子衆ニ
「一同（追筆）　おり樽　宮寺へ」
此外何れ之方〻も樽参候へ者おり樽出申はつ也
一氏人中様〻又長さんへおり参候也
同さるかく大夫へも出し被申候也
一餅米ノ白壱石六斗六升つくなり
一神前へこもち（小餅）三拾ッ、ひをけ（火桶）ゑ入テ、三おけ参らせ申也、又わき宮江十ヲツ、参申也
一大□（御堂）江□ツ、三せ□（ん参）申な□（り）

(9)
チヨサンザ（長桟座）ノ次第

一壱座　庄司殿
一二番　林殿
一三番ニ　番頭衆中
一四番ニ　居定年次第ニなをるべし、其外ハ次第〱
ニなをるべき者也
サヂキ《(桟敷)》之事
一大御堂　北ノはしハ　庄司殿・林殿内方ノサチキ
一同　次ハ　興山寺様ノサヂキ
一三番メハ　氏人中様ノサヂキ
一同　次ゑんノはしハ　高野きやく衆ノサヂキリ
一チヨノカミノはし　番頭衆ノ前ハ番頭内方ノサヂキ
一おくら《(御蔵)》ノ前ハ（東ハ中番庄屋ノ内方ノサチキ
中ハカクザ衆ノサチキ
西ハ六ケ寺衆ノサヂキ

(10)　しはの者ノ次第

一銀四拾五匁　川田ニやる

一白米三斗六升　同断
一酒壱斗五升　同断
一味噌弐貫目　同断
一しを《(塩)》壱升　同断
一わん《(椀)》おしき《(折敷)》拾六人前　同断
一なへ《(鍋)》三ツ　六升なへ、四升なへ、弐升なへ　同断
一おけ《(桶)》大小二ツ　同断
一なかたな《(菜刀)》壱丁　同断
一しやくし《(杓子)》弐本　同断
一ひしやく《(柄杓)》弐本　同断
一おり《(折)》樽壱過《(荷)》　同断
一はしかゝり《(橋懸)》　かく《(楽)》屋ノ方弐間ノあいたヲやる
一うすへり《(薄縁)》弐枚　同断
(11)一いなまき《(稲巻)》拾枚　同断……（紙継目）
一しば《(柴)》十荷　やる　同断
一そうし壱荷　同断

(12)　此時寄合申衆ハ庄屋・番頭・年寄中

一庄司　孫右衛門

一林　庄太夫

一中番庄屋　菖蒲乗順

番頭衆ハ

一堂本　長左衛門

一小林　文右衛門

一久保ノ林　三右衛門

一湯屋ノ本　三太夫

一通路　堯乗

一平野　甚兵衛

一中前　左次兵衛

一高原　孫太郎

(13)　年寄中ハ

一山戸　久太郎

一北垣内　左次兵衛

一むかい　作七郎

一□　圓宗

一こさこ　長左衛門

一北垣内　庄左衛門

一白井　堯順

一岡田　孫一郎

一小原　庄左衛門

一柳　八左衛門

此時之奉行者

一上下井谷　甚左衛門

一中井ノ谷　太左衛門

(14)一西　安右衛門……（紙継目）……

右三人也

此時之肝煎ハ

一上番三兵へ　中番清兵へ　下番勘助

右之庄中寄候て、万事算用仕候て、目出度相済申者也

一此時ノ宮寺ノ住寺ハ　谷上千光院様也
丑ノ九月廿七日ニ

九月廿一日ノ能組
一弓八幡　一頼政　一野々宮
一舟弁慶　一土蜘　キリニ高砂

一二　鞆淵八幡宮上葺覚（元禄十五年）

覚
一八幡宮御上葺者
元禄十五壬午年
釿始者正月十九日
下遷宮者二月十日
上遷宮者三月十二日
下司
公文

此時之大工ハ
和州吉野郡
加名生庄
頭料和田源四郎
下大工　平十郎
同　三郎兵衛
同　源次
同　藤九郎
同　ユ川九右衛門
同　下市七兵衛
同　同所六兵衛
同　木工右衛門
同　七介

（板背）「菖蒲乗順書之
午ノ三月十□」

一三　鞆淵八幡宮宮遷記録（元禄十六年）

(1)

元禄十六年癸□（未）年霜月二日宮遷記録

一庄□不残□（寄合）談合□（仕）、興山寺様惣分様江言上申、さるかく（猿楽）南都藤一門助四郎をよひよせ、十月六日、庄ヤ・年寄中寄合、藤一ニ相渡し申也

一□（霜）月二日能キリ共八番、此日之出仕之次第者、□（庄司殿）・林殿・番頭衆ハ不及申ニ、居定之衆も□（ひた）ゝ（直垂）れ、次ハ皆すおうはかま（素襖袴）、下□拾人者上下ニ而諸事小遣ニ仕申筈也

(2)

一神前しやうこん（荘厳）御くう（供）次第之事

但神前江もり物五はい　日御堂江四はい

又御くう入用神事次なり

一□七升五合　御くう（供）料　子キサヱ（禰宜座）

一三升　あふらせん（油銭）　同断

……（紙継目）……

一壱升　へいかみ（幣紙）代　同断

一三升　御ミき（神酒）代　同断

一飯料者壱人ニ付三合ッ、二飯　同断

一壱石　礼分　同断

但能一日而も二日而も礼分如此ニ候

一三斗五升飯料神楽せん参米共　カクサヱ（神楽座）

一三□（斗）升九合但仏供料・飯料とも　前座へ

但壱食ニ三合ッ、

一ろうそく　弐拾丁　子キサヱ

一同　四丁　大御堂ヱ

一同　壱丁　チブッ堂ヱ

一銀、屋ニ七匁ッ、　一番ニ付七拾六軒ノわり也、此□（銀三）番合壱貫五百九拾六匁也

一氏子銭壱人ニ付弐匁ッ、

此銀三番合百弐匁也

(3)

御樽せん覚

一銀弐枚　御惣分様〻
一銀弐枚　後見中様〻
一同壱枚　氏人中様〻
一同銀壱貫□(文)　高野宿西院　観音院様〻
一金子壱歩　粉河　孫六
一銀四拾三匁　細野峯　孫兵衛
一金子壱歩　同所　佐右衛門
一銀拾五匁　同所　源六
一銀四拾二匁　粉川　玉屋中
一銀壱両　六ケ寺□
一銀拾五匁　荒川奥　孫四郎
一□　国分　彦九郎

(4)
一銀子拾五匁　かミヤ　長三郎
一銀拾五匁　のかミ　作兵衛
一金子壱歩　粉川　八右衛門
一銀拾匁　同所　利兵衛

一銀拾三匁　同所　勘兵衛
一金子壱歩　荒川小路　五郎四郎
一金子壱歩　大津　との□し
樽銭合テ四百九拾壱匁三分
右之銀惣合弐貫百八拾九匁三分
一米、ヤ(屋)五升三合ッ、　此米合拾弐石八升四合也
一銀八百目　能大夫　藤一善四郎ニ渡し

(5)
一白米壱石　同へ……(紙継目)……
一味噌三貫目　同へ
一しやうゆ三升　同へ
一す弐升　同へ
一油壱升　同へ
一まつ(松)壱荷　同へ
一かたすみ(堅炭)壱荷　同へ
一しを(塩)弐升　同へ
一酒壱斗五升　同へ
一ちやうし(銚子)弐本　同へ

一しやくし(杓子)五本　同へ

一ひしやく(柄杓)五本　同へ

一はし(箸)百せん　同へ

(6)

一わん折敷四拾人前、是ハそんちんニ而かり、さるかくニ遣セ申也、但そんちん壱連ニ付弐匁ツヽ也

一うすへり(薄縁)四拾八枚、内弐拾枚さるかく(猿楽)ニかし、しかセ申也、残弐拾八枚ハ高野さじき(桟敷)、ちやうさん(長桟)へしく、但壱枚ニ付そんちん五分ツヽ也

一さらし之儀ハ有相之物入次第ニやる也

一酒三石二斗ニ取也(粉川利兵衛 同所八右衛門 黒川庄介)

一おり五拾三　但壱尺五寸四方ニして

一樽百三拾入申候

一ちやうし三拾五本

一しやくし　三拾本

一ひしやく　弐拾本

一ちやわん　弐拾

(7)

一ろうそく　五拾六本

一白　弐拾枚

一三斗入かわらけ　弐百三拾

一いかき　八ツ

一あふら　三升

一色かミ　五拾枚

一神前江之御樽弐拾六

一大御堂江御樽六ツ

折紙次第

一壱番ニ　氏人中ゟ

一弐番ニ　興山寺様ゟ

一三番ニ　庄中ゟ

一四番ニ　庄司殿ゟ

一五番ニ　林殿ゟ

一六番ニ　番頭衆ゟ

一七番ニ　子キサゟ

一八番ニ　前ノ座ゟ
一九番ニ　カクサゟ
是よりハ出し次第仕筈也
（折）
おり樽之次第
一おり樽　是ハ弐尺五寸四方ノ折也　氏人中様
一同　興山寺様
一同　（六人衆様
一ろう蔵本代官様）
一同　庄司殿
一同　林殿

(8)
一同　番頭衆中
一同　子キサヱ
一同　カクサヱ
一同　前ノ座ヱ
一同　六ケ寺
一同是ハ弐尺五寸四方ノ折也　能大夫
一同　（三人ノ才料衆へ
めん／＼ニ遣し申也）

一同　庄司殿内方
一同　林殿内方
一同　中番
庄ヤ内方
一同　番頭衆内方
一同　弐せん　但長さんへ之折樽之儀
宮寺へをろし置、重而
庄中庄ヤ・年寄寄合
□（之節）つくす也　長さんへ

(9)
一同　小ま者……（紙継目）……
一同　他領参候氏子衆ニ
一同　折樽　宮寺へ
此外何之方ゟも樽参□折樽出申筈也
一氏人中様ゟ又長さんへおり参候也
但此折長さんニ而庄司殿頂戴被出候而、宮寺へをろし置、重而庄中庄ヤ・年寄中寄合之節、つくすなり
同さるかく大夫へも出し被申候也
一餅米ノ白壱石六斗六升つくなり
一神前へこもち（小餅）三拾ッ、ひをけ（火桶）ゐ入而三をけ参らセ申
也
又わき宮へ拾ヲツ、入参申也

一神前へ御しやうちんく（精進供）三セん参申也
但かけバん（懸盤）ニ而
一大御堂へこもち百ツ、入三セん参也
こう来道心様へも同前也
一御不動様へもこもち百入　壱セん
⑽一同御しやうじく　壱セん……（紙継目）……
但かけバんニ而
一寺仏堂へこもち百入　壱セん
一やすまく（休幕）ニ三ツノ座・長さんへ壱升ニ□
拾五取之餅、えほしかしら（烏帽子頭）ニ三ツツ、引なり
又わき者ニ弐ツツ、引なり
同他領居参候氏子ニも弐ツツ、引なり

長さん座ノ次第

一壱座　庄司殿
一二番　林殿
一三番ニ　番頭衆中
一四番ニ居定年次第ニなをるへし
其外ハ次第〳〵ニなをるへき者也

サヂキ（桟敷）之事

一大御堂　北ノはしハ庄司殿・林殿内方サヂキ
⑾一同　次ハ　興山寺様サチキ
一三番メハ　氏人中様ノサヂキ
一同　次ゑんノはしハ高野きやく衆ノサヂキ
一チヨノかミノはし番頭衆ノ前ハ番頭内方　サヂキ
一おくら（御蔵）ノ前ハ（東中番庄や内方サヂキ／中ハ　カクザ衆ノサヂキ／西ハ　六ケ寺衆ノサヂキ）
一子キ（禰宜）座ノ前ハ小間者ノサヂキ
一長さんノ西ノ方前　他領居氏子衆ノサヂキ
一子キサ前ノ座ノ間ニかいサヂキ　宮寺　三人ノ才料衆サヂキ

しはの者次第之事

一銀四拾五匁　かわたニやる
一白米三斗六升　同断
一酒壱斗五升　同断

⑿一味噌弐貫め　同断
一しを壱升　同断
一わん折敷拾六人前　同断
一なべ三ツ但六升なべ　四升なべ　弐升なべ　同断
一をけ大小ニツ　同断
一なかたな壱丁　同断
一しやくし弐本　同断
一ひしやくし弐本　同断
一折樽壱過（荷）　同断
一はしかゝり　かく屋方弐間ノあいだをやる
一うすへり弐枚　同断
一いなまき　拾枚　同断
⒀一しば　□荷　同断……（紙継目）……
一さうし　壱荷　同断
此時寄合申衆者庄屋・番頭・年寄中
一庄司　孫兵衛

一林　孫太郎
一中番庄屋　菖蒲乗順
番頭衆ハ
一堂本　長左衛門
一小林　甚之丞
一東　八之丞
一久保ノ林　三佐衛門
一湯ノ本　作之丞
⒁一半ノ　甚兵衛
一大西　三之丞
年寄中ハ
一清川　市兵衛
一道ノ上　六左衛門
一南　茂左衛門
一西　甚大夫

一湯ノ本　伝兵衛
一京し　半兵衛
一ソ子　助二郎
一井上　半四郎
一柳　源兵衛
一久保　兵左衛門

(15)
此時才料衆ハ
一上下たわ　長大夫
一中田井　半兵衛
一下井上　半四郎
右三人
　此時之ありきハ
一上番伝兵衛　中番安兵衛　下番善兵衛
右之衆中寄候つる、万事算用仕候つる、目出度相済
申者也
一此時ノ宮寺住寺者、細野村長順房様也
未ノ十一月二日

一四　鞆淵八幡宮上葺記録（享保三年）

「（表紙）　享保三戊戌
八幡宮御上葺之記録
　極月吉祥日」
　御造営目録
一御釿始　九月廿七日卯ノ時
此時御酒五升　テウシ（銚子）弐本　サンマイ（散米）箱一ツ　サ
ンマイニ白三升三合
一米三升　ソノ日ノカユ（粥）　御仏供子キサエ（禰宜座）ヲル、、此
時庄司・林・番頭・年寄寄合、御酒イタ、キモウス
ナリ
一大工神野庄長谷村段之丞
　下遷宮之次第

一閏十月朔日ノ晩亥ノ時　此時本御供進申候
一米五斗五升　禰宜座江
一白米三升三合　サンマイ也　同所江
一御酒三升　同所江
一布八反　同所江
一油壱升　同所江
一まつ(松)壱荷　同所江
一紙壱束　同所江
一米弐斗　是ハ四人ノ禰宜衆七日宮コモリ飯料也
一ヲンカリヤ(御仮屋)カサル(飾)トキワ、子キサノ衆ヨリアイカサル也、カコイ板五間、是ハ子キサヱヲル、、此時壱人ニ付三合飯米一度ヲル、ナリ
一ろうそく弐十壱丁　ウエノタン御前江トホス
一同四丁　大御堂江トホス
一同壱丁　寺ノ阿弥陀ノ前江トホス
一同壱丁　拝殿江トホス
一同壱丁　神楽サ江

一米五斗五升　前之座江
一米弐斗七升五合　神楽座江
一サクヂ(作事)ノアイタノ御番ハ氏人中ヲン中ヨリ壱人、又番々カラ壱人ツ、合七人仕候、此飯料ハ自飯米也
一トクウ(土公)ノ次第ノ事　本川明見寺也
此布施米壱斗五升也　此時入用ノモノハ
一クワ(鍬)壱丁
一弐升なへ(鍋)壱つ
一手桶　壱つ
一コ桶　壱つ
一ヒツ(櫃)　壱つ
但コ、クノモノイル也
右之通ハ妙見寺ヘヲロスナリ
上遷宮之次第之事
一上遷宮ハ霜月廿日ノ午ノ時ツチ(土)マイル
又晩ノ亥時ヲンワタマシ(御移徙)有之也
大宮棟ニ入物之事

一へひ(幣)三本　同玉女之へひ壱本
　右四本ハ五色ノへひ
　此へひ本へ九つかた(香形)壱せんつゝ　九つつゐ弐せん
　つゝ
一銭三百文つゝ　合壱貫弐百文也
　右銭者庄江取ル
一大ひやう九ツ　御内神へ入也
一なから(半)餅弐拾　わき宮ノ内神江
一若宮様ノ棟ニへひ三本　是ハ紙へひ也
　此へひノ本江九つかた壱せんつゝ　九つつゐ弐せん
　つゝ
一かき取様ノ棟ニへひ二本　是も紙へひ也
　此へひノ本　九つかた壱せんつゝ　九つつゐ弐せん
　つゝ
一いぬかいとの江九つかた弐せん入也
一天神様ノ棟江へひ弐本　是も紙へひ也
　此へひノ本江九つかた壱せんつゝ　九つつゐ壱せん
　つゝ

一八尾ノこんけん(権現)様江棟へへひ弐本　是も紙へひ也
　此へひノ本江九つかた壱せんつゝ　九つつゐ壱せん
　つゝ
一ゐひす(恵比須)様ノ棟へへひ弐本　是も紙へひ也
　此へひノ本へ九つかた壱せんつゝ　九つつゐ壱せん
　つゝ
一まつとのこせん様棟へへひ弐本　是も紙へひ也
　此へひノ本へ九つかた壱せんツ、　九つつゐ壱せん
　つゝ
一大日様大ひやう九つ　なから餅四せん
一白餅　壱つ　不動様江
一同餅　壱つ　阿弥陀様江
一大宮内ノかさり　御樽三つ
一若宮様ノ内へ　御樽三つ
一かき取様ノ内へ　御樽三つ
一河原明神様内へ　御樽三つ
一天神様内へ　御樽壱つ

一八尾こんけん様内へ　御樽壱つ
一まつとのこせん様へ　御樽壱つ
一ゑひす様内へ　御樽三つ
一大日様ノ内へ　御樽三つ
一いぬかひ様へ　御樽弐つ
御内神ノ御樽数合弐十二　但壱つニ付壱升入也

棟ノ御樽ノ事

一大宮ノ棟ニ御樽　六荷
一若宮ノ棟ニ御樽　三荷
一玉女　御樽　弐荷
一かき取ノ棟ニ御樽　弐荷
一天神ノ棟ニ御樽　弐荷
一八尾こんけん棟ニ御樽　弐荷
一まつとのこんけん棟ニ御樽　弐荷
一ゑひすノ棟ニ御樽　弐荷
一河原明神棟ニ御樽　三荷
右合弐拾四荷　是も壱つニ付壱升入也

おろしかた樽之事

一壱荷　大禰宜
一壱荷　神主へ
一壱荷　若宮こんねき(権禰宜)
一壱荷　明見寺
一壱荷　高野山いちろう坊(一﨟)
一壱荷　是ハ六升入　興山寺様
一壱荷　御蔵本
一壱荷　氏頭(人)中
一壱荷　宮寺
一壱荷　庄司殿
一壱荷　林殿
一壱荷　神宮寺是ハ上葺日取を頼候ニ付、金壱歩相済送リ候
一壱荷　是も六升入　番頭中中番庄ヤ十二人ヱ
一壱荷　善七ヱ
樽数合拾五荷　此内拾三荷ハ壱つニ付壱升入也

右樽九つつゐ壱せんつゝ相添をるゝ也

一番頭衆へ九つつゐ壱人ニ付壱せんつゝをるゝ也

一樽壱荷ニ銀三拾五匁、飯料米弐斗、わんおしき拾人前、名手しばの者ニ遣ス也、是ニ而万事相済也

一弓ノつる(弦)・せん(善)ノつな(綱)の事

一ぬの拾壱端 但上は三すぢ也　せんのつなニ入也

一大工ヲ庄中ニ持候故、中ノ御へひ壱本、此へひ本へ参候樽弐荷、銭三百文、九つかた壱せん□

□九つつゐ弐せん、上三たんのぬの庄中へ取申候

一しばの者ヲふせ候故、下つな三たんも庄中ヱ取申候

大工ふるまひ(振舞)の事

一大宮をふき(葺)立候時、大工・木引・かち(鍛冶)・そま(杣)不残壱飯ふるまい申候、但寺ゟ仕出

一弓ノつるニぬの六たん　ひさ(膝)つき(突)壱たん

ぬの合拾八たん入也

一ぬ(布)の八たん　　禰宜座ヱ

上遷宮之時餅次第

一餅米ノ白、家ニ壱升つゝ取、此米合弐石七斗但つる枡ニ壱升つゝ

餅ノ取様者、九つかたノもち壱せんニ付弐つつゝ、九つつゐ壱せんニ付九つつゝ御そなへ、餅をこと〳〵く取、又つねの餅なとニ取申候、ゐほしかしらニ引也、是ハ壱人ニ弐つつゝ、是をさかな(肴)にて御酒いたゝく次第也□　□

右之餅者、庄中之中ろう不残寄合つく也、此時食弐飯有也

此日大工ふるまひとして米二斗大工ニ遣シ申候

へひ(幣)の次第ノ事

一壱番ニ　　庄司殿

一二番ニ　　林殿

一三番ニ　　番頭衆

一四番ニ　　氏人衆

一五番ニ　　大工

右之衆皆々銭百文つゝへひの本御置被成候
一サンマイ箱ニ白米五升置候而、是ハ庄司殿へおるゝ
也
一ふりへひ（振幣）者御内神へ納也
一へい紙三束　大工衆へ
一上遷宮之時茂四人之禰宜衆宮ニ七日コモ（籠）ラレソロ
此時飯料米弐斗入也
河原明神之下遷宮ハ大宮上遷宮晩□
一此時八幡様御内神へ御樽三つ
一同九つかた三せん
一残宮（脇）へ　こもち（小餅）三つつゝ
御内神江納申候棟札文言
奉二修造一シ八幡宮御上葺広大報恩所
御釿始享保三戊戌九月廿七壬申日卯之時
下遷宮同年閏十月朔乙巳日亥之時
上遷宮同歳霜月廿日甲午神上吉
但上棟午貝御移徙《ワタマシ》亥之時

右此於《テ》二日時《ジツジニ》一撰二定《センジヤウス》神上吉日最勝 良 辰《サイシヤウレウシンヲ》一者、修瑩《シユエイサウ》早
速《ソクニ》満作《シ》、上棟之《ノ》祭儀 厳 備 設レ烈 蕩々矣《サイギヲコソカニソナヘモウケテレツヲトウミタリ》、参拝《サンハイ》之
貴賤《キセン》花 形而《エハナヲカタドリ》、袖 重而《ソテヲカサネテ》、巍巍《ギギ》□《タルカナ》、巧匠《コウシヤウ》木導之槌《モクタウノツチ》
打《ウチハ》二千歳《ザイ》万歳一者《ヲ》、得自在《トクジザイ》棟 響レ雲《トウトヒヾキクモニ》、答《コトフ》レ地《ニ》、天祇感《ギカン》
応而《ヲウシテ》、慈、雨レ花《メグムニフラスハナヲ》、遷宮祝《シユウギヨノ》 御之供事《クウジ》漸次成而《ゼンジニナツテ》、三
等共《トウトモニメ》目出度満足《デタクマンゾクシヌ》、重而《テ》乞唯 願 神明《コフタダシネガハクハシンメイ》時歓《クワンギ》 喜哀愍倍《アイビンバイ》
増《ソウ》、天下無事《ブジ》、庄中繁栄氏子《ハンエイウジコ》快楽乃至《ケラクナイシ》普利《フリ》敬白

旹享保三戊歳霜月廿日
下司
番頭　年寄　惣氏子中
公文
時之正大工神野庄長谷村住
森根団之丞藤原憲春
同権大工同庄市場村住
高村重左衛門藤原金次
同下大工　権兵衛
源七
善六
由兵衛

市之丞
作次兵衛
長五郎
権右衛門
半六

当社別当神宮寺現住扁智書之

右之通書付御内神江納申候、此外御上葺ニ付箱棟うら
板ニ而も書付有之候共、皆以不可用者也

享保三戌ノ極月廿五日

此日寄合候衆ハ

一上番

林郷右衛門
堂本 長左衛門
久保林 三左衛門
保林 五兵衛
ソワ 長重郎
向井 長左衛門
山戸 太郎左衛門

一中番

菖蒲善七
坊ノ上 九郎助
カイ沢 伝左衛門
ヒカシ 孫左衛門
西垣内 清重郎
北垣内 源左衛門
マエ 長円

一下番

庄司孫兵衛
新上 乗観
平ノ 甚兵衛
岡ノヘヤ 甚左衛門
上 清兵衛
中ヤ 伊右衛門

紀州伊都郡友淵庄

庄屋年寄中

此紙数都合拾九枚有者也

あとがき

私の歴史研究の出発点は、名もない民衆こそが歴史を動かす原動力であるという考え方との出会いからである。そして、今日に至るまで、名もない民衆の一人としての自覚をもって歴史を研究し続けてきた。こうした私の自己主張の場が、「戊午叢書」という形で与えられたことに大きな意味を感ぜずにはいられない。

東京教育大学大学院では故和歌森太郎・芳賀幸四郎・桜井徳太郎そして津田秀夫の諸先生や多くの学友のもとで学ぶことができた。今、宮座に関心を持ち、和歌森先生の『中世協同體の研究』等を読むにつけ、当時は社会経済史ばやりで、蓄積された民俗学の成果を吸収できなかったことが悔やまれる。ドクター・コース時代後半は、津田先生のゼミに身を寄せた。当時病弱だった私は、長い時間をかけて紀伊国東村の池水灌漑の論文を仕あげ、東京教育大学に最後まで残った者の記念論文集である津田秀夫編『解体期の農村社会と支配』(校倉書房)に載せることができた。

私が幸運だったことは、このような東京教育大学でのよき研究環境と共に、早稲田大学の竹内理三先生との出会いである。先生は、他大学の院生であるにもかかわらず心よく聴講を許してくださった。ゼミは私のような〝もぐり〟が大勢いて、大変活気のあるものであった。先生からは、史料の厳密な読み・解釈がいかに重要であるかを十二分に教示された。某著名論文が、論拠とする一通の史料解釈の破綻から、砂上の楼閣のように崩れるのをみたときの驚きは、今も鮮明である。

学恩を受けた方々はこのほかにも数えきれないくらい多いが、わけても熱田公・峰岸純夫・藤木久志・佐藤和彦の諸氏、そして島田次郎氏をはじめとする中世史研究会と前近代女性史研究会のメンバーから得たものは大きい。また、実地調査から宿泊に至るまでお世話いただいた粉河町町役場の亀井孔宥氏御夫妻、鞆淵の郷土史家堀部正治氏御夫妻の御尽力は、はかりしれないものがある。

私にとって最も予期しなかったこと、それは病気との遭遇であった。適切な治療法がなかったため、二十代半ばから数年間は病状がひどく研究どころではなかった。こうした時代、私を支えてくれたのは、東洋医学を積極的にとり入れ、真に病める者の側に立って医療活動にとりくむ鉄砲洲診療所であり、藤田美枝子・徳野京子氏をはじめとする患者仲間であった。これらの人々に深謝すると共に、病気になってはじめて得られた感情・思いを大切にし、歴史研究に生かしたいと思っている。

また、その間の家事・育児のほとんどは夫黒田日出男がしてくれた。夜間のミルクの協力の話は、当時の患者仲間からうらやましがられたものであった。そのおかげで研究も再開でき、細々ながら今日まで続けることができたのだと思う。

最後になったが、いつもいつも私を気遣ってくれた父酉之助、私や子供の具合が悪いというと飛んできて看病してくれた母イセにこの著書を捧げたい。およそ学問に縁のない父母にとっては、本書はなによりも健康回復のあかしと喜んでくれるだろう。

なお、末筆ながら、校正その他に色々御尽力下さった吉川弘文館の上野純一氏に感謝したい。

一九八五年一月一四日

黒田弘子

成稿一覧

第一部

第一章「惣村の成立と発展」（『日本史研究』一二〇・一二一号、一九七一年七月・九月）——第一節2のみ改訂。

付論「『八人御百姓』をめぐって」（新稿）

第二章「中世後期における高野山権力と農民闘争」（『歴史学研究』三六八号、一九七一年一月）——第三節を改訂、基本的論旨はかわらない。

第二部

第一章「鎌倉後期における池築造と惣村の成立」（津田秀夫編『近世国家の成立過程』所収、一九八二年）

第二章「中世後期における池水灌漑と惣村」（津田秀夫編『解体期の農村社会と支配』所収、一九七八年）

第三章「中世後期の池水灌漑再論」（原題「中世後期の池水灌漑をめぐって」『歴史評論』四〇一号、一九八三年）

第三部

第一章「鞆淵八幡宮宮遷大祭と能」（新稿）

第二章「長栈座と中世宮座」（新稿）

鞆淵八幡宮遷宮史料

戊午叢書刊行の辞

今日の史学の隆盛は前代未聞といえよう。数え上げることも出来ぬ程の研究誌、ひろい歴史愛好者を含む歴史書のおびただしさ、送迎するものの目も眩むばかりである。にも拘わらずここに新たな叢書を企画する理由は三つある。一つは研究誌の多さにも拘わらず、掲載される枚数がきびしく制限され、大論文の発表の場となし難い現況を打破したいこと。二は、出版物は多数とはいえ、すべて営利的出版者の常として、時流から外れた地味な研究は出版困難である状況に、多少の手助けをしたいこと。三は、本叢書の最大の眼目とするところであるが、いわゆる若手の研究者の研究は、概して新鮮さにあふれ、前途の大成を予告する優秀さをもつにも拘わらず、正当な評価をうけること少く、著書として出版される機会が中々得られない実情を打破したいこと。私自身、恩師の推挽によって卒業論文を出版することができ、それが出発点となって、今日まで恵まれた研究生活をおくり得た恩恵を深く思う故に、とくに第三点に重点をおき、今年を以て古稀を迎えた機会に、年々多少の資を提供して出版補助とし、吉川弘文館の賛成を得て発足し、今年の干支戊午に因んで戊午叢書と名づけたものである。対象はほぼ大学修士論文とするが、未だ専書刊行のない隠れた研究者の論文集をも含めたい。大方の賛成を得て、多年に渉って恩恵をうけた学界への報謝の一端ともなれば、幸甚これにすぐるものはない。

一九七八年一二月二〇日

竹内理三

著書略歴

一九四三年
栃木県烏山町に生れる

一九六六年
早稲田大学第一文学部史学科
(日本史専攻)卒業

一九七七年
東京教育大学大学院文学研究科
博士課程修了

一九八四年
立教大学非常勤講師

主要論文
「千代鶴姫伝承と庄司氏—中世後期における高野山と鞆淵荘の土豪—」(竹内理三先生喜寿記念論文集刊行会編『荘園制と中世社会』所収)

中世惣村史の構造

著者 黒《くろ》田《だ》弘《ひろ》子《こ》

昭和六十年三月 十 日 初版印刷
昭和六十年三月二十日 初版発行

戊午叢書

発行者 吉川圭三

発行所 株式会社 吉川弘文館
東京都文京区本郷七丁目二番八号
郵便番号一一三
振替口座東京〇—二四四番
電話〇三—八一三—九一五一番(代表)

印刷=壮光舎印刷 製本=宮内製本

〈戊午叢書〉
中世惣村史の構造（オンデマンド版）

Digital Publishing

2017年10月1日　発行

著　者　黒《くろ》田《だ》弘《ひろ》子《こ》
発行者　吉川道郎
発行所　株式会社 吉川弘文館
〒113-0033 東京都文京区本郷7丁目2番8号
TEL 03(3813)9151(代表)
URL http://www.yoshikawa-k.co.jp/

印刷・製本　株式会社 デジタルパブリッシングサービス
URL http://www.d-pub.co.jp/

黒田弘子（1943～）
ISBN978-4-642-72547-7